3계층형 시스템의 데이터 흐름과 각각을 지탱하는 기술

IT 시스템을 구성하는 컴포넌트들과 그 관계를 이해하기 쉽게 하나의 그림으로 정리했습니다.
3장에서 설명하는 3계층형 시스템의 데이터 흐름과 4~5장에서 설명하는 인프라를 지탱하는
개념이나 구조를 한눈에 볼 수 있습니다. 본문을 읽을 때도 필요에 따라 이 그림을 참고하기
바랍니다.

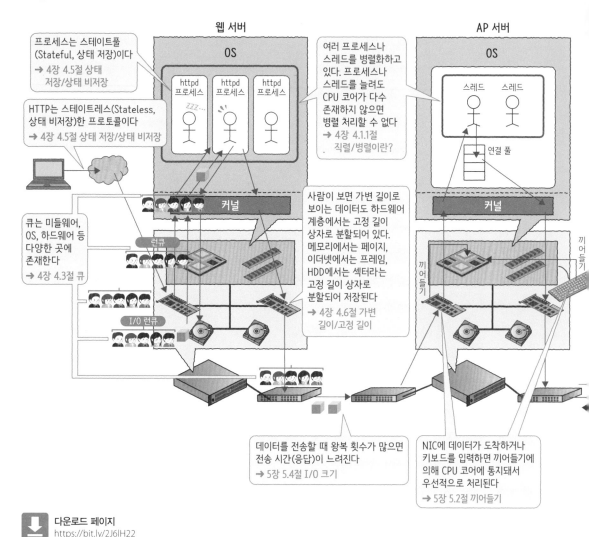

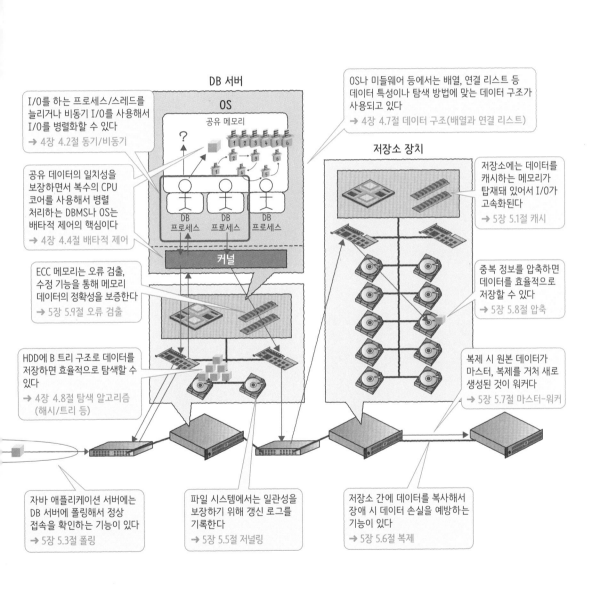

DB 서버

OS나 미들웨어 등에서는 배열, 연결 리스트 등
데이터 특성이나 탐색 방법에 맞는 데이터 구조가
사용되고 있다
→ 4장 4.7절 데이터 구조(배열과 연결 리스트)

I/O를 하는 프로세스/스레드를
늘리거나 비동기 I/O를 사용해서
I/O를 병렬화할 수 있다
→ 4장 4.2절 동기/비동기

OS

공유 메모리

저장소 장치

저장소에는 데이터를
캐시하는 메모리가
탑재돼 있어서 I/O가
고속화된다
→ 5장 5.1절 캐시

공유 데이터의 일치성을
보장하면서 복수의 CPU
코어를 사용해서 병렬
처리하는 DBMS나 OS는
배타적 제어의 핵심이다
→ 4장 4.4절 배타적 제어

DB
프로세스

DB
프로세스

DB
프로세스

커널

ECC 메모리는 오류 검출,
수정 기능을 통해 메모리
데이터의 정확성을 보증한다
→ 5장 5.9절 오류 검출

중복 정보를 압축하면
데이터를 효율적으로
저장할 수 있다
→ 5장 5.8절 압축

HDD에 B 트리 구조로 데이터를
저장하면 효율적으로 탐색할 수
있다
→ 4장 4.8절 탐색 알고리즘
(해시/트리 등)

복제 시 원본 데이터가
마스터, 복제를 거쳐 새로
생성된 것이 워커다
→ 5장 5.7절 마스터-워커

자바 애플리케이션 서버에는
DB 서버에 폴링해서 정상
접속을 확인하는 기능이 있다
→ 5장 5.3절 폴링

파일 시스템에서는 일관성을
보장하기 위해 갱신 로그를
기록한다
→ 5장 5.5절 저널링

저장소 간에 데이터를 복사해서
장애 시 데이터 손실을 예방하는
기능이 있다
→ 5장 5.6절 복제

그림으로
공부하는 개정판
IT인프라
구조

絵で見てわかるITインフラの仕組み新装版
(E de Mite Wakaru IT infura no Shikumi: 5846-4)
Copyright ⓒ 2019 Yasushi Yamazaki, Keiko Minawa,
Yohei Azekatsu, Takahiko Sato, Keiji Oda

Original Japanese edition published by SHOEISHA Co., Ltd.
Korean translation rights arranged with SHOEISHA Co., Ltd. in care of The English Agency (Japan)
Ltd. through Danny Hong Agency
Korean translation copyright ⓒ 2020 by J-Pub Co., Ltd.

그림으로 공부하는 IT 인프라 구조(개정판)

1쇄 발행 2020년 12월 9일
5쇄 발행 2024년 5월 10일

지은이 야마자키 야스시, 미나와 케이코, 아제카츠 요헤이, 사토 타카히코
감수자 오다 케이지
옮긴이 김완섭
펴낸이 장성두
펴낸곳 주식회사 제이펍

출판신고 2009년 11월 10일 제406-2009-000087호
주소 경기도 파주시 회동길 159 3층 / **전화** 070-8201-9010 / **팩스** 02-6280-0405
홈페이지 www.jpub.kr / **투고** submit@jpub.kr / **독자문의** help@jpub.kr / **교재문의** textbook@jpub.kr

소통기획부 김정준, 이상복, 김은미, 송영화, 권유라, 안수정, 박재인, 배인혜, 나준섭
소통지원부 민지환, 이승환, 김정미, 서세원 / **디자인부** 이민숙, 최병찬

진행 및 교정·교열 이주원 / **내지디자인 및 편집** 이민숙 / **표지디자인** 미디어픽스
용지 에스에이치페이퍼 / **인쇄** 한승문화사 / **제본** 일진제책사

ISBN 979-11-90665-20-9 (93000)
책값은 뒤표지에 있습니다.

제이펍은 여러분의 아이디어와 원고를 기다리고 있습니다. 책으로 펴내고자 하는 아이디어나 원고가 있는 분께서는
책의 간단한 개요와 차례, 구성과 저(역)자 약력 등을 메일(submit@jpub.kr)로 보내 주세요.

그림으로 공부하는 개정판 IT인프라 구조

야마자키 야스시, 미나와 케이코, 아제카츠 요헤이, 사토 타카히코 지음

오다 케이지 감수 / 김완섭 옮김

IT Infrastructure

차 례

제 3 장 **3계층형 시스템을 살펴보자** 43

제 4 장 **인프라를 지탱하는 기본 이론** 75

제 5 장 **인프라를 지탱하는 응용 이론 127**

제 7 장   무정지를 위한 인프라 구조 227

옮긴이 머리말

《그림으로 공부하는 IT 인프라 구조》 초판이 한국에 소개된 것이 2015년입니다. 감사하게도 좋은 책을 번역할 수 있는 영광을 얻었고, 지금도 많은 분으로부터 사랑을 받고 있습니다. 5년이 지난 2020년 다시 새로운 모습으로 개정판을 번역할 수 있게 되어 감사하게 생각합니다. 5년 전 제가 번역했던 문장들을 비교하면서 새삼 낯설게 느껴지는 문장들도 있었지만, 다시 보니 생각보다는 나쁘지 않게 번역됐다는 사실에 안도하기도 했습니다.

5년이 지난 지금은 더 많은 것이 바뀌었습니다. 저자들의 지식도 더욱 풍부히 성장했고, 역자인 저도 번역뿐만 아니라 기술적으로도 성장한 세월이었습니다. 무엇보다 가장 많이 변한 것은 IT 관련 기술일 겁니다. 그사이 클라우드가 대세가 됐으며, 도커 등의 컨테이너가 주류로 자리 잡으면서 인프라에도 나름 많은 변화가 생겼습니다. 이런 변화에도 불구하고 이 책이 가치가 있다고 생각하는 이유는 5년이 흘러도 인프라 기술의 핵심은 변하지 않았다는 것과 이 책에서 다루고 있는 내용도 시간의 변화와 상관없이 계속 사용할 수 있는 기술들이라는 점입니다.

물론 이번 개정판도 새로운 기술(클라우드 등)이 추가되었지만, 한편으로는 생략한 내용도 있습니다. 번역을 하며 기술의 변화와는 상관없이 보다 보편적인 내용에 관점을 맞추어 독자가 실무에 활용할 수 있는 내용을 집중적으로 다루려고 하지 않았나 싶은 생각이 들었습니다.

이번에 개정판을 번역하면서 다시 한번 개정판과 이전 번역본을 대조하며 읽었는데, 정말 주옥 같은 내용이 담긴 책이라는 것을 새삼 느꼈습니다. 엔지니어 및 IT를 공부하는 많은 독자가 이 책을 접하고 천금 같은 지식을 습득하기 바랍니다.

옮긴이 **김완섭**

머리말

이 책의 초판을 집필한 이후로 5년이 지났다. IT 인프라 기술은 클라우드화를 향해 진화하고 있으며, 여러분이 사용하고 있는 시스템도 일부 또는 전부가 클라우드상에서 실행되고 있을 것이다.

클라우드를 적용하면 하드웨어 영역, 네트워크 영역, 그리고 데이터베이스나 미들웨어 영역까지 클라우드 담당 외주 업체에 맡길 수 있게 된다. 즉, 설계, 관리, 운영의 대부분을 외주 업체가 담당하게 되는 것이다. 이런 클라우드 시대에 IT 인프라에 대한 지식이 필요한 것일까?

많은 엔지니어는 필요 없다고 말할 것이다. 하지만 클라우드 자체는 미들웨어 기술이나 자동화 기술의 연장선상에 있는 것으로, 내부에서 움직이고 있는 IT 인프라가 근본적으로 바뀌는 것은 아니다. 클라우드상에서 실행되는 시스템을 구축할 때 그 내부에서 일어나고 있는 것에 관심을 가지고 IT 인프라 지식을 함께 활용하면, 더 효율적이고 구축 및 운용 비용이 적게 드는 시스템을 만들 수 있게 되리라 확신한다. 이 책을 읽어나가면서 시간이 지나도 변하지 않는 IT 인프라 기술에 흥미를 가지게 되길 바란다.

여러분이 일상에서 접하고 있는 IT 시스템은 그 구조가 매우 고도화되면서 복잡해지고 있다. 이런 복잡성을 지탱하기 위해 엔지니어의 기술 전문성이 중시되고 있으며, 결과적으로 엔지니어가 IT 시스템 전반을 살펴볼 기회가 적어지고 있다. 또, 요소 기술의 전문성이 높아짐으로써 자기 분야 외의 기술을 다룰 기회가 없어지고 있다.

하지만 현장에서는 IT 시스템 기획 및 설계 단계뿐만 아니라 성능 튜닝이나 문제 해결 등에 IT 시스템 전반을 조감하고 여러 기술을 조합해서 파악하는 능력이 요구되고 있다. IT 시스템의 세부 요소들을 보면 실제로는 평범한 상식에 의해 지탱되고 있는 것이 많다. 각 전문 영역에서 사용되고 있는 기술 요소나 이론이 실제로는 다른 영역에서도 이용되고 있다.

이 책은 평범한 상식을 기반으로 'IT 인프라'라는 영역 전체를 미시적, 거시적 관점에서 알기 쉽도록 그림을 통해 설명하고 있다. IT 인프라에 대한 상식(급소)을 이해함으로써 IT 시스템에 대한 이해가 깊어질 것이다. 또, 전문 분야 외의 새로운 기술을 접하더라도 그 본질을 이해할 수 있는 기초 체력을 단련할 수 있을 것이다.

이 책은 다음과 같이 구성돼 있다.

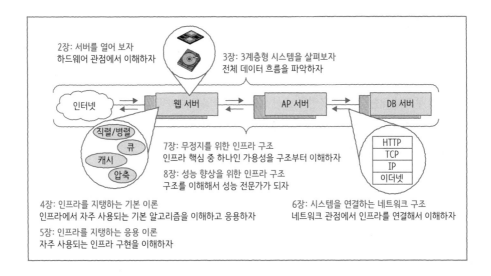

이 책은 IT 관련 일을 시작해서 5년차 정도까지의 엔지니어를 대상으로 하고 있다. 자신의 업무 분야에 대해서 식견이 깊어지면서 IT 인프라 전반에 대해 배우고 싶은 사람에게 추천한다.

애플리케이션 개발 엔지니어나 프로그래머도 일상에서 사용하고 있는 알고리즘이 IT 인프라와 밀접한 관련이 있다는 것을 알 수 있는 기회가 될 것이다. 또, 베테랑 엔지니어도 이전에 몰랐던 사실들을 새롭게 접할 수 있을 것이다. '예외가 있긴 하지만, 기본적으로는 이런 식으로 생각하면 이해하기 쉬워요'라는 방침을 가지고 집필했다.

감사의 글

이 책을 집필하면서 많은 분께서 도움을 주셨다. 다시 한번 감사드린다. 일부이지만 이름을 게재할 수 있도록 허락해 주신 분들의 이름을 기재해 보았다.

- 네트워크 기술 구현에 관한 검토와 조언을 주신 이토추 테크노솔루션즈의 하야시 신야 님
- 웹 서버, AP 서버 구조에 대한 검토와 조언을 주신 일본 오라클의 사쿠마 야스히로 님
- 서버 구조에 대한 검토와 조언을 주신 일본 오라클의 마루야마 타케시 님
- 커널 내부 동작에 대한 검토와 조언을 주신 이시바시 켄이치 님
- 그림을 예쁘게 만들어 주신 호리 아키코 님
- 델 EMC PowerEdge R740 서버에 관한 조언을 주신 델의 마츠다 유스케 님
- 서버 사진 촬영을 허락해 주신 일본 오라클의 야치다 노리히토 님, 오소네 아키라 님, 사와후지 코가 님

저자 소개

이 책은 일본 오라클에 재직하고 있는 컨설턴트들이 집필했다.

야마자키 야스시(山崎 泰史) — 1장, 3장, 8장 집필
오라클에서 사이트 신뢰성 엔지니어(Site Reliability Engineer)로 근무하고 있다. 셸 스크립트로 세계를 정복하려고 한다.

미나와 케이코(三縄 慶子) — 2장, 5장 일부, 7장 집필
스윔웨어 주식회사 프로페셔널 서비스 통합 본부에서 비즈니스 솔루션 기획자로 근무하고 있다. 가상화 기반 및 퍼블릭 클라우드 활용을 위한 IT 중장기 계획이나 주부로서의 감각을 살린 ROI 시뮬레이션, 시스템 아키텍처 설계 등을 담당하고 있다. 최근에는 디지털 전환(Digital Transformation) 시대의 인프라 본질에 대해 컨설팅하고 있다.

아제카츠 요헤이(畔勝 洋平) — 4장, 5장 일부, 8장 일부 집필
아마존 웹 서비스 재팬에서 빅데이터 컨설턴트로 근무 중이다. 인터넷 벤처기업에서 개발 및 인프라 운영 등 폭넓게 경험을 쌓은 후 금융 시스템 엔지니어로 일했으며, 주식회사 도완고(DWANGO)에서 DBA 및 개발팀 관리자로 일했다. 전 직장인 일본 오라클에서는 데이터베이스 컨설턴트로 금융 기관의 핵심 시스템을 설계 및 운용했다. 2017년 4월부터 현 직장인 아마존 재팬에서 근무하고 있다.

사토 타카히코(佐藤 貴彦) — 4장 일부, 5장 일부, 6장
클라우데라(Cloudera)에서 솔루션 엔지니어로 근무 중이다. 애플리케이션이 좋아서 나라 첨단과학기술 대학원대학(NAIST)에서 네트워크를 전공했고, 오라클에서 배운 데이터베이스로 인프라의 매력에 빠졌다. 최근에는 데이터 자체에 대한 관심을 가지고 있다.

감수자 소개

오다 케이지(小田 圭二)

일본 오라클 주식회사에서 컨설팅서비스사업 총괄 디렉터로 근무. 관리자로 일하면서 IT 노하우 공유와 엔지니어 육성에 힘을 쏟고 있다. 주요 저서로 《그림으로 공부하는 시스템 구축을 위한 오라클 설계(絵で見てわかるシステム構築のためのOracle設計)》, 《그림으로 공부하는 오라클 구조(絵で見てわかるOracleの仕組み)》, 《그림으로 공부하는 OS/저장소/네트워크(絵で見てわかるOS／ストレージ／ネットワーク)》, 《44개 안티 패턴으로 배우는 DB 시스템(44のアンチパターンに学ぶDBシステム)》, 《신·비장의 오라클 현장 기술(新·門外不出のOracle現場ワザ)》 등이 있다.

베타리더 후기

※ 초판과 개정판의 기본 형태가 유사해 초판을 베타리딩하신 분들의 후기를
개정판에도 수록했음을 밝힙니다.

 권영철(바이널아이)

회사 업무에만 빠져서 IT 인프라 구조를 막연하게만 생각했었는데, 막상 책을 보고 나니 그리 간단하지 않다는 것을 알았습니다. 이 책을 읽고 난 후 IT 인프라에 대한 이해를 넓히고 회사 업무를 해나간다면 큰 도움이 될 것 같습니다.

 김민수(프리랜서)

다소 막연했던 인프라와 서버 아키텍처라는 분야를 매우 짜임새 있게 정리할 수 있는 기틀을 잡아주는 책이었습니다. 비교적 최신의 동향까지도 놓치지 않게 일러주고, 조금씩 단계를 나아갈 때마다 하나의 그림이 완성되어 가는 듯한 희열이 있더군요. 자칫 지루한 내용으로 흐를 수 있는 부분도 재미있는 예시와 유머러스한 일화로 독자의 집중도를 잃지 않게 하려는 소소한 배려도 돋보였습니다. 좋은 책을 선정하신 제이펍과 역자께도 감사의 말씀을 드립니다.

 도경원(네이버)

인프라라는 거대한 숲을 모두 보기는 힘듭니다. 이 책은 거대한 숲의 나무 하나하나에 대해 자세히 설명하지는 않지만, IT 인프라를 한번 훑어보는 데는 큰 도움이 되었습니다.

 송영준(줌인터넷)

자료 구조, 네트워크, 시스템 엔지니어링 등에 필요한 내용이 다양한 그림과 함께 실생활에서 찾을 수 있는 재미있는 비유로 잘 설명되어 있습니다. 다른 책에서 보였던 이해하기 힘든 설명과 지루한 구성에 힘들어했던 독자들에게 단비와 같은 책입니다.

이아름

IT 인프라 스트럭처라는 용어가 생소하던 때가 있었지만, 이제는 반드시 공부해야 하는 주제가 된 것 같습니다. 베타리딩하면서 느낀 이 책의 장점은, 글로만 보면 이해하기 어려운 부분을 그림으로 풀어내어 잘 설명한 점이라고 생각합니다.

 이재빈(연세대학교)

IT 회사 입사를 준비하고 있는 분이나 종사하고 분들 모두에게 전반적인 IT 시스템 구성을 쉽게 파악할 수 있도록 도와주는 책인 것 같습니다. 더불어 생산성의 극대화를 위해서는 어떻게 인프라를 구축해야 하는지에 대한 질문에 힌트를 얻을 수도 있을 것 같습니다.

제이펍은 책에 대한 애정과 기술에 대한 열정이 뜨거운 베타리더의 도움으로
출간되는 모든 IT 전문서에 사전 검증을 시행하고 있습니다.

제 1 장

인프라 아키텍처를
살펴보자

먼저 대표적인 인프라 아키텍처를 소개한다. 역사뿐만 아니라 각각의 구조가 생겨난 이유를 생각하면서 읽도록 하자. 또한, 어떤 구조든 반드시 장점과 단점이 존재한다는 것을 이해하도록 하자.

1.1 인프라란 무엇일까?

갑작스런 질문이긴 하지만, '인프라(Infra)'라고 하면 무엇이 떠오르는가?

전기, 수도, 가스 등 가정에서 이용하는 것이나 지하철, 버스처럼 공공 목적의 인프라를 떠올릴 수 있을 것이다. 인프라를 우리말로 하면 '기반'이란 뜻으로, 여러분의 생활을 지탱하는 바탕이나 토대란 의미다. 인프라 구조 자체는 복잡하지만, 전문가에 의해 관리되고 있어서 사용자는 그 구조를 이해하지 않고도 간단히 이용할 수 있다는 특징이 있다.

'IT 인프라'도 마찬가지다. IT의 기반이 되는 것으로서 이 역시 여러분의 생활을 지탱하고 있다. 일상에서 사용하고 있는 인터넷 검색 엔진을 생각해 보자. 검색 키워드를 입력하고 검색 버튼을 누르면 많은 검색 결과를 얻을 수 있다. 이런 방대한 데이터는 어떻게 관리되고 있는지 생각해 본 적이 있는가? 이것을 지탱하고 있는 것이 IT 인프라다.

그러면 이번 장의 제목이기도 한 '인프라 아키텍처'란 무엇일까?

아키텍처란, 직역하면 '구조'라는 의미다. 여기서는 기차를 예로 들겠다. 기차에도 다양한 종류가 있지만, 그 구조 자체는 거의 같다. 전기로 움직이거나 여러 객차가 연결돼 있고, 내부에는 좌석이나 손잡이가 있다. 즉, 기차의 '구조' 또는 '아키텍처'가 확립되고, 이미 공통화돼 있다.

'인프라 아키텍처'는 IT 인프라의 '구조'를 의미한다. 인터넷 검색 시스템이나 항공 회사 티켓 발권 시스템, 편의점의 계산대 등 모두가 이용 방법이나 사용자가 다르지만 IT 인프라 위에서 동작하고 있다. 그리고 이 '인프라 아키텍처'는 실은 놀라울 정도로 닮아 있어서 거의 같은 구조를 가진 채 움직이고 있다.

이번 장에서는 현재 IT 업계에서 주류가 되고 있는 인프라 아키텍처에 대해 그림 1.1에 있는 순서대로 설명해 가도록 하겠다.

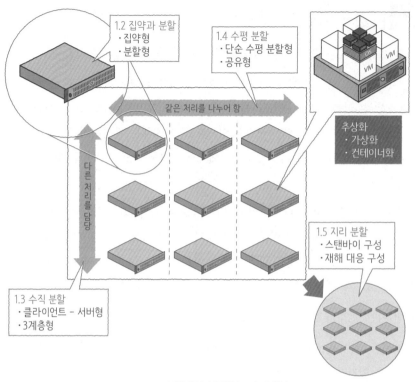

그림 1.1 **이 책에서 설명하는 아키텍처**

이 책에서는 다양한 아키텍처 구성과 기술 구성 요소 및 이중화, 성능 등에 대해 설명하고 있다. 읽다 보면 '어떤 시스템이든지 요건은 거의 비슷하다. 그러면 하나의 만능 아키텍처를 가지고 모든 프로젝트에 적용할 수는 없을까?', '궁극의, 최적의 아키텍처 하나만 있다면 굳이 설계를 하지 않아도 괜찮지 않을까?'라는 의문이 생길 것이다.

대답은 'NO'다. 왜냐하면 아키텍처나 설계 요소에는 반드시 장점과 단점이 공존한다. 장점만 있다면 가장 좋은 것을 취하면 되지만, 단점은 가장 영향력이 적은 것으로 선택하는 것이 어렵기 때문에 반드시 취사선택해야 할 상황이 발생한다.

그중에서도 가장 제약이 많은 것이 시스템 도입 비용이다. 예를 들어, 100만 명이 사용하는 대규모 웹 서비스의 예산과 사내에서 10명이 사용하는 시스템의 예산은 차이가 크다. 하지만 중요도라는 관점에서는 이용자에겐 양쪽 시스템이 다 중요하다. 많은 현장에서 비용 제약이 심해지고 있는 가운데, 시스템의 가장 중요한 장점은 살리고 단점을 최소화하도록 설계하는 것이 중요하다.

'설계? 다 똑같은 거 아닌가?'라는 얘기를 들어도 개의치 말고, 시스템에 따라 중요한 사항을 잘 찾아서 최적의 설계를 하도록 하자.

1.2 집약형과 분할형 아키텍처

IT 인프라는 컴퓨터로 구성된다. 기본적인 구성 방식에는 '집약형'과 '분할형'이 있다. 각각의 장단점을 비교해 보도록 하자.

1.2.1 집약형 아키텍처

옛날 영화에 등장하는 컴퓨터 장면에서는 방 하나에 가득 차는 기계와 거대한 카세트 테이프 같은 장치, 청색, 녹색, 황색 등으로 깜빡이는 램프, 그리고 안경을 낀 과학자들이 등장한다. 기업에서 사용하는 컴퓨터는 이 정도로 거대하진 않지만, IT 시스템의 여명기에는 대형 컴퓨터를 이용해서 모든 업무를 처리하는 형태가 대부분이었다(그림 1.2).

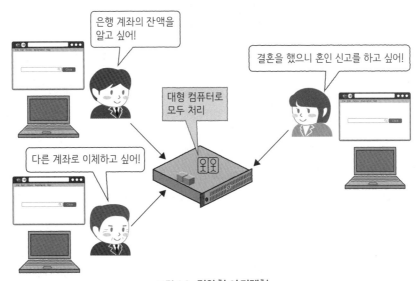

그림 1.2 **집약형 아키텍처**

이런 대형 컴퓨터는 '범용 장비', '호스트', '메인 프레임' 등으로 불렸다. 시스템 아키텍처라는 관점에서는 하나의 컴퓨터로 모든 처리를 하기 때문에 '집약형'이라고 할 수 있다. 집약형의 최대 장점은 구성이 간단하다는 것이다.

집약형 아키텍처에서는 해당 기업의 주요 업무를 모두 한 대로 처리하기 때문에 장비 고장 등으로 업무가 멈추지 않도록 여러 고민을 하고 있다. 예를 들어, 그림 1.3에 있는 것처럼 컴퓨터를 구성하는 주요 부품은 모두 다중화돼 있어서 하나가 고장 나더라도 업무를 계속할 수 있다. CPU를 포함한 구성 요소에 대해서는 2장에서 자세히 다루도록 한다.

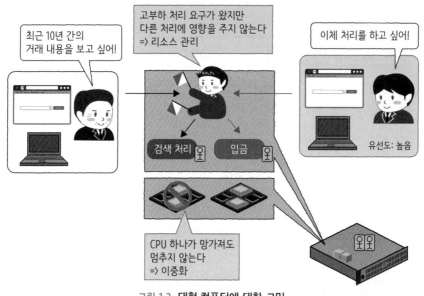

그림 1.3 **대형 컴퓨터에 대한 고민**

또, 복수의 서로 다른 업무 처리를 동시에 실행할 수 있도록 유한 리소스 관리를 한다. 이를 통해 하나의 처리가 실수로 대량의 요청을 보내더라도 다른 처리에 영향을 주지 않도록 되어 있다. 한 대의 컴퓨터라고 하지만, 그 안에 마치 여러 사람이 동거하고 있는 모습이라 할 수 있다.

많은 기업에서 아직까지 사용되고 있으며, 주로 '기간 시스템'이라 불리는 기업 내 핵심 업무 시스템에서 이용하고 있는 경우가 많다. 예를 들어, 은행이라면 '계정 시스템'이 여기에 해당된다.

단, 대형 컴퓨터는 도입 비용 및 유지 비용이 큰 경향이 있다. 또, 대형 컴퓨터의 파워가 부족하면 다른 한 대를 별도로 구매해야 해서 비용이 매우 많이 들며, 확장성에도 한계가 존재한다는 단점이 있다. 현재는 가격이 싸고 확장성이 높은 분할형이 주로 사용되고 있다. 이 구조에 대해서는 다음 절에서 설명하겠다.

장점

- 한 대의 대형 컴퓨터만 있으면 되므로 구성이 간단하다
- 대형 컴퓨터의 리소스 관리나 이중화에 의해 안정성이 높고 고성능이다

단점

- 대형 컴퓨터의 도입 비용과 유지 비용이 비싸다
- 확장성에 한계가 있다

1.2.2 분할형 아키텍처

분할형 아키텍처는 그림 1.4처럼 여러 대의 컴퓨터를 조합해서 하나의 시스템을 구축하는 구조다.

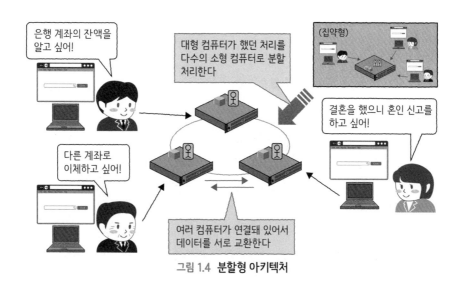

그림 1.4 **분할형 아키텍처**

대형 컴퓨터는 안정성이 높고 고성능이지만, 현재는 소형 컴퓨터라도 충분한 성능을 낼 수 있다. 또, 대형 컴퓨터와 비교해서 소형 컴퓨터 구입 비용이 압도적으로 저렴하다. 그 가격 차이가 100배가 되는 경우도 있다. 단, 안정성은 한 대의 컴퓨터만으로는 대형 컴퓨터에 미치지 못한다. 이 결점을 보완하기 위해 분할형 아키텍처에서는 여러 대의 컴퓨터를 이용해 한 대가 고장 나도 안정성을 담보하고 있다.

분할형 아키텍처는 표준 OS나 개발 언어를 이용하기 때문에 '오픈 시스템'이라고도 부른다. 또, 여러 대의 컴퓨터를 연결해서 이용하기 때문에 '분산 시스템'이라 부르는 경우도 있다[1].

분할형의 장점은 개별 컴퓨터의 안정성이 낮아도 괜찮기 때문에 저가 장비를 이용해서 전체적인 비용을 줄일 수 있다는 것이다. 또한, 더 많은 컴퓨터를 이용해서 시스템 전체 성능을 향상시킬 수 있어서 확장성이 좋다는 특징도 가졌다.

하지만 서버 수가 늘어나면 이를 운영하기 위한 구조가 복잡해지는 경향이 있다. 또, 서버가 망가지면 영향 범위를 최소화하기 위해 서버별 역할을 세세하게 검토해야 한다. 서버를 분할하는 일반적인 방식으로는 수직형과 수평형이 있다. 이에 대해서는 다음 절에서 설명하겠다.

장점
- 낮은 비용으로 시스템을 구축할 수 있다
- 서버 대수를 늘릴 수 있어서 확장성이 높다

단점
- 대수가 늘어나면 관리 구조가 복잡해진다
- 한 대가 망가지면 영향 범위를 최소화하기 위한 구조를 검토해야 한다

물리 서버와 논리 서버의 차이

분할형 아키텍처에서 이용되는 컴퓨터를 '서버'라고 한다. 서버라는 용어는 컴퓨터 자체 (하드웨어)를 가리키는 경우도 있고, 컴퓨터에서 동작하고 있는 소프트웨어를 가리키는

---

1   분산 시스템이라는 용어는 '연결돼 있다'는 의미뿐만 아니라 다른 의미도 존재한다. 흥미가 있는 사람은 찾아보도록 하자.

경우도 있다.

서버라는 용어는 원래 '특정 역할에 특화된 것'을 의미한다. 레스토랑의 웨이터를 서버라고 부르는 경우도 있다. 웨이터의 역할은 주문 접수나 음식을 내오는 것에 특화돼 있으며 요리는 하지 않는다.

그림 1.5를 보자. 예를 들어, 인터넷에 접속했을 때 사용자 입력 및 HTML 생성을 담당하는 것은 서버에서 동작하는 소프트웨어인 '웹 서버'다. 대량의 데이터를 저장해서 요청에 따라 데이터를 제공하는 것은 데이터베이스 기능을 제공하는 'DB 서버'다.

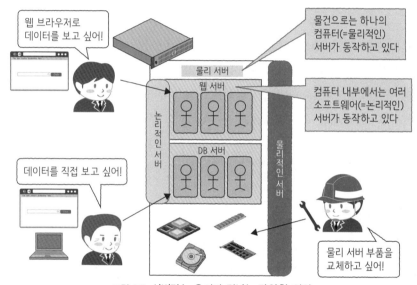

그림 1.5 서버라는 용어가 지니는 다양한 의미

컴퓨터 자체를 가리키는 경우는 '물리 서버'라고 부른다. 특히 인텔의 x86 서버는 인텔 아키텍처(Intel Architecture)를 채용하고 있어서 'IA 서버'라 부른다. 이 IA 서버는 여러분이 사용하고 있는 일반 PC와 기본적인 아키텍처가 같다. 서버를 연상하기 어려운 사람은 '모니터가 없는 PC'라고 이해하면 된다. 모양은 DVD 플레이어와 비슷하기 때문에 이것을 연상해도 괜찮다.

웹 서버나 DB 서버가 하나의 물리 서버에서 동작하는 경우도 있으며, 각각 별도의 물리 서버에서 동작하는 경우도 있다.

1.3 　수직 분할형 아키텍처

분할형에서는 서버 분할 방식, 즉 역할 분담을 고려해야 한다. 각각의 서버가 전혀 다른 작업을 하는 것인지, 아니면 비슷한 작업을 하는 것인지에 대한 관점이다.

이번 절에서는 서버별로 다른 역할을 담당하는 '수직 분할형 아키텍처'를 소개한다. 수직형이라고 표현하는 것은, 특정 서버 측면에서 봤을 때 역할에 따라 '위' 또는 '아래' 계층으로 나뉘기 때문이다.

1.3.1 클라이언트-서버형 아키텍처

클라이언트-서버형은 수직 분할형의 한 예다. 그림 1.6처럼 업무 애플리케이션, 미들웨어, 데이터베이스 등의 소프트웨어를 '물리 서버' 상에서 운영하고 있다. 이들 소프트웨어에 '클라이언트' 또는 '단말'이라 불리는 소형 컴퓨터가 접속해서 이용하는 형태다. 영문 표기의 Client/Server의 앞글자를 따서 'C/S'라고 부르기도 한다.

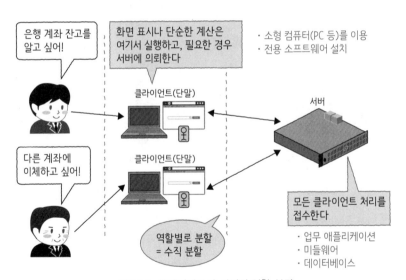

그림 1.6 **클라이언트와 서버의 역할 분담**

클라이언트-서버형의 특징은 클라이언트 측에 전용 소프트웨어를 설치해야 한다는 것이다. 클라이언트(단말)에 주로 PC가 이용되지만, 최근에는 스마트폰이나 태블릿도

단말로 사용되고 있다. 예를 들어, 주식 판매 시스템은 그래프 표시나 주가 흐름 분석은 PC에서 하고, 필요에 따라 서버에서 주가 데이터를 취득하는 방식이 많다. 이 방식에서 서버 측은 데이터 입출력만 하면 되기에 처리당 부하가 낮아서 많은 PC가 동시에 요청을 보내도 문제가 없다.

하지만 기업 IT 시스템에서는 업무 애플리케이션 기능 추가나 버그 수정 등으로 반드시 정기적인 업데이트가 필요하다. 클라이언트-서버형에서는 업무 애플리케이션 갱신 시마다 클라이언트 측 소프트웨어도 업데이트해야 한다. 여러분의 PC에도 마이크로소프트의 윈도우즈 업데이트나 오라클의 자바 업데이트 등이 자주 발생할 것이다. 하지만 귀찮아서 무시하고 넘어가는 경우가 많을 것이다. 이용자 측면에서는 마음껏 사용할 수 없다는 불편함이 발생하고, 이용자가 반드시 업데이트한다는 보장도 없어서 시스템 위험 요소가 될 수 있다. 또한, 서버에 처리가 집중되면 확장성에 한계가 발생할 가능성이 있다. 이런 단점을 개선하려고 한 것이 3계층형이다.

장점

- 클라이언트 측에서 많은 처리를 실행할 수 있어서 소수의 서버로 다수의 클라이언트를 처리할 수 있다

단점

- 클라이언트 측의 소프트웨어 정기 업데이트가 필요하다
- 서버 확장성에 한계가 발생할 수 있다

1.3.2 3계층형 아키텍처

3계층형은 수직 분할형의 한 가지 예인데, 클라이언트-서버형을 발전시킨 것이다. 그림 1.7과 같이 '프레젠테이션 계층', '애플리케이션 계층', '데이터 계층'의 3층 구조로 분할돼 있어서 3계층형이라고 부른다.

각 계층의 역할은 명확히 구분돼 있다.

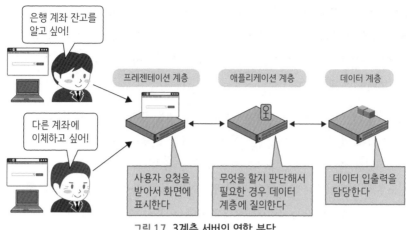

그림 1.7 **3계층 서버의 역할 분담**

프레젠테이션 계층

- 사용자 입력을 받는다
- 웹 브라우저 화면을 표시한다

애플리케이션 계층

- 사용자 요청(Request)에 따라 업무 처리를 한다

데이터 계층

- 애플리케이션 계층의 요청에 따라 데이터 입출력을 한다

3계층 시스템에서는 사용자가 웹 브라우저를 통해 시스템에 접속한다. 예를 들어, 인터넷 검색 시스템에서는 사용자가 웹 브라우저에 입력하는 화면은 프레젠테이션 계층의 웹 서버에 먼저 전달된다. 웹 서버는 그 요청을 뒤에 있는 애플리케이션 계층의 애플리케이션 서버(AP 서버)에 전달한다. AP 서버는 검색 키워드를 바탕으로 무엇을 검색해야 할지 판단해서 뒤에 있는 데이터 계층의 데이터베이스(DB 서버)에 데이터를 요청한다. 이 처리 흐름은 3장에서 자세히 소개할 것이다.

클라이언트-서버형에 비해 특정 서버에 부하가 집중되는 문제가 해결된다는 것이 장점이다. 또한, 업무 애플리케이션 갱신에 따른 클라이언트 업데이트가 필요 없으며, 사용자는 웹 브라우저만 준비하면 된다.

게다가, 이 아키텍처에서는 모든 처리가 AP 서버나 DB 서버를 이용하지 않아도 된다. 예를 들어, 이미지 파일만 읽으면 되는 경우라면 웹 서버만으로도 처리를 완료해서 결과를 반환할 수 있으므로 다른 서버에 부하를 주지 않는다. 단, 시스템 전체 구조가 클라이언트-서버형보다 복잡하다.

장점

- 서버 부하 집중 개선
- 클라이언트 단말의 정기 업데이트가 불필요
- '처리 반환'에 의한 서버 부하 저감

단점

- 구조가 클라이언트-서버 구성보다 복잡하다

여러분이 일상에서 사용하고 있는 인터넷 사이트, 모바일 사이트, 사내 업무 시스템의 대부분이 이 3계층 구조를 채용하고 있다. 엔지니어로서 활약하고 있는 독자들도 업무 상의 이유로 이런 시스템을 많이 다룰 것이다. 이 책에서도 3계층형 아키텍처를 기본형으로 해서 다양한 알고리즘과 그 특성을 설명한다.

1.4 수평 분할형 아키텍처

앞 절에서는 서버별로 다른 역할을 하도록 시스템을 수직으로 확장하는 구조를 소개했다. 하지만 더 높은 확장성을 실현하려면 다른 하나의 축으로 분할하는 것이 필요하다.

여기서 설명하는 '수평 분할형 아키텍처'는 용도가 같은 서버를 늘려나가는 방식이다. 서버 대수가 늘어나면 한 대가 시스템에 주는 영향력이 낮아져서 안정성이 향상된다. 또한, 처리를 담당하는 서버 대수가 늘어나면 전체적인 성능 향상도 실현할 수 있다.

참고로, 수직 분할형과 수평 분할형은 배타적인 관계가 아니다. 대부분의 시스템이 이 두 가지 방식을 함께 채택하고 있다.

1.4.1 단순 수평 분할형 아키텍처

그림 1.8과 같은 수평 분할에서는 서울 본사와 부산 지사 시스템이 완전히 분할돼 있다. 서울에서 부산 지사 정보를 알고 싶으면 부산 지사 측 시스템에 접속하면 된다. 수평 분할을 'Sharding(샤딩)'이나 'Partitioning(파티셔닝)'이라 부르기도 한다.

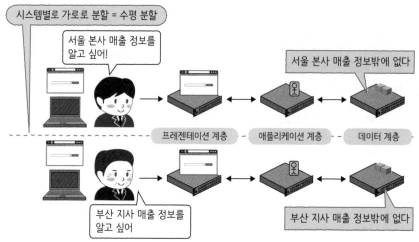

그림 1.8 **같은 기능을 가진 복수의 시스템으로 단순 분할한다**

이 구성에서는 시스템이 둘로 분할됨으로써 시스템 전체 처리 성능을 두 배로 향상시킬 수 있다. 또한, 두 개의 독립된 시스템이 생성되기에 서울 측 시스템에 장애가 발생하더라도 부산 측 시스템에는 전혀 영향을 주지 않아 독립성이 향상된다.

하지만 서울과 부산에서 같은 업무 애플리케이션을 이용하고 있다면, 양쪽 시스템에 매번 애플리케이션 업데이트를 실시해 주어야 한다. 데이터도 서울과 부산이 따로 보유하고 있어서 양쪽 데이터를 동시에(일원화해서) 이용할 수 없다.

또한, 서울과 부산의 이용자 수가 비슷하다면 괜찮지만, 이용자의 대부분이 서울 측 시스템을 이용하고 있다면, 서울 측 시스템에 과부하가 걸리고 부산 측 시스템은 놀고 있는 상태가 된다. 이런 상태에서는 시스템 처리 성능이 두 배가 됐다고 말하기 어렵다.

이 구조는 거래상으로 멀리 떨어진 시스템에 자주 이용된다. 또, 공장처럼 각 거점이 완전히 독립된 운영을 하고 있는 경우에도 적합하다. 예를 들어, 많은 사용자가 있는 SNS 웹 서비스에서는 사용자 ID를 기준으로 서버를 분할(Sharding)하는 경우가 있다.

장점

- 수평으로 서버를 늘리기 때문에 확장성이 향상된다
- 분할한 시스템이 독립적으로 운영되므로 서로 영향을 주지 않는다

단점

- 데이터를 일원화해서 볼 수 없다
- 애플리케이션 업데이트는 양쪽을 동시에 해 주어야 한다
- 처리량이 균등하게 분할돼 있지 않으면 서버별 처리량에 치우침이 생긴다

1.4.2 공유형 아키텍처

일반 기업 시스템이라면 아주 사이가 나쁘지 않는 한 서울과 부산에서 다른 애플리케이션을 이용하는 경우는 드물다. 공유형에서는 단순 분할형과 달리 일부 계층에서 상호 접속이 이루어진다(그림 1.9).

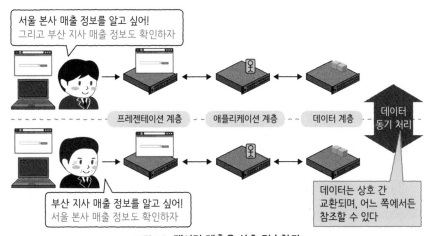

서울 본사 매출 정보를 알고 싶어!
그리고 부산 지사 매출 정보도 확인하자

프레젠테이션 계층   애플리케이션 계층   데이터 계층   데이터 동기 처리

부산 지사 매출 정보를 알고 싶어!
서울 본사 매출 정보도 확인하자

데이터는 상호 간 교환되며, 어느 쪽에서든 참조할 수 있다

그림 1.9 데이터 계층을 상호 접속한다

이 구성에서는 서울 측 시스템에서도 필요에 따라 부산 시스템의 데이터에 접속할 수 있다. 물론, 반대도 가능하다. 데이터 계층은 데이터 저장고의 역할도 하기 때문에 보안이 필요한 데이터가 저장되는 경우도 많다. 데이터가 각지에 흩어져 있는 것보다 한 곳에서 집중적으로 관리하는 것이 보안이나 관리상 유리한 경우가 있다. 또한, 이 구성에서는 데이터를 모아서 참조할 수 있다. 예를 들어, 본사의 상품 관리부가 각 지점의 상품 정보를 참조할 수 있다는 장점이 있다.

장점

- 수평으로 서버를 늘리기 때문에 확장성이 향상된다
- 분할한 시스템이 서로 다른 시스템의 데이터를 참조할 수 있다

단점

- 분할한 시스템 간 독립성이 낮아진다
- 공유한 계층의 확장성이 낮아진다

COLUMN **집약 ⇒ 분산 ⇒ 집약 ⇒ 분산**

생각해보니 필자도 중년의 나이가 됐고, 인생의 반은 IT와 함께 했다. 지금까지 경험한 것을 떠올려보면 오픈화(분산) ⇒ 가상화/클라우드화(집중) ⇒ 엣지 컴퓨팅(분산)이라는 아키텍처의 변화 정도다.

엣지 컴퓨팅(Edge Computing)은 최신 키워드다. 가상화를 사용해 데이터 센터를 통합하거나, 클라우드로 이전하면서 네트워크 대역과 비용이 크게 증가했다. 이런 이유로 지리적으로 가까운 위치에 있는 서버로 처리를 분산하고 처리 결과만 중앙으로 보내는 아키텍처가 각광받고 있다. 이것이 바로 엣지 컴퓨팅이다(그림 1.A). 여기서 클라이언트-서버 구조를 떠올리는 사람도 있을 것이다.

집약, 분산이란 개념은 반복되고 있지만, 사용되는 기술은 비용이 낮아지면서 편의성은 증가하고 있다. 덕분에 매번 새로운 것을 접할 수 있는 기회가 늘어났다. 집약의 장점은 구성의 간단함, 즉 관리하기 쉽다는 것이며, 분산은 그 반대다. 이 때문에 엣지 컴퓨팅에서는 관리를 위한 수고를 줄이면서 서버를 분산하는 것이 중요한 과제다.

- 분산 배치된 네트워크 장비를 집약 관리하고 싶다(라우팅 설정 배포나 상태 감시) = SD-WAN
- 단말이나 처리 장치도 집약 관리하고 싶다(처리 제어나 상태 감시) = IoT의 한 요소

엣지 컴퓨팅, SD-WAN, IoT 등의 새로운 용어가 등장해서 머리가 아플 수도 있지만, 여기서 중요한 것은 아키텍처가 계속 변화하는 배경이다.

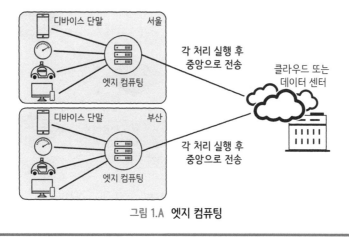

그림 1.A **엣지 컴퓨팅**

1.5 지리 분할형 아키텍처

지금까지 서버를 수직 또는 수평으로 분할하는 아키텍처에 대해 설명했다. 이들 아키텍처를 조합함으로써 목적에 적합한 구성을 만들 수 있다.

이번 절에서는 업무 연속성 및 시스템 가용성을 높이기 위한 방식으로 지리적으로 분할하는 아키텍처에 대해 알아본다.

1.5.1 스탠바이형 아키텍처

그림 1.10은 스탠바이 구성, HA(High Availability) 구성, 액티브-스탠바이 구성 등으로 불리는 형태다. 물리 서버를 최소 두 대를 준비하여 한 대가 고장 나면 가동 중인 소프트웨어를 다른 한 대로 옮겨서 운영하는 방식이다. 이때 소프트웨어 재시작을 자동으로 하는 구조를 '페일오버(Failover)'라고 한다. 좀 아는 척하는 사람은 '페일' 또는 'F/O'라고 부르기도 한다(페일오버에 대해서는 7장에서 자세히 다룬다).

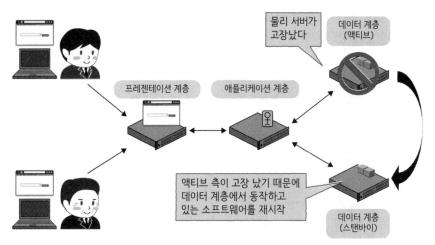

그림 1.10 **액티브-스탠바이(Active-Standby) 구성**

이 방식에서는 물리 서버 고장에 대처할 수 있지만, 보통 때는 페일오버 대상 서버(스탠바이)가 놀고 있는 상태가 되기 때문에 리소스 측면에서 낭비가 발생한다. 투자 효과가 낮다면 CIO(Chief Information Officer)에게 꾸중을 들을 수 있다. 이 문제를 해결하기 위해 스탠바이를 따로 두지 않고, 양쪽 서버를 동시에 교차 이용(한쪽이 고장 나면 다른 한쪽이 양쪽을 처리)하는 경우도 많다.

참고로, 물리 서버가 아닌 가상화 서버를 이용하고 있는 경우는 서버상의 소프트웨어뿐만 아니라 가상 서버별로 다른 물리 서버에 페일오버하는 방식도 선택될 수 있다.

1.5.2 재해 대책형 아키텍처

최근 들어 재해 발생이 현실적인 문제가 되고 있다. 인프라 아키텍처에서도 재해에 대응하기 위한 재해 복구(Disaster Recovery) 구성을 취하는 일이 잦아지고 있다. 구체적으로는 특정 데이터 센터(사이트)에 있는 상용 환경에 고장이 발생하면 다른 사이트에 있는 재해 대책 환경에서 업무 처리를 재개하는 것을 가리킨다.

그림 1.11처럼 서버 장비를 최소 구성 및 동시 구성으로 별도 사이트에 배치하고, 소프트웨어도 상용 환경과 동일하게 설정한다. 재해가 발생하면 그림 1.12와 같이 전혀 다른 사이트에 있는 정보를 이용하게 된다.

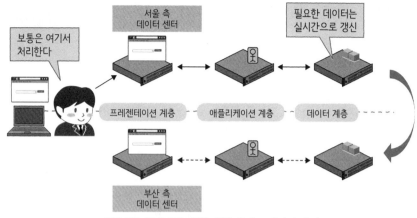

그림 1.11 **평상시의 재해 대책 사이트 데이터 반영**

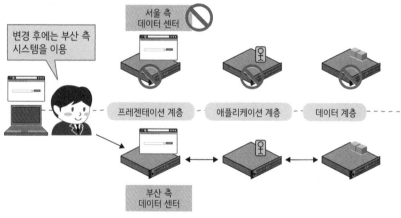

그림 1.12 **재해 발생 시의 이용**

여기서 문제가 되는 것은 애플리케이션 최신화와 데이터 최신화다. 특히 데이터는 매일 갱신되기 때문에 어느 정도 실시간성을 유지해서 사이트 간 동기 처리를 해야 한다. 저장소 장비 기능, OS 기능, 데이터베이스 기능 등 동기 처리를 위한 방법은 여러 가지가 있다. 각각의 비용, 대상 데이터, 동기 연장 특성 등을 고려해서 결정할 필요가 있다.

기술은 대물림되고 있다

하드웨어나 소프트웨어 관련 새로운 기술이 매일같이 등장하지만, 의외로 기본적인 구조는 바뀌지 않고 있다.

예를 들어, 멀티 프로세스 시스템, 가상 기억 시스템, 파일 시스템 같은 기능은 특별히 의식하지 않고 공기처럼 사용하고 있지만, 원래는 범용 기계 시대에 개발된 구조다. 범용 기계의 OS, 상용 유닉스, 리눅스, 윈도우즈 등의 OS는 사용법이나 외형은 다르지만, 그 핵심에는 공통점이 존재해서 과거부터 있었던 기술을 계승하고 있는 듯 보인다.

현대 컴퓨터는 75년 전에 노이만[2]이 고안한 원리를 기본적으로 계승하고 있다고 볼 수 있다. 나는 옛날 기술서 등을 읽고 기술 근간이나 설계 사상 등을 조사하는 것을 즐긴다. 근본이 되는 설계 사상 등을 알아두면 시야가 넓어져서 도움이 된다.

---

2 존 폰 노이만(John von Neumann)은 미국의 과학자다. 대부분의 컴퓨터 아키텍처는 노이만이 고안한 방식을 채택하고 있다고 한다.

제 2 장

서버를 열어 보자

이번 장에서는 하드웨어 장비를 소개하고 그 내부에서 데이터가 어떻게 흐르고 있는 지 설명한다.

2.1 물리 서버

2.1.1 서버 외관과 설치 장소

앞 장에서는 대표적인 시스템 아키텍처를 소개했다. 아키텍처 전체를 구상할 때는 먼저 서버라는 단위로 생각한다는 것을 이해했을 것이다. 이번 장에서는 물리 서버 내부 구조에 대해 더 자세히 살펴보도록 한다.

여러분은 데이터 센터나 서버실에 들어가 본 적이 있는가? 서버가 대량으로 설치돼 있고, 서버에서 나오는 열기를 식히기 위해 실내 온도를 항상 낮게 설정할뿐더러 빛도 들어오지 않는 환경이다. 서버에겐 친절하지만 사람에겐 그렇지 못한 장소로, 그림 2.1과 같다.

그림 2.1 **서버실 예** 출처 sdecoret/Shutterstock.com

서버는 랙(Rack)이라는 것에 장착된다. 랙에는 서버 외에도 HDD가 가득 장착돼 있는 저장소나 인터넷 및 LAN을 연결하기 위한 네트워크 스위치 등도 탑재돼 있다(그림 2.2).

어째서 랙에 서버가 딱 맞게 설치되는지 신기하게 생각한 적이 없는가? 사실은 서버 랙에도 규격이 있는데, 대부분의 랙은 폭이 19인치다. 또, 높이는 한 칸에 약 4.5cm로 40~46개 칸으로 이루어져 있다. 이 한 칸을 1U라고 하며, 서버 높이는 이 단위를 따르고 있다. 이 때문에 2U 서버는 2칸(높이 약 9cm)의 서버임을 의미한다[1].

1 　옮긴이 최근에 진행한 프로젝트에서는 대량의 서버가 필요했다. 하지만 데이터 센터가 거의 다 찬 상태라 비어 있는 랙이 드물었다. 처음 고려했던 것이 2U 서버, 즉 랙 2칸을 차지하는 서버였지만, 조금이라도 공간을 확보하기 위해서 사양을 1U 서버로 변경한 경험이 있다. 1U 서버는 물론 크기가 작지만, 그만큼 성능이 줄어드는 측면이 있으므로 잘 고려하여 서버를 선택하자.

전원이나 네트워크 케이블 배선 등은 모두 랙 뒷면에서 연결된다(그림 2.3).

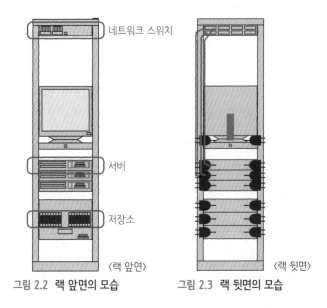

네트워크 스위치

서버

저장소

〈랙 앞면〉

그림 2.2 랙 앞면의 모습

〈랙 뒷면〉

그림 2.3 랙 뒷면의 모습

서버 설치 시에 중요한 정보는 다음과 같다.

- 서버 크기(U)
- 소비 전력(A)
- 중량(Kg)

다음은 대표적인 서버 아키텍처 중 하나인 인텔의 CPU를 사용한 IA 서버에 대한 설명
이다. 먼저, 서버 사진을 보자(그림 2.4).

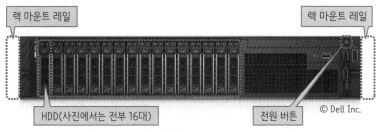

랙 마운트 레일

랙 마운트 레일

HDD(사진에서는 전부 16대)

전원 버튼

© Dell Inc.

그림 2.4 서버 전면(델 EMC PowerEdge R740)

이것은 델 테크놀러지(Dell Technologies)가 판매하는 델 EMC PowerEdge R740(이하 PowerEdge 740)이라는 모델의 서버 전면 사진이다. 일반적인 서버는 이렇게 옆으로 긴 형태다. 또한, 옆에 랙 마운트 레일(Rack Mount Rail)이라는 것이 있어서 장롱 서랍처럼 설치할 수 있다.

전면에는 HDD나 전원 버튼 등이 있다. HDD는 교체하기 쉽게 되어 있어서 손으로 당겨 꺼낼 수 있다.

2.1.2 서버 내부 구성

이런 서버는 위쪽 뚜껑을 열 수 있다. 그림 2.5는 뚜껑을 열어 놓은 사진이다.

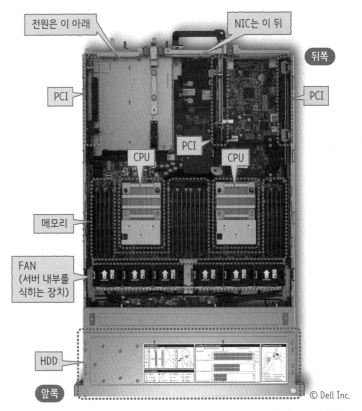

그림 2.5 **서버 내부(델 EMC PowerEdge R740). 컴포넌트는 PC와 동일**

PC 부품과 같은 종류가 들어 있는 것을 알 수 있다.

각 부품이 어떻게 연결돼 있는지 그림으로 표현하면 다음과 같다(그림 2.6). 이것은 PowerEdge R740의 CPU인 Intel Xeon 프로세서를 사용한 버스 접속의 일반적인 예다.

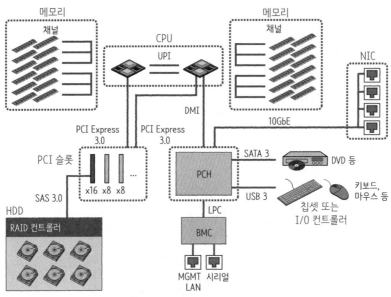

그림 2.6 **컴포넌트들은 버스(Bus)로 연결된다**

CPU, 메모리, HDD 등의 위치 관계를 알 수 있을 것이다. 컴포넌트를 연결하는 선을 '버스(Bus)'라고 한다.

그림 2.6 왼쪽 상단을 보자. CPU가 두 개 연결돼 있고, 그 옆에 메모리가 배치돼 있다. CPU와 메모리는 물리적으로 직접 연결되는 것을 알 수 있다.

왼쪽 하단에는 PCI Express 슬롯이라는 것이 있다. 이것은 외부 장치를 연결하는 곳이다. Xeon 확장 프로세서 아키텍처에선 CPU가 PCI를 직접 제어한다.

계속해서 오른쪽 상단을 보자. 이 서버에서는 칩셋이 네트워크 인터페이스를 4개까지 직접 제어할 수 있다. CPU를 중심으로 생각하면 USB 네트워크 인터페이스는 메모리에 비해 멀리 있다는 것을 알 수 있다. 이 이유에 대해서는 뒤에서 설명하겠다.

아래에는 BMC(Baseboard Management Controller)라는 컴포넌트가 있다. 이것은 서버의 H/W 상태를 감시하며, 독립적으로 움직인다. 예를 들어 서버의 H/W에서 장애가 발생한 경우, BMC 콘솔을 통해 서버 상태를 확인하거나 네트워크로 접속해서 서버를 원격으로 재시작할 수 있다.

서버 내에는 이외에도 다수의 컴포넌트가 존재하지만, 이 책에서는 주요 등장 인물인 CPU, 메모리, HDD, 네트워크 인터페이스, 버스를 중심으로 설명한다.

이미 눈치 챈 사람도 있겠지만, 서버와 PC는 물리적으로는 기본 구성이 같다. 전원이 이중화돼 있어서 장애에 강하거나 대용량 CPU나 메모리가 탑재돼 있는 정도가 PC와 다른 점이다. 따라서 각 하드웨어 제조사가 경쟁하는 것은 CPU나 메모리 등의 컴포넌트 자체를 개선하거나 컴포넌트 배치나 버스 구성, 하드웨어를 가동시키기 위한 펌웨어를 개선해서 성능을 차별화하는 것이다.

이후로는 서버에 어떤 기술이 반영돼 있는지와 이 기술을 통해 서버를 어떻게 물리 설계하면 좋을지를 설명하겠다. 하드웨어의 진화가 매우 빠르기 때문에 여기서 소개하는 기술, 대역 속도 등은 곧 바뀔 수도 있다. 여기서는 어떤 개념이나 기술 방식이 존재하는지만 기억해 두기를 바란다.

2.2 CPU

CPU는 Central Processing Unit의 약자다. 서버 중심에 위치해서 연산 처리를 실시한다. 그림 2.7은 PowerEdge R740에 탑재되어 있는 Xeon 확장형 프로세서로, CPU의 종류 중 하나다.

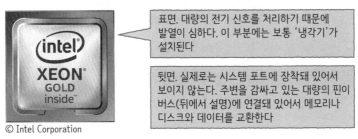

표면. 대량의 전기 신호를 처리하기 때문에 발열이 심하다. 이 부분에는 보통 '냉각기'가 설치된다

뒷면. 실제로는 시스템 포트에 장착돼 있어서 보이지 않는다. 주변을 감싸고 있는 대량의 핀이 버스(뒤에서 설명)에 연결돼 있어서 메모리나 디스크와 데이터를 교환한다

© Intel Corporation

그림 2.7 CPU(Xeon 확장형 프로세서, Intel Xeon Gold 5115)

CPU는 명령을 받아서 연산을 실행하고 결과를 반환한다. 명령과 데이터는 기억 장치나 입출력 장치를 통해 전달된다. 연산은 1초에 10억 회 이상 실행할 수 있다.

현재는 이 CPU를 '코어(core)'라고 하며, 하나의 CPU에 여러 개의 '코어'가 존재하는 멀티 코어화가 진행되고 있다. '코어'는 각자가 독립된 처리를 할 수 있다.

명령이나 데이터는 기억 장치에 있지만 '명령은 누가 내리는 걸까?' 바로 운영체제(Operating System, OS)라는 소프트웨어다. 그럼 OS에 누가 명령을 내리는 걸까? 그것은 OS에서 동작하는 웹 서버나 데이터베이스의 실체인 '프로세스'와 사용자 키보드, 마우스 등을 통한 입력이다. CPU가 자발적으로 처리하는 것은 아니다. 그림 2.8은 컴퓨터 데이터 흐름의 원칙을 보여 준다.

키보드나 마우스가 하는 처리를 '끼어들기(Interrupt) 처리'라고 한다. '끼어들기 처리'에 대해서는 5장에서 자세히 다룬다.

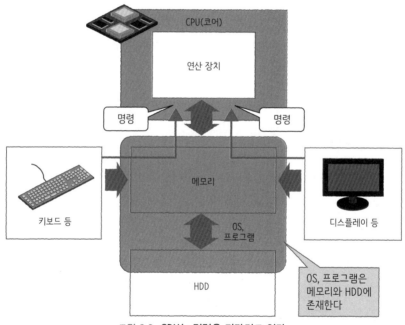

그림 2.8 **CPU는 명령을 기다리고 있다**

2.3 메모리

메모리는 그 명칭 그대로 기억 영역을 말한다(그림 2.9). CPU 옆에 위치하며, CPU에 전달하는 내용이나 데이터를 저장하거나 처리 결과를 받는다.

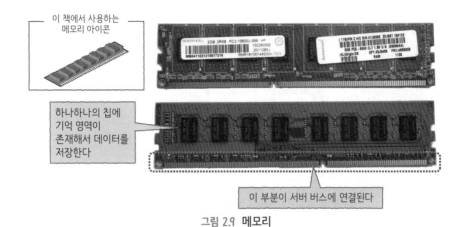

이 책에서 사용하는 메모리 아이콘

하나하나의 칩에 기억 영역이 존재해서 데이터를 저장한다

이 부분이 서버 버스에 연결된다

그림 2.9 메모리

메모리에 저장되는 정보는 영구성이 없다. '영구성이 없다'라는 것은 서버를 재시작하면 없어지는 정보임을 의미한다. 사람은 노화와 함께 기억력이 감소한다고 하지만, 시스템에도 그런 현상이 발생해서는 곤란하다.

이런 결점에도 메모리를 사용하는 이유는 메모리 액세스가 매우 빠르게 이루어지기 때문이다. 그리고 데이터 저장 시에 물리적인 모터 등을 구동하는 것이 아니라 전기적인 처리만으로도 데이터를 저장하기 때문이다.

그런데 CPU 자체도 메모리를 가지고 있다. 이것은 레지스터나 1차(L1)/2차(L2) 캐시라고 불리며, CPU 내부에 존재한다. 메모리보다 더 빠르긴 하지만, 용량이 메모리에 비해 매우 작다('캐시'라는 개념에 대해서는 5장에서 자세히 다룬다. 여기서는 메모리보다도 빠른 하드웨어 정도라고 생각하면 된다).

그림 2.10은 Intel Xeon Gold 5115 프로세서의 캐시 구조다. 여러 단계로 구성돼 있는 것을 알 수 있다. 이 아키텍처에서는 L1, L2 캐시에 있는 데이터가 L3에도 존재한다. 이 때문에 다른 코어는 자신 이외의 캐시를 확인하지 않고 L3 캐시만 확인하면 되는 구조다.

왜 메모리 영역이 몇 개나 존재하는 것일까? 그림 2.10에 있는 것처럼 메모리를 이용하려면 메모리 컨트롤러를 경유해서 일단 CPU 밖으로 나가야 한다. 고속 CPU에서는 이런 처리 지연(Latency, 레이턴시)조차 허락하지 않는다. 처리 지연을 줄이기 위해서 가장 자주 사용하는 명령/데이터를 코어 가까운 곳에 배치하는 것이다.

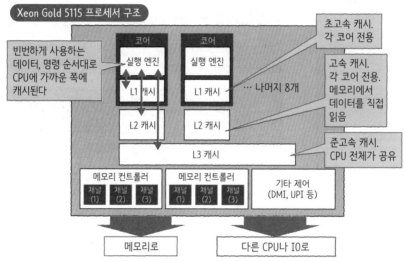

그림 2.10 **캐시를 여러 단으로 배치해서 대기 시간을 줄인다**

영역이 여러 단계로 나누어져 있는 이유는 액세스 속도 때문이다. 일반적으로 캐시 메모리가 커질수록 액세스 속도가 느려진다. 하지만 가능한 CPU 가까운 곳에 많은 캐시를 두고 싶은 것도 사실이다. 이 때문에 캐시를 여러 단계로 배치해서 초고속으로 액세스하고 싶은 데이터는 L1 캐시에, 준고속으로 액세스하고 싶은 데이터는 L2 캐시에 두는 형태로 만든 것이다.

또한, 메모리에는 미리 데이터를 CPU에 전달해서 처리 지연을 줄이는 '메모리 인터리빙(Memory Interleaving)'이라는 기능이 있다. Xeon Gold 5115 시리즈는 그림 2.11과 같은 구조를 지니고 있다.

그림 2.10의 왼쪽 아래에 메모리 컨트롤러와 채널(Channel)이 있다. 채널은 메모리와 CPU 간 데이터 경로를 말한다.

이것을 자세히 표현한 것이 그림 2.11이다. 최대 세 개의 채널을 사용해서 데이터 1을 요구하면 데이터 2와 3도 함께 보내 버린다. 이것은 대부분의 데이터가 연속해서 액세스된다는 규칙을 기반으로 만들어진 것이다. 먼저 읽어서 처리 지연을 줄여 주는 것이다. 이 기능을 활용하기 위해서는 모든 채널의 동일 뱅크에 메모리를 배치해야 한다. 채널 영역도 많이 사용할 수 있다. 다른 제조사의 CPU나 메모리도 원칙은 같기 때문에 사양을 확인해 보도록 하자.

이와 같이 메모리는 다단계 구조를 가지고 각각의 액세스 속도에 맞게 사용되기 때문에 CPU의 데이터 처리 속도를 줄일 수 있다.

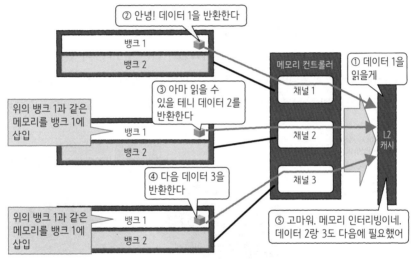

그림 2.11 미리 읽어서 메모리 처리 지연을 경감한다

COLUMN **코드네임의 정체**

대표적인 CPU 제조사인 인텔은 CPU 개발 프로젝트에 코드네임을 붙이고 있다. 최근 주류가 되고 있는 CPU는 'Broadwell(브로드웰), Skylake(스카이레이크)'라는 개발 코드네임으로 불리고 있다. 이들 명칭에는 유래가 있다. 사실은 지명을 따서 지은 것이다. Broadwell은 미국 일리노이주의 지명, Skylake는 플로리다의 지명이다. 어느 정도 유명한 도시인지는 잘 모르겠지만, 개발 담당자와 관련된 지명이지 않을까 싶다.

2.4 I/O 장치

2.4.1 하드 디스크 드라이브(HDD)

이제부터는 데이터 입출력을 담당하는 I/O 장치에 대해 살펴보도록 한다.

먼저, 기록 영역인 HDD를 보자. 서버에서는 메모리에 비해 CPU에서 떨어진 곳에 HDD가 배치된다. 주로 장기 저장 목적의 데이터 저장 장소로 사용한다. 메모리도 디스크도 기억 영역이지만 액세스 속도가 다르며, 전기가 흐르는지 여부에 따라 데이터가 손실되거나 손실되지 않거나 하는 점이 다르다. 메모리는 전기가 흐르지 않으면 데이터가 사라지며, 디스크는 전기가 없어도 데이터가 사라지지 않는다.

HDD 내부를 보자. 그림 2.12와 같이 자기 원반이 여러 개 들어 있으며, 이것이 고속으로 회전해서 읽기/쓰기 처리를 한다. CD나 DVD와 같은 구조다. 이 회전 구조 때문에 속도가 물리 법칙에 좌우되며, 메모리처럼 순식간에 액세스할 수 없다. 일반적으로 수 밀리초에서 수십 밀리초 정도의 시간이 걸린다(메모리 액세스는 수~수십 마이크로초다).

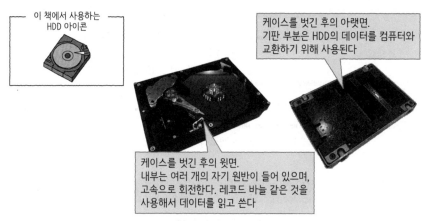

이 책에서 사용하는 HDD 아이콘

케이스를 벗긴 후의 아랫면. 기판 부분은 HDD의 데이터를 컴퓨터와 교환하기 위해 사용된다

케이스를 벗긴 후의 윗면. 내부는 여러 개의 자기 원반이 들어 있으며, 고속으로 회전한다. 레코드 바늘 같은 것을 사용해서 데이터를 읽고 쓴다

그림 2.12 **하드 디스크 드라이브(HDD)**

델 PowerEdge R740에서는 3.5인치 크기의 HDD는 최대 8개, 2.5인치 크기는 최대 16 대를 장착할 수 있으며, SAS 2.0 또는 SATA 규격의 드라이브를 탑재할 수 있다. PC라면 탑재할 수 있는 HDD 수는 한 대나 두 대 정도이지만, 서버에는 더 많은 HDD를 장착할 수 있다.

아직 이런 HDD가 많은 시스템에서 이용되고 있지만, 최근에는 기술이 발달해서 SSD(Solid State Disk, 반도체 디스크)라는, 물리적인 회전 요소를 사용하지 않는 디스크가 사용되고 있다. SSD는 메모리와 같이 반도체로 만들어졌지만, 전기가 없어도 데이터가 사라지지 않는다. SSD의 등장으로 인해 메모리와 기억 장치 간 속도 차이가 거의 없어지고 있다. 몇 년 후에는 자기 디스크(HDD)가 없어질 수도 있다.

또한, HDD가 많이 탑재돼 있는 하드웨어를 '스토리지(Storage, 저장소)'라고 한다. 저장소는 I/O의 서브 시스템이라고도 불리는 장치로서, 내부에는 CPU와 캐시가 존재하고 수많은 HDD 외에도 여러 기능을 탑재하고 있다.

서버와 I/O 시에는 HDD가 직접 데이터 교환을 하는 것이 아니라 캐시를 통해서 한다. 저장소 캐시 처리는 그림 2.13과 같다.

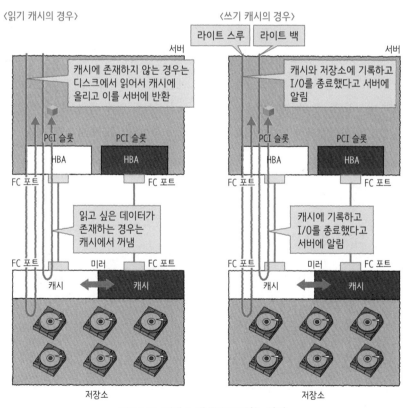

그림 2.13 **저장소 캐시에 I/O하는 과정**

CPU 캐시 이용 방법과 동일하다. '캐시'라는 개념에 대해서는 5장에서 자세히 다루기 때문에 여기서는 메모리처럼 고속으로 I/O가 가능한 하드웨어라는 정도로 알면 된다.

대형 저장소와 연결할 때는 일반적으로 파이버 채널(Fibre Channel, FC)이라는 케이블을 사용해서 SAN(Storage Area Network)이라는 네트워크를 경유한다. SAN에 접속하기 위한 파이버 채널 인터페이스를 FC 포트라고 한다. 보통은 서버 시스템 포트에 FC 포트가 없기 때문에 PCI 슬롯에 HBA라는 카드를 삽입한다.

그림 2.13에서는 두 종류의 I/O를 사용하고 있다. 하나는 읽기/쓰기 시에 캐시라는 메모리 영역에 액세스하는 방법이다. 읽기 캐시의 경우는 캐시상에 데이터 복사본만 있으면 되지만, 쓰기 시에는 캐시에만 데이터를 기록하고 완료했다고 간주하는 경우 데이터를 잃을 가능성이 있음을 의미한다. 장점은 캐시에 저장해서 쓰기 처리가 종료되기 때문에 고속 I/O를 실현할 수 있다는 점이다. 이런 쓰기 I/O를 '라이트 백(Write Back)'이라고 한다. 대부분의 저장소 제품에서는 이 캐시를 별도의 캐시와 미러링해서 안정성을 높이고 있다.

다른 하나의 I/O는 캐시와 HDD에 모두 액세스하는 I/O다. 읽기 시에 캐시에 데이터가 없으면 읽기 처리를 위해 액세스한다. 쓰기 시에는 캐시와 디스크를 모두 읽어서 라이트 백과 비교하고, 더 확실한 쪽에 쓰기 처리를 실시하기 위해 액세스한다. 이 경우 쓰기 캐시의 장점은 없다. 이런 쓰기 I/O를 '라이트 스루(Write Through)'라고 한다.

기본적으로는 캐시의 장점을 살리기 위해 '라이트 백'으로 설정한다. 두 I/O의 차이를 이해했는가?

2.4.2 네트워크 인터페이스

다음으로 네트워크 인터페이스를 알아보자. 네트워크 인터페이스는 서버와 외부 장비를 연결하기 위한 것으로 외부 접속용 인터페이스다. 그림 2.14는 이더넷(Ethernet)의 네트워크 어댑터다.

서버 외부 장비로는 네트워크에 연결된 다른 서버나 저장소 장치가 있다. 그림 2.14에는 LAN(Local Area Network) 어댑터를 탑재하고 있지만, SAN과 같은 다른 네트워크 어댑터를 사용할 수도 있다.

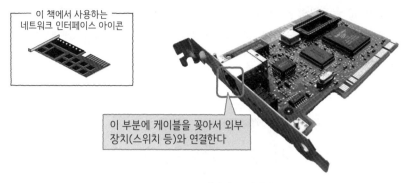

이 책에서 사용하는
네트워크 인터페이스 아이콘

이 부분에 케이블을 꽂아서 외부
장치(스위치 등)와 연결한다

그림 2.14 **네트워크 어댑터**

PowerEdge R740에서는 전용 네트워크 카드 슬롯이 있으며, 1Gbps와 10Gbps는 최대 4
회선, 25Gbps는 최대 2회선을 접속할 수 있다(물론, PCI 카드를 증설할 수도 있다).

2.4.3 I/O 제어

HDD와 네트워크 인터페이스, 그리고 I/O에 대해 살펴보았다. 여기서는 I/O 제어에 대
해 설명하겠다. I/O 제어 이야기에는 조금 전문적인 용어가 등장한다. 익숙하지 않은 용
어일 수 있지만, 어렵지 않기 때문에 걱정하지 말고 읽기 바란다. IO 제어는 발전 속도가
빨라서 일반적인 구성이라는 것이 없다. Xeon 확장형 프로세서의 경우는 PCH(Platform
Controller Hub)라는 칩셋이 탑재되어 있어서, CPU가 제어하는 메모리나 PCIe(PCI
Express) 외의 처리 속도가 비교적 늦어도 용서되는 I/O 제어를 담당하고 있다.

그림 2.15는 Xeon 확장형 프로세서의 일반적인 버스 연결을 보여준다.

그림 2.15에서는 각 버스의 I/O 영역에 대해서도 다루고 있는데, 버스 흐름에 대해서
는 뒤에서 다시 다룰 것이다. I/O가 어떤 버스를 사용하고 어떻게 연결되는지를 보도
록 하자. PCI의 x8, x16이라는 숫자는 PC에서도 볼 수 있는 것으로, PCI의 I/O 회선이
몇 개 연결되는지를 의미한다. x8이라면 8선이라는 의미다. 각 CPU/칩셋 구조마다 PCI
를 연결할 수 있는 회선이 정해져 있다. Xeon 확장형 프로세서의 경우는 각 CPU에 48개
의 PCI 회선이 존재한다. 단, 각 서버에는 내부적인 사용 용도도 있으므로 외부 연결을
위해 사용할 수 있는 PCI 회선 수는 CPU가 처리할 수 있는 총량보다 적다. 예를 들어

PowerEdge R740에는 다양한 구성 패턴이 있으며, CPU는 2소켓을 탑재할 수 있어서 최대 96개의 PCI 회선이 가능하다. 이것을 분배해서 x8을 2개, x16을 3개로 하거나, x8을 4개만 사용하는 패턴 등을 구성할 수 있다. 탑재된 CPU 수에 따라 사용할 수 있는 PCI 회선 수도 바뀌기 때문이다.

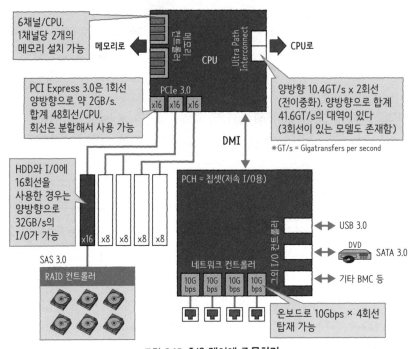

그림 2.15 **I/O 제어에 주목하자**

이 책의 1판(2015년판)에 나왔던 CPU에서는, PCI 등의 외부 연결 제어는 PCH 같은 I/O 컨트롤러의 역할이었다. 최근에는 대량의 I/O 및 통신 처리를 서버에서 감당하고 있으므로 PCI 컨트롤러가 병목 지점이 되지 않도록 CPU가 직접 제어하는 방향으로 바뀐 것이라 생각한다.

이와 같이 CPU 외에도 다양한 컨트롤러나 칩이 있다는 것을 알았을 것이다. 다른 컨트롤러가 존재하는 이유는 CPU가 해야 할 연산에 더 집중하기 위한 것이라 할 수 있다. 또한, I/O 시에 관련 처리를 가능한 I/O와 가까운 곳(즉, CPU에서 멀리 있는 곳)에서 처리하는 것이 더 효율적이다. 즉, CPU와 칩셋의 관계는 역할 분담을 위한 것이다.

그림 2.16에 다양한 I/O 예를 구체적으로 표시했다. HDD의 I/O와 DVD의 I/O 경로가 물리적으로 다르다는 것을 알 수 있다.

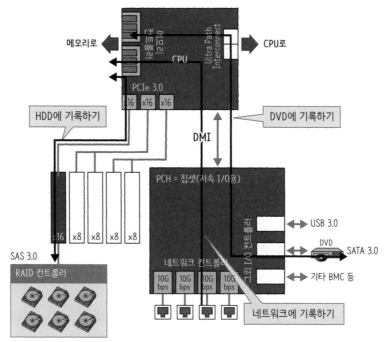

메모리로

CPU로

CPU

Ultra Path Interconnect

PCIe 3.0
16 | x16 | x16

HDD에 기록하기

DVD에 기록하기

DMI

PCH = 칩셋(저속 I/O용)

.16 | x8 | x8 | x8 | x8

SAS 3.0

RAID 컨트롤러

USB 3.0

DVD   SATA 3.0

기타 BMC 등

네트워크 컨트롤러
10G bps | 10G bps | 10G bps | 10G bps

네트워크에 기록하기

그림 2.16 **다양한 I/O 예**

조립 PC 추천

여기까지 읽고 난 후 서버에 대해 더 자세히 알고 싶어진 독자가 있을 것이다. 그런 독자에게는 조립 PC를 추천한다. 나도 하드웨어에 대해 자세히 알고 싶어서 PC를 조립해 보았다. 칩셋은 CPU 모델 번호에 대응해야 한다든가, HDD를 추가하니 전원 장치의 파워가 부족했던 좌절(?)을 통해 여러 가지를 배울 수 있었다.

참고로, PC를 조립할 때는 조립 키트가 아니라 아무것도 없는 상태에서 부품을 모으는 것이 더욱 공부가 된다. 조립 순서는 대략 다음과 같다.

① 먼저, 사용하고 싶은 CPU를 정한다(일단 가격을 고려해서 정한다. 다른 부품이 정해진 후에 다시 검토해야 할 수도 있다)
② 사용하고 싶은 CPU를 지원하는 마더보드를 알아본다(몇 가지를 골라 두자)

③ 마더보드가 들어가는 PC 케이스를 정한다(이때 팬이나 전원 장치도 정한다)

④ 마더보드를 지원하는 메모리를 정한다

⑤ 기타 주변 장치를 정한다(그래픽 카드나 RAID 포트 등)

⑥ 모니터를 정한다

⑦ 가게로 GO!

무언가를 만들어 완성해 내는 경험은 성취감이 있다. 어려운 이론적 정보는 필요 없기 때문에 꼭 시도해 보자.

2.5 버스

버스(Bus)는 서버 내부에 있는 컴포넌트들을 서로 연결시키는 회선을 가리킨다. 이미 그림 2.6 '컴포넌트들은 버스(Bus)로 연결된다'에서 서버 전체의 버스 연결 예를 보았다. 그러면 이 버스에서 중요한 것은 무엇일까? 대답은 버스가 어느 정도의 데이터 전송 능력을 가지고 있는가, 즉 대역이 어느 정도인가가 중요하다.

2.5.1 대역

대역이란 무엇일까? 원래는 주파수 대역을 가리키지만, IT 인프라에서는 의미가 조금 다르다. 대역은 데이터 전송 능력을 의미한다. 대역은 '한번에 데이터를 보낼 수 있는 데이터의 폭(전송폭)' × '1초에 전송할 수 있는 횟수(전송 횟수)'로 결정된다.

전송 횟수는 '1초 ÷ 1 처리당 소요 시간(응답 시간)'으로 표현할 수 있다. 또한, 대역은 '스루풋(Throughput, 처리량)'이라고도 부른다. 이 용어들은 성능에 관해 다루는 8장에서 자세히 다룬다. 그림 2.17을 보자.

예를 들어, 인터페이스 규격의 하나인 PCI Express 3.0은 1회선당 2GB/s(편방향 1GB/s) 전송이 가능한 프로토콜이다. x8나 x16 같은 숫자는 몇 회선인지를 의미한다. 즉, x8은 8회선(= 8배), x16은 16회선(= 16배)의 전송 능력을 가지고 있음을 의미한다.

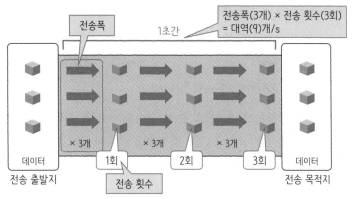

그림 2.17 대역은 전송폭 × 전송 횟수

2.5.2 버스 대역

PowerEdge R740의 버스 대역은 그림 2.18과 같이 나타낼 수 있다. 이 숫자 자체는 기술 진화에 따라 빠르게 변하기 때문에 기억할 필요는 없다.

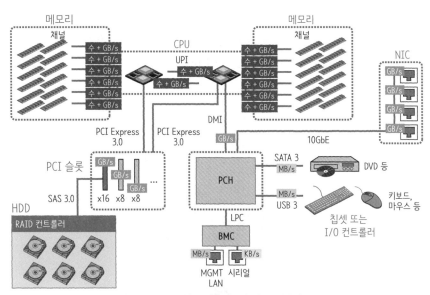

그림 2.18 CPU에 가까운 쪽이 버스 대역이 크다

CPU에 가까운 쪽이 1초당 전송량이 크다는 것을 알 수 있다. 예를 들어, CPU와 메모리는 대량으로 데이터를 교환해서 매우 빠른 전송 능력이 요구되기 때문에 CPU 바로 앞에 위치하고 있다. 반대로, USB 3.0 포트는 약 500MB/s 전송 능력을 가진 규격으로 저속이기 때문에 PCH 앞에 배치해도 문제가 없다.

일상에서 접하는 대역으로는 광랜 인터넷을 들 수 있다. 이것은 최대 1GBps = 125MB/s 대역으로 통신이 가능함을 의미한다. CPU 간 대역은 편방향 10.4GT/s(기가트랜스퍼/초)다. 최근에는 데이터 전송 속도와 전기적 신호 속도가 다르다는 견해가 존재하여, 버스 전송 속도에는 기가바이트가 아닌 기가트랜스퍼를 사용하는 경우가 늘고 있다. 여기서는 복잡한 계산은 생략하겠지만, 환산하면 CPU는 20.8GB/s의 처리가 가능하다. 인터넷과 비교하면 170배나 빠른 속도다.

버스 흐름에서 중요한 것은 CPU와 장치 사이에 병목 현상이 없어야 한다는 것이다. 병목 현상(Bottleneck)은 데이터 전송이 어떤 이유로 막혀 있는 상태를 의미한다.

시스템 설계 시에 특히 놓치기 쉬운 것이 외부 장치 연결 시의 버스 대역에 관한 것이다.

예를 들어, PCI Express 3.0 슬롯의 x16(편방향 16GB/s)과 x8(편방향 8GB/s)에서는 전송 능력 차이가 두 배가 된다. SAS 3.0 HDD의 전송 능력은 1200MB/s이기 때문에[2], 단순히 x8 슬롯에서는 7회선 이상 HDD가 동시에 I/O를 하면 PCI 버스에 병목 현상이 발생한다(그림 2.19).

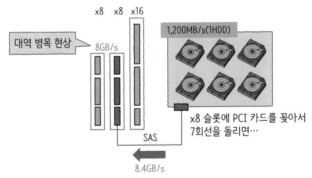

그림 2.19 **PCI 버스 대역의 병목 현상(이론 값)**

---

2 일반적으로는 SAS 3.0이라 해도 제조사별로 HDD의 실제 전송 능력이 다르다.

물론, HDD가 100% 회전하는 경우는 없기 때문에 어디까지나 예이지만, 하드웨어 설계, 특히 외부 장치와 연결을 검토할 때는 이렇게 버스나 I/O 능력을 고려해야 한다.

> ### COLUMN SAS의 다음 세대
>
> 이전에는 SSD의 연결 규격이 두 종류였지만, 최근에는 세 번째 규격이 등장했다. 이 세 가지 SSD 규격은 SATA(Serial ATA), SAS(Serial Attached SCSI), NVMe(NVM Express)로 오른쪽으로 갈수록 속도가 빠르다. SATA 3.0(6Gbps), SAS 3.0(12Gbps), PCIe 3.0x4/NVMe(32Gbps)라고 하면 잘 와닿지 않을 수도 있지만, NVMe는 SATA와 비교해 약 다섯 배정도 빠른 전송 속도를 가지고 있다.
>
> 'SDD 데이터 읽기/쓰기 능력'과 '데이터 전송 성능'에선 후자가 병목 지점이 된다는 이유로 NVMe가 등장했다. 최근에는 '올 플래시 스토리지(All Flash Storage)'라고 해서 모든 하드디스크를 SDD 제품으로 탑재하는 경우가 있다. 전부 SDD라고 해도 여덟 배나 속도 차이가 있으므로 규격을 고려하지 않을 수 없다.
>
> 또한, '클라우드파이므로 IOPS로 구입했어요'라는 사람도 IOPS(처리량)과 Latency(처리 지연)은 다른 것임을 이해해야 한다. NVMe는 처리 지연을 향상시키는 것이므로 어떤 서비스에 사용할지도 고려해야 한다.

2.6 정리

CPU부터 HDD, 네트워크 등의 I/O 장치까지 일련의 데이터 흐름에 대해 살펴보았다. 이 처리 흐름을 그림으로 표현한 것이 그림 2.20이다. CPU가 PCI 컨트롤러 역할을 하고 있어서 그림이 약간 복잡하지만, 이 구조도 시간이 지남에 따라 바뀔 것이다.

HDD 데이터가 CPU에 이르기까지 여정이 얼마나 먼지 알 수 있을 것이다. HDD 데이터는 다양한 전송 버스를 지나서 몇 번이고 캐시된 후에 CPU에 이른다. 또한, CPU에 가까울수록 고속이고 멀수록 대용량인 것을 알 수 있다.

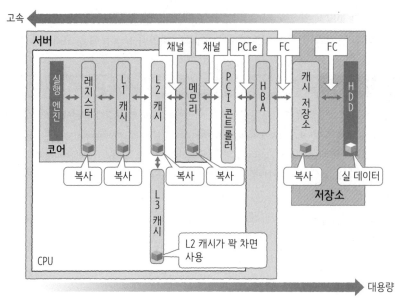

그림 2.20 **CPU까지의 여정이 멀다**

하드웨어는 시스템의 가장 기반이 되는 부분이다. 애플리케이션이나 OS는 이 하드웨어를 움직이기 위한 프로그램 집합이라 할 수 있다. 프로그램이 동작하면 하드웨어가 어떤 식으로 동작하는지 이해한 후 이것을 바탕으로 새로운 구조나 시스템을 만드는 것이 진정한 IT 엔지니어라고 생각한다. 나도 아직 많이 부족해서 매일같이 공부하고 있다. 이번 장이 하드웨어에서의 데이터 흐름을 이해하는 데 조금이나마 도움이 됐기를 바란다.

3계층형 시스템을
살펴보자

앞 장에서는 시스템이나 서버를 구성하는 물리 장치에 대해 설명했다. 하지만 안타깝게도 시스템 사용자는 서버나 그 부품을 실제로 볼 일이 거의 없다. 사용자가 가장 많이 접하는 부분은 '데이터'다. 이번 장에서는 1장에서 소개한 '3계층형 아키텍처'를 주축으로, 시스템이 처리하는 데이터와 시스템상에서의 데이터 흐름을 구체적으로 살펴보도록 한다.

3.1 3계층형 시스템의 구성도

1장에서 소개한 3계층 아키텍처에 대해 먼저 주요 구성 요소인 웹 서버, AP 서버, DB 서버를 정리해서 하나의 그림으로 그려 보았다(그림 3.1)[1].

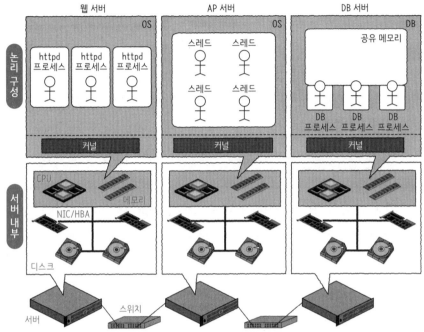

그림 3.1 **3계층 시스템의 전체 구성(이 책 맨 앞의 상세 이미지 참고)**

제일 먼저 눈에 띄는 것이 막대 인간이다. 이것의 정체는 다음 절에서 설명하겠지만, 이 책에서 자주 보게 될 것이다. 친숙해지도록 하자.

아래부터 살펴보도록 하자. 가장 아래에는 DVD 플레이어와 같이 생긴 서버가 배열돼 있다. 세 대의 서버는 스위치를 경유해서 연결돼 있다. 각각의 서버를 확대해서 보면 CPU, 메모리, 디스크, NIC/HBA 같은 하드웨어 부품이 나열돼 있다. 이들은 앞 장에서 설명한 물리 장치다.

---

1   더 상세한 그림은 책 맨 앞의 '3계층형 시스템의 데이터 흐름과 각각을 지탱하는 기술'을 참고하기 바란다. 4장, 5장의 요소와도 연계해서 그렸기 때문에 꼭 확인하도록 하자.

그 위에는 CPU와 메모리 영역을 확대한 것이다. 이 부분이 이번 장의 메인 주제가 되는 논리 구성이다. 이 부분은 '오퍼레이팅 시스템(OS)' 영역을 보여 주고 있다. 막대 인간과 커널(Kernel)에 대해서는 다음 절에서 설명한다.

데이터 흐름을 보기 전에 논리 구성의 주요 요소에 대해 설명하겠다.

3.2 주요 개념 설명

OS를 이해하는 데 있어서 필수 개념이라고 할 수 있는 프로세스와 스레드, 커널에 대해 간단히 설명하겠다.

3.2.1 프로세스와 스레드

먼저, 주목받고 있는 막대 인형부터 보도록 하자. 인터넷에서 프로그램을 다운로드받아 PC에 설치해 본 적이 있을 것이다. 프로그램을 설치해서 아이콘을 더블클릭해서 시작하면 창이 뜬다. 다시 한번 프로그램 아이콘을 더블클릭하면 다른 별도의 창이 열릴 것이다. 이것이 프로세스나 스레드라고 불리는 것이다. 그림 3.2를 보자.

프로세스 및 스레드는 프로그램 실행 파일 자체가 아니라 OS상에서 실행돼서 어느 정도 독립성을 가지고 동작하는 것이다. 대부분의 책이 '사람 모양'으로 표현하고 있듯이, 프로세스나 스레드가 시작되는 것은 마치 사람이 숨을 쉬기 시작하면서 활동하는 것과 같은 의미다. 이 책을 다 읽을 때쯤이면 프로그램을 실행할 때마다 막대 인간이 머릿속에 떠오를 것이다.

프로세스 및 스레드가 활동하려면 메모리 공간이 필요하다. 이것은 커널(뒤에서 설명)에 의해 메모리상에 확보된다. 이 메모리 공간은 막대 인간이 자신을 위해 소유하는 공간으로, 개인 공간이라 할 수 있다. 다양한 처리를 하면서 데이터를 주고받기 위해 이 공간을 사용한다. 그림 3.3에 있는 것처럼 프로세스 시작 시에 이 공간이 확보된다.

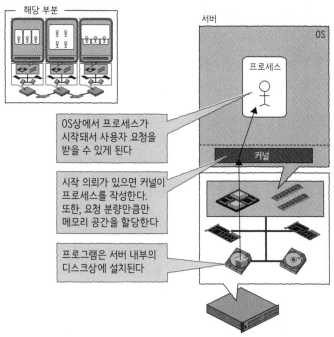

해당 부분

서버

OS

프로세스

OS상에서 프로세스가
시작돼서 사용자 요청을
받을 수 있게 된다

커널

시작 의뢰가 있으면 커널이
프로세스를 작성한다.
또한, 요청 분량만큼만
메모리 공간을 할당한다

프로그램은 서버 내부의
디스크상에 설치된다

그림 3.2 프로세스 시작 시에 어떤 일이 발생하는 걸까?

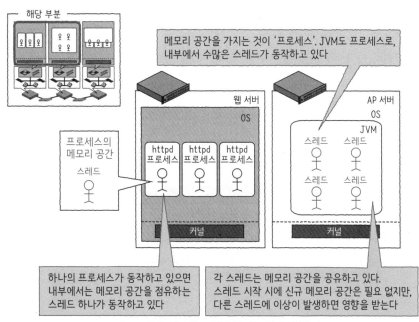

해당 부분

메모리 공간을 가지는 것이 '프로세스'. JVM도 프로세스로,
내부에서 수많은 스레드가 동작하고 있다

웹 서버

OS

AP 서버

OS

JVM

프로세스의
메모리 공간

스레드

httpd
프로세스

httpd
프로세스

httpd
프로세스

스레드

스레드

스레드

스레드

커널

커널

하나의 프로세스가 동작하고 있으면
내부에서는 메모리 공간을 점유하는
스레드 하나가 동작하고 있다

각 스레드는 메모리 공간을 공유하고 있다.
스레드 시작 시에 신규 메모리 공간은 필요 없지만,
다른 스레드에 이상이 발생하면 영향을 받는다

그림 3.3 프로세스와 스레드의 메모리 공간 차이

먼저, 웹 서버를 보자. 'httpd 프로세스'라고 쓰여 있는 막대 인간이 프로세스다. 그 주변을 감싸고 있는 하얀 공간이 있는데, 이것이 프로세스의 메모리 공간을 나타낸다. 프로세스의 구체적 동작에 대해서는 뒤에서 설명하기 때문에 여기서는 각각의 막대 인간이 독립된 메모리 공간을 가지고 있다는 점에 주목하자.

AP 서버도 보자. '스레드'라고 쓰여 있는 막대 인간이 스레드다. 웹 서버와 달리 AP 서버 상의 막대 인간은 하나의 메모리 공간을 공유하고 있다. 이것이 프로세스와 스레드의 큰 차이점이다. 프로세스는 전용 메모리 공간을 이용해서 동작한다. 스레드는 다른 스레드와 메모리 공간을 공유하고 있는 운명 공동체다.

예를 들면, 프로세스는 맞벌이 부부처럼 통장을 각자 관리하고 있는 형태다. 반면에 스레드는 아내가 남편의 부양가족이 되는 모습이다. 자녀가 많아지면 부양가족이 늘어나지만, 하나의 통장으로 꾸려나가야 한다. 두 가족 모두 구조는 다르지만 생활한다는 목적은 같다. 프로세스와 스레드 관계도 비슷하다.

프로세스와 스레드 중에 어떤 것을 이용할지는 애플리케이션 개발자가 정한다. 이때 각각의 특성을 이해하고 설계와 프로그래밍할 필요가 있다. 예를 들어, 프로세스는 독자 메모리 공간을 가지기 때문에 생성 시 CPU 부하가 스레드와 비교해 높아진다. 때문에 멀티 프로세스 애플리케이션에서는 프로세스 생성 부담을 낮추기 위해 미리 프로세스를 시작시켜 둔다. 이 실제 예가 연결 풀링(Pooling)이라 불리는 것으로 7장에서 자세히 다룬다.

여러 개를 동시에 실행할 때의 프로세스와 스레드의 장단점을 간단히 정리해 보았다 (표 3.1).

표 3.1 **프로세스와 스레드 비교**

	프로세스	스레드
장점	개별 처리 독립성이 높다	생성 시 부하가 낮다
단점	생성 시 CPU 부하가 높다	메모리 공간을 공유하기 때문에 의도하지 않는 데이터 읽기/쓰기가 발생할 수 있다

단, 프로세스가 메모리 공간을 공유할 수 없는 것은 아니다. 예를 들어, 오라클 DB에서는 그림 3.4와 같이 여러 프로세스가 '공유 메모리 공간'을 상호 이용할 수 있게 되어 있다.

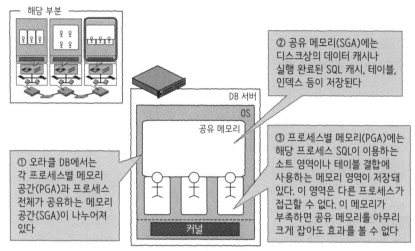

그림 3.4 **공유 메모리형 DBMS의 메모리 관리**

이와 별도로 프로세스별 독자 메모리 영역도 있어서 용도별로 나누어 사용하고 있다. 프로세스 간에 공유하고 싶은 데이터, 예를 들어 캐시로 저장하고 있는 데이터(5장에서 자세히 설명)는 공유 메모리상에 둔다. 한편, 프로세스 단독으로 이용하는 데이터, 예를 들어 자신이 계산할 결과는 전용 메모리에 둔다.

COLUMN **막대 인간의 모험**

막대 인간은 영어로 'stickman', 'stick person'이라고 불린다. 국내에서만 사용되는 것이 아닌 국제적인 영웅이다.

IT 세계에서는 UML(Unified Modeling Language)이라는 규격의 애플리케이션 유스케이스 다이어그램에 사용된다. 오히려 애플리케이션 개발자들 관점에서는 유스케이스 다이어그램을 쉽게 떠올릴 수 있다.

이 책에서는 OS상의 '프로세스'를 형상화하고 있는 것이기 때문에 이 관점에 익숙해지도록 하자.

3.2.2 OS 커널

OS에서 커널은 심장이자 뇌이며 척수다. 커널이 OS의 본질이며, 나머지는 그저 덤일 뿐이라고 해도 과언이 아니다. 커널 자체가 OS의 '인프라'라고 생각하면 된다. 커널은 다양한 역할을 갖지만, 가장 중요한 것은 '뒤에서 무슨 일이 벌어지는지 은폐하면서도 편리한 인터페이스를 제공하는 것'이다. 이렇듯 커널이 존재하기 때문에 개발자는 하드웨어나 다른 애플리케이션에 끼치는 영향을 의식하지 않고 애플리케이션을 만들 수 있다.

OS 처리는 원칙적으로는 커널을 통해 이루어진다. 커널의 역할에는 여러 가지가 있지만, 그림 3.5와 같이 여섯 가지로 정리할 수 있다. 이번 장에서는 이 중에서 다섯 개를 선별해서 소개한다(④ 네트워크 스택은 6장에서 다룬다).

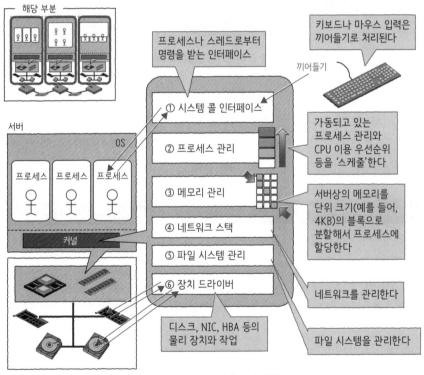

그림 3.5 **커널의 여섯 가지 역할**

① 시스템 콜 인터페이스

프로세스/스레드에서 커널로 연결되는 인터페이스다. 애플리케이션이 OS를 통해서 어떤 처리를 하고 싶으면 시스템 콜이라고 하는 명령을 이용해서 커널에 명령을 내린다. 이때 명령이 인터페이스를 통해서 전달된다. 은행이나 구청 등의 접수 창구와 같다고 생각하면 된다.

예를 들어, 디스크상의 데이터를 읽고 싶거나 네트워크 통신을 하고 싶을 때, 또는 새로운 프로세스를 생성하고 싶은 경우에 해당 시스템 콜을 호출하면 기능을 이용할 수 있다. 뒤에서 구체적으로 어떤 처리를 하고 있는지는 프로세스가 의식할 필요가 없다.

예를 들어, 그림 3.6과 같이 디스크 액세스와 네트워크 요청 모두 프로세스 관점에서 커널에 대한 시스템 콜이다.

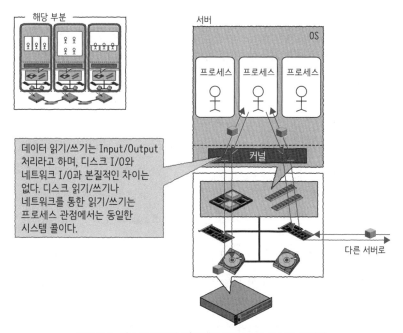

그림 3.6 디스크 I/O와 네트워크 I/O 모두 시스템 콜이다

② 프로세스 관리

프로세스를 관리한다. OS상에서는 수십, 수백, 수천 개의 프로세스를 가동할 수 있다. 이에 비해 물리 서버의 CPU 코어 수는 많아야 수십 개 정도밖에 안 된다. 언제, 어떤 프로세스가 어느 정도의 CPU 코어를 이용할 수 있는지, 처리 우선순위를 어떻게 결정할 것인지 등을 관리하는 것이 이 기능의 역할이다. 예를 들면, 소풍 갔을 때의 인솔 선생님과 같다. '여러분, 줄을 맞춰 주세요', '남자, 여자 한 쌍으로 앉아요' 등이다. 이 기능이 없으면 OS가 성립되지 않기 때문에 OS에게 있어 가장 중요한 기능이라 할 수 있다.

③ 메모리 관리

메모리 영역을 관리한다. 프로세스 관리는 CPU 코어를 고려했지만, 메모리 관리에서는 물리 메모리 공간의 최대치를 고려한다. 프로세스가 이용하는 독립 메모리 공간을 확보하거나 상호 간의 참조 영역을 지키기 위해 독립성을 관리하는 등의 메모리 관리 역할을 한다. 이 기능이 없으면 각 프로세스는 자신 이외의 프로세스가 사용하고 있는 메모리 영역 범위를 파악해야 하므로 해당 하드웨어의 신이 아닌 이상은 애플리케이션 개발이 매우 어렵다.

④ 네트워크 스택

네트워크에 대해서는 6장에서 자세히 다룬다.

⑤ 파일 시스템 관리

이것은 파일 시스템용 인터페이스를 제공한다. 그림 3.7을 보자.

파일 시스템은 OS 기능의 하나로서 물리 디스크에 제공된 데이터를 관리하는 기능이다.

여러분이 일상에서 사용하는 '문서 파일'이나 '엑셀 파일'이 파일에 해당한다. 물리 디스크에 기록된 데이터는 '01011110…'과 같은 숫자의 집합에 불과하다. 구분 표시도 없을 뿐더러 그대로 사용하기는 매우 어려운 형태다. 파일 시스템 덕분에 애플리케이션은 '파일'이라는 단위로 데이터를 작성하거나 삭제할 수 있다.

주요 관리 기능으로는 디렉터리(폴더) 구조 제공, 액세스 관리, 고속화, 안정성 향상 등이 있다.

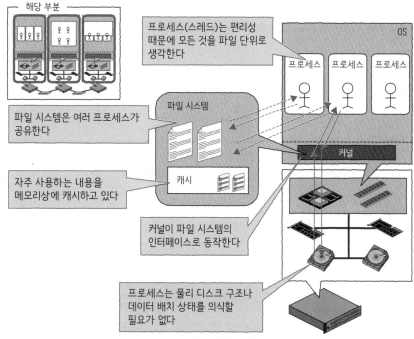

해당 부분

프로세스(스레드)는 편리성
때문에 모든 것을 파일 단위로
생각한다

OS

프로세스 프로세스 프로세스

파일 시스템

파일 시스템은 여러 프로세스가
공유한다

커널

자주 사용하는 내용을
메모리상에 캐시하고 있다

캐시

커널이 파일 시스템의
인터페이스로 동작한다

프로세스는 물리 디스크 구조나
데이터 배치 상태를 의식할
필요가 없다

그림 3.7 프로세스 관점의 파일 시스템

⑥ 장치 드라이버

디스크나 NIC 등의 물리 장치용 인터페이스를 제공한다. 예를 들어, NIC나 디스크는
다수의 제조사가 독자 제품을 제공하고 있다. 각각에 대응하는 애플리케이션을 개발하
는 것은 현실적이지 못하기 때문에 커널은 장치 드라이버를 이용해서 그 아래에 있는
물리 장치를 은폐한다. 각 장치 제조사가 OS에 대응하는 장치 드라이버를 제공해서 해
당 OS의 표준 장치로서 커널을 경유해 이용할 수 있게 하는 것이다.

> **COLUMN 커널은 결코 견고하지 않다**
>
> 커널 설계 및 구현 방식에는 크게 두 가지가 있다. '모놀리식(Monolithic) 커널'과 '마이크로
> (Micro) 커널'이다. 모놀리식은 '단일형'을 가리키고, 마이크로는 '작다'는 것을 의미한다.
>
> 모놀리식 커널은 OS의 주요 구성 요소를 모두 하나의 메모리 공간을 통해 제공한다. 명
> 칭이 가진 의미대로 한 명의 '왕자'가 모든 기능을 제공하고 있는 형태다. 반면, 마이크로
> 커널에서는 최소한의 기능만 커널이 제공하고 그 외 기능은 커널 밖에서 제공한다. 커널

자체가 작아지기 때문에 더 심플하다고 할 수 있다. 전자의 대표적인 예가 유닉스 계열의 OS나 리눅스이고, 후자의 대표적인 예로는 애플의 맥 OS X이 있다.

양쪽 다 장단점이 있기 때문에 현재 대부분의 아키텍처는 양쪽의 '장점'을 취하고 있다. 예를 들어, 리눅스에서는 커널 모듈을 이용해서 기능을 추가할 수 있기 때문에 마이크로 커널의 특징도 포함시킬 수 있다.

무엇이든 견고하기만 해서는 부족한 법이다.

3.3 웹 데이터 흐름

여러분이 가장 익숙하다고 느낄 분야인 3계층형 시스템의 웹 데이터를 그림 3.8의 흐름을 따라 설명하겠다.

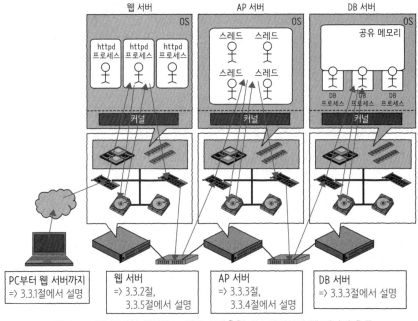

그림 3.8 **이번 절에서 설명하는 내용: 3계층형 시스템에서의 웹 데이터 흐름**

3.3.1 클라이언트 PC부터 웹 서버까지

그림 3.9에는 클라이언트 PC에서 웹 브라우저를 실행해서 웹 서버에 요청을 보내고 AP 서버에 질의하기까지의 흐름을 보여 주고 있다. 각 단계에서 어떤 일이 발생하고 있는지 자세히 보도록 하자.

전체 흐름은 다음과 같다.

① 웹 브라우저가 요청을 발행한다

② 이름 해석을 한다

③ 웹 서버가 요청을 접수한다

④ 웹 서버가 정적 콘텐츠인지 동적 콘텐츠인지 판단한다

⑤ 필요한 경로로 데이터에 액세스한다

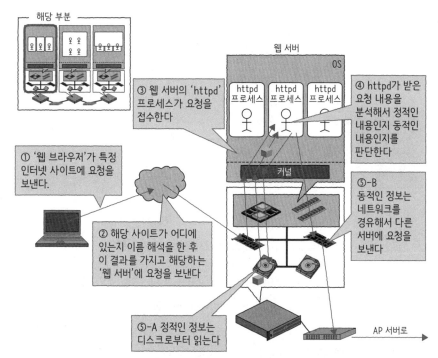

그림 3.9 클라이언트 PC로부터 웹 서버까지의 데이터 흐름

먼저, 인터넷에 접속돼 있는 환경에서 웹 브라우저를 실행해 본다.

그림 3.10은 서버가 아닌 PC에서의 처리 흐름이다. 디스크에서 프로그램을 읽어서 프로세스를 시작하고, 메모리 공간을 확보한다. 이 흐름은 PC와 서버에서 기본적으로 같은 동작이다. 앞 절에서 소개한 시스템 콜이 이용되고 있음에 주목하자.

주소 창에 'http://jpub.kr'을 입력하고 엔터 키를 누른다. 이때 이름 해석이 이루어진 후에 웹 브라우저로 접속하게 된다. 그런데 'http://jpub.kr'이란 어떤 의미일까? 이는 'HTTP를 이용해서 jpub.kr 서버에 접속한다'라는 의미다.

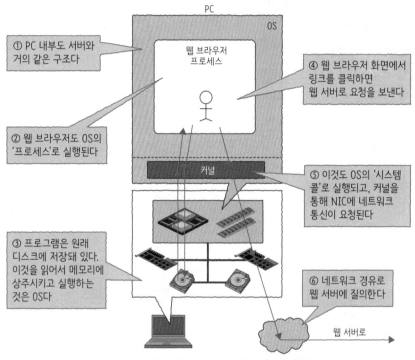

그림 3.10 클라이언트 PC에서 웹 브라우저 실행

하지만 웹 브라우저는 이 서버가 어디에 있는지 모르기 때문에 그림 3.11에 있는 것처럼 조사를 하기 시작한다. 이 구조를 '이름 해석(Name resolution)'이라고 한다. 왜 이런 구조가 필요한 걸까? 인터넷상의 주소는 'IP'라는 숫자로 표현돼 있어서 문자열인 URL과 IP를 연결시키지 않으면 통신이 되지 않기 때문이다. 이런 네트워크 관련 얘기는 6장에서 다루도록 한다.

이제 웹 서버까지 도착했다. 웹 서버의 역할은 HTTP 요청에 대해 적절한 파일이나 콘텐츠를 반환하는 것이다. HTTP는 'HyperText Transfer Protocol'이라는 프로토콜을 가리킨다. 프로토콜이라는 용어는 4장에서 설명하겠지만, HTTP가 텍스트를 송수신하기 위한 약속 정도라고 생각하면 된다. 현재 HTTP는 이미지나 동영상 데이터 전송에도 이용되지만, 어디까지나 기본은 텍스트 데이터다.

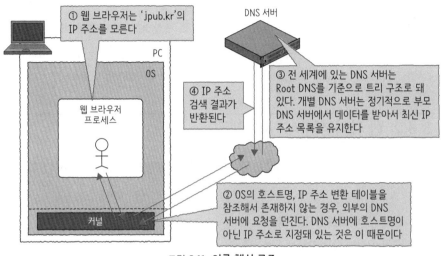

그림 3.11 **이름 해석 구조**

그림 3.8의 웹 서버에는 HTTP를 처리할 수 있는 'httpd 프로세스'가 가동되고 있다. 아파치에서는 기본적으로 부모 프로세스와 자식 프로세스로 나누어 처리를 분담하고 있다[2]. 설정을 통해 다양한 처리 방식을 선정할 수 있지만, 기본적으로는 자식 프로세스가 HTTP 요청을 접수한다.

요청에 대한 대답 내용은 HTML 파일이라는 텍스트 데이터나 이미지, 동영상 등의 바이너리 데이터로 구성된다. 이 데이터들은 '정적 콘텐츠'와 '동적 콘텐츠'로 분류할 수 있다.

'정적 콘텐츠'란, 실시간으로 변경할 필요가 없는 데이터를 가리킨다. 예를 들어, 회사 로고 이미지 등을 들 수 있다. 회사 로고가 매일 변하면 곤란하다. 웹 서버에서는 이렇

---

2   자식 프로세스 내부에서 여러 스레드를 가동하는 형태도 가능하다.

게 데이터 갱신 빈도가 낮은 것은 디스크에 저장해서 요청이 있으면 저장해 둔 내용을 HTTP를 통해 사용자 웹 브라우저로 반환한다.

'동적 콘텐츠'란, 높은 빈도로 변경되는 데이터를 가리킨다. 사용자의 은행 잔고 정보나 최신 날씨 정보 데이터, 쇼핑 사이트의 장바구니 등이 이에 해당한다. 입금을 했는데 잔고가 바뀌지 않는다면 곤란하다. 성능에 대한 영향은 8장에서 설명하겠지만, 이런 데이터를 서버 내부의 디스크에 저장하면 갱신 빈도가 높기 때문에 디스크 성능이 병목 현상의 원인이 될 수 있다. 또한, 파일이라는 형태로 저장하는 것 자체가 비효율적일 수 있다. 일반적으로 이런 동적 콘텐츠는 'AP 서버'가 HTML 파일을 동적으로 생성한다. 웹 서버는 동적 콘텐츠에 대한 요청을 AP 서버에게 던지고 결과를 기다린다.

3.3.2 웹 서버부터 AP 서버까지

'동적 콘텐츠'에 대한 요청을 처리하는 것이 AP 서버. 그림 3.12를 통해 구체적인 처리 내용을 살펴보자.

① 웹 서버로부터 요청이 도착한다
② 스레드가 요청을 받으면 자신이 계산할 수 있는지, 아니면 DB 접속이 필요한지를 판단한다
③ DB 접속이 필요하면 연결 풀에 액세스한다
④~⑤ DB 서버에 요청을 던진다

동적 콘텐츠 요청에 대해서는 아직 존재하지 않는 콘텐츠를 가능한 빨리 만들어 내야 한다. 이 역할을 담당하는 것이 AP 서버다.

자바를 이용한 AP 서버에서는 Java Virtual Machine(JVM)이라 불리는 가상 머신이 동작하고 있다. 이 JVM도 사실은 하나의 거대한 프로세스다. 가상 머신은 그 명칭이 보여 주듯이, 하나의 OS로서 다양한 기능을 가지고 있다. 그 가운데 하나의 스레드가 요청을 접수하는 것이다.

예를 들어 이 요청이 '1 + 1의 계산 결과'라고 하자. 이런 단순한 요청은 애플리케이션 상에서 계산하면 되기에 AP 서버의 담당 스레드가 계산한 후 결과를 반환한다.

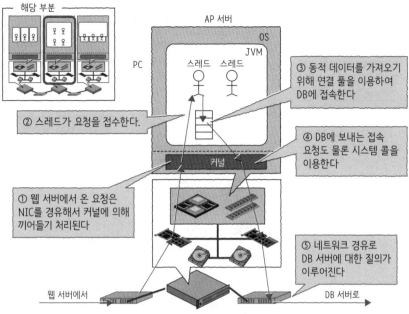

그림 3.12 웹 서버로부터 AP 서버까지의 데이터 흐름

또는, 이 요청이 '사용자 잔금 정보'라고 하자. 이런 정보는 AP 서버가 가지고 있지 않다. 하나의 은행에는 수십 만, 수백 만의 계좌가 존재한다. AP 서버에서 이들 데이터를 모두 관리하는 것은 현실적이지 못하며, 대량의 데이터 관리 목적이라면 DB 서버가 적합하다. 이런 경우에는 AP 서버의 스레드는 DB 서버에 질의하고, 그 결과를 HTML 등으로 정리해서 반환한다.

AP 서버가 DB 서버에 접속하려면 '드라이버'가 필요하다. 앞서 설명한 커널의 장치 드라이버와 비슷하다고 보면 된다. 즉, 드라이버 뒷단에 있는 것이 데이터베이스로 가는 인터페이스로, 해당 데이터베이스 자체를 은폐하는 역할을 한다.

DB 서버 이외의 옵션

데이터가 필요하면 DB 서버에 접속하는 것이 일반적이지만, 이것이 항상 효율적이라고 할 수는 없다. 예를 들어, '대한민국 행정 경계 정보'는 자주 바뀌는 것이 아니기 때문에 이것을 매번 데이터베이스에 질의할 필요는 없다. 이렇게 규모가 작고 갱신 빈도가 낮은 정보는 그림 3.13에 있는 것처럼 JVM 내부에 캐시로 저장해 두었다가 반환하는 것이 좋다.

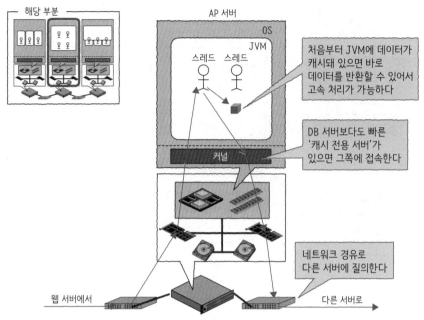

해당 부분

AP 서버

OS

JVM

스레드 스레드

처음부터 JVM에 데이터가 캐시돼 있으면 바로 데이터를 반환할 수 있어서 고속 처리가 가능하다

커널

DB 서버보다도 빠른 '캐시 전용 서버'가 있으면 그쪽에 접속한다

네트워크 경유로 다른 서버에 질의한다

웹 서버에서   다른 서버로

그림 3.13 DB 서버 이외의 옵션

반대로, 규모가 큰 정적 데이터 전송 시에는 DB 서버 이외에 CDN(Content Delivery Network)이라 불리는 데이터 전송 전용 서버를 이용하는 경우도 있다.

| COLUMN | 데이터와 함께 전달되는 당신을 향한 마음 |

대부분의 웹 시스템에서는 CDN(Content Delivery Network)을 이용하고 있다. 이것은 웹 시스템의 특징인 '하나의 시스템을 수많은 사용자가 이용한다', '대량의 데이터를 참조하는 업무가 많다'라는 것에 기인한다. CDN은 대량의 데이터 전송에 특화된 것으로, 전 세계에 있는 데이터 복사본(캐시)을 배치하는 기술과 병렬 기술을 활용해서 처리를 효율화하고 있다.

한편, 기업형 시스템에서는 CDN과 같은 구조는 잘 사용되지 않는다. 이는 기업형 시스템의 특징이 '하나의 시스템에 대한 사용자 수가 제한돼 있다', '참조뿐만 아니라 데이터를 갱신하는 업무가 많다'와 같은 이유 때문이다.

3.3.3 AP 서버부터 DB 서버까지

그림 3.14의 DB 서버에서는 오라클 DB인 경우 서버가 요청을 접수한다. 요청은 SQL이라는 언어 형태로 이루어진다. 이 SQL을 해석해서 데이터 액세스 방식을 결정하고, 디스크나 메모리에서 필요한 데이터만 수집해 오는 것이 데이터베이스의 주요 역할이다.

전체적인 흐름은 다음과 같다.

① AP 서버로부터 요청이 도착한다

② 프로세스가 요청을 접수하고 캐시가 존재하는지 확인한다

③ 캐시에 없으면 디스크에 액세스한다

④ 디스크가 데이터를 반환한다

⑤ 데이터를 캐시 형태로 저장한다

⑥ 결과를 AP 서버에 반환한다

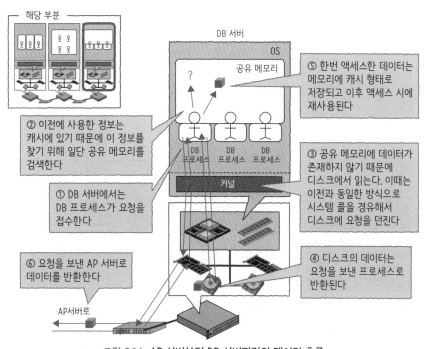

그림 3.14 AP 서버부터 DB 서버까지의 데이터 흐름

DB 서버에도 다양한 소프트웨어가 존재한다. 웹 계열 시스템에서는 MySQL이나 PostgreSQL 등이 인기 있고, 기업용으로는 오라클 데이터베이스(Oracle Database), 마이크로소프트사가 제공하는 SQL Server 등이 있다. 범위를 RDBMS 밖으로까지 넓히면 Key-Value Store(KVS)라 불리는 DB도 다수 존재한다. 여기서는 기업형 시스템에서 많이 이용되고 있는 오라클 DB를 중심으로 설명하겠다.

DB 서버는 데이터 저장 창고다. 관리 대상 데이터가 방대하기 때문에 얼마나 효율적으로 액세스하는가가 중요하다. 대부분은 서버 메모리에 캐시가 있는지 먼저 확인한다. 없으면 디스크에 액세스해서 필요한 데이터를 가지고 온다. 이 캐시 구조에 대해서는 5장을 참고하기 바란다.

위에서는 오라클 DB를 예로 들었지만, 인메모리(In-memory) DB 등에서는 디스크 자체를 사용하지 않고 모든 처리를 메모리 내에서 완료하는 구조라서 고속화를 실현할 수 있다.

웹 서버에서는 개별 프로세스가 독립된 형태로 동작하는 것을 보았지만, DB 서버에서는 여러 개의 프로세스가 역할을 분담하는 경우가 있다. 예를 들어, 오라클 DB에서는 그림 3.15와 같이 작업 분담을 하고 있다.

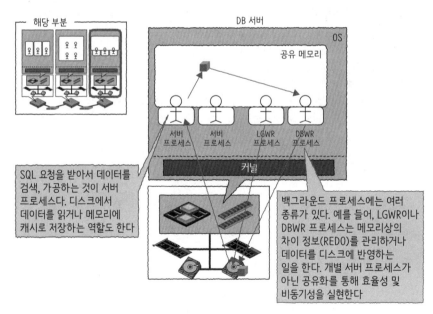

그림 3.15 **오라클 DB 프로세스 간 작업 분담**

요청을 SQL로 받아서 해석하거나 데이터에 액세스하는 프로세스가 있고, 메모리에 캐시로 존재하는 데이터와 디스크에 있는 데이터를 '정기적으로 동기화'하는 프로세스도 있다. 이것은 분업을 통해 처리를 병렬화해서 '처리량'을 향상시킬 수 있기 때문이다. 이에 대해서는 8장에서 자세히 다룰 것이다.

앞서 설명한 그림들에서는 DB 서버의 디스크 액세스 부분이 간략화되어 있어서 많은 기업형 시스템의 실정이 잘 반영돼 있지 않았다. 실제로는 DB 서버 내부의 디스크는 이중화 관점에서 뒤떨어지기 때문에 직접 사용하는 경우는 드물다. 대부분은 그림 3.16에 있는 것처럼 별도 저장 장치를 이용한다.

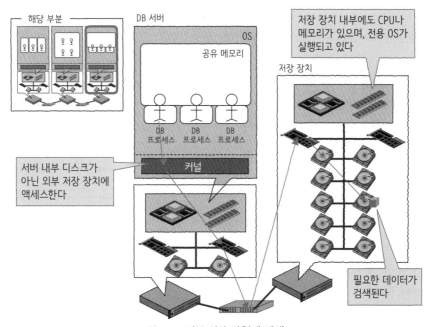

그림 3.16 **외부 저장 장치에 액세스**

저장 장치에는 다수의 디스크가 설치돼 있다. 하지만 본질적인 구조는 지금까지 등장한 웹 서버, AP 서버, DB 서버와 큰 차이가 없다. CPU나 메모리가 있고 OS가 동작하고 있는 구조다. 메모리에는 데이터를 캐시 형태로 저장하는 구조도 있다. 대량의 데이터에 고속 액세스하기 위한 전용 서버라고 생각하면 된다. 외부 저장소 이용 예에 대해서는 8장에서 소개할 것이다.

3.3.4 AP 서버부터 웹 서버까지

이번에는 같은 경로를 이용해서 반환되는 과정을 살펴 보도록 하자. DB 서버에서 데이 터가 돌아왔기 때문에 AP 서버의 요청 스레드로 결과가 반환된다. 이 흐름은 매우 알 기 쉽다. 데이터를 집계하는 등 요청 내용을 바탕으로 가공한 후에 웹 서버로 데이터를 반환한다(그림 3.17).

전체 흐름은 다음과 같다.

① DB 서버로부터 데이터가 도착한다
② 스레드가 데이터를 가지고 계산 등을 한 후에 파일 데이터를 생성한다
③ 결과를 웹 서버로 반환한다

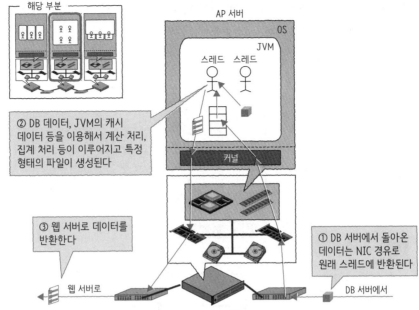

그림 3.17 **AP 서버부터 웹 서버까지의 데이터 흐름**

가공 결과가 텍스트 데이터라면 HTML이나 XML 파일을 사용하는 것이 일반적이다. 이 외에도 동적 이미지 등의 바이너리 데이터를 생성해서 반환하는 경우도 있다. HTTP로 전송 가능한 데이터라면 어떤 형태의 데이터든지 상관없다.

3.3.5 웹 서버부터 클라이언트 PC까지

AP 서버에서 돌아온 데이터를 받아서 웹 서버의 httpd 프로세스가 PC의 웹 브라우저로 반환한다(그림 3.18).

전체 흐름은 다음과 같다.

① AP 서버로부터 데이터가 도착한다

② 프로세스는 받은 데이터를 그대로 반환한다

③ 결과가 웹 브라우저로 반환되고 화면에 표시된다

긴 여정이었지만, 요청 결과가 웹 브라우저까지 반환돼 왔다.

구체적으로는 하나의 요청에 하나의 데이터가 반환된다. 일반적인 웹 페이지에서는 페이지 HTML 파일과 다수의 이미지 파일 등이 있기 때문에 복수의 요청으로 분할돼서 웹 서버에 도착하고, 각 요청별로 데이터를 반환한다.

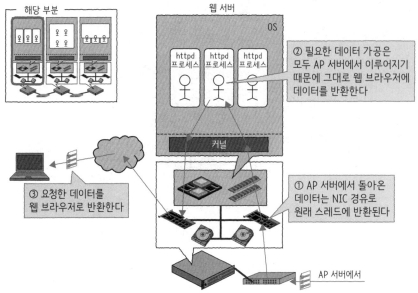

그림 3.18 **웹 서버로부터 클라이언트 PC까지의 데이터 흐름**

3.3.6 웹 데이터의 흐름 정리

각 서버의 동작은 다르지만 다음과 같은 공통점이 있다.

- 프로세스나 스레드가 요청을 받는다
- 도착한 요청을 파악해서 필요에 따라 별도 서버로 요청을 보낸다
- 도착한 요청에 대해 응답한다

3계층 시스템에서는 사용자 요청이 시발점이 돼서 해당 요청이 다양한 서버로 전달된다. 특징으로는 자신이 할 수 없는 처리는 다음 서버에게 그 역할을 떠넘긴다는 것이다. 3계층이라고 명명하고 있지만, 실제로는 3계층보다 많은 계층을 이용하는 경우가 대부분이다.

요청 기반 아키텍처이기 때문에 기본적으로 각 서버는 '문을 열고 기다리고 있는' 상태다. 어느 정도 요청이 올지는 실제 요청이 오기 전까지는 알 수 없다. 이것이 IT 인프라에서 성능 문제가 발생하는 이유 중 하나다. 8장에서 소개하는 성능 관점의 설명을 읽을 때는 이 본질을 염두에 두도록 하자.

COLUMN **창공을 날다: 조감도**

조감도라는 용어를 알고 있는가? 영어로는 'bird's eye view'라고 표현한다. 높은 하늘을 날고 있는 새의 관점에서 보면 아주 큰 시스템이라도 작게 보인다. 시스템에서의 조감도는 시스템 구성도라고 할 수 있다.

대부분의 현장에서는 계층별로 담당자가 나누어져 있어서 자신이 담당하는 계층에만 관심을 가지는 슬픈 상황을 자주 접할 수 있다. 전체를 보는 것은 아키텍트의 일이라고 치부할 수도 있지만, 전체의 모습을 파악해 두면 불필요한 장애를 사전에 방지할 수 있다.

예를 들어, '웹 사용자의 DB 세션 수는 전체 100 접속 정도이며, 모두 연결 풀링(Connection Pooling) 상태'라고 보고를 받았다고 하자. 그리고 이 상태에서는 메모리가 충분하다고 판단한다. 하지만 전체 구성도를 확인해 보니 사내 사용자 접속은 풀링이 아닌 접속 시마다 발생하고 있었다. 담당자가 이것을 다시 확인해 보더니 "아, 그렇네요. 매번 접속이 이루어지고 있습니다. 하지만 사용자 수가 적습니다."라고 한다. 더 자세한 조사를 진행해 보니 해당 부분에서만 100명 이상의 사용자가 접속하고 있다는 것을 알았다. 이것은 예측 사용자보다 배 이상의 사용자가 접속할 수 있다는 것을 의미한다. 또한, AP 서버는 두 대 정도이지만 이후에 별도 업무로 인해 접속이 증가할 수도 있다. 부족하다면 DB 서버 메모리를 늘려 해결할 수도 있다. 하지만 하드웨어에는 물리적 제약이 있다. 확장할 수 있을지는 사전에 그 상황을 고려한 설계가 이루어졌는지 여부에 달렸다.

자신이 담당하는 계층 이외의 설계가 어떻게 돼 있는지, 어떤 확장 설계가 가능한지 등은 전체 구성도 하나만 있으면 쉽게 파악할 수 있다. 되도록이면 전체 모습을 파악하도록 노력하자.

3.4.1 가상화란?

최근에는 온프레미스(On-premise)에서 가상화 기술을 사용하는 경우가 많다. 대량의 컴퓨터를 다루는 클라우드 환경은 가상화 기술을 기반으로 구축된다. 피해갈 수 없는 '가상화'에 대해 그 역사와 장단점을 살펴보도록 하겠다.

가상화란, 한 마디로 정의하면 '컴퓨터 시스템에서 물리 리소스를 추상화하는 것'이다. 물리 리소스에는 '서버', '네트워크', '저장소' 등이 있지만, 여기선 서버 가상화에 대해 알아보도록 한다. 서버 가상화 중 '한 대의 서버를 여러 대의 논리 리소스처럼 보이게 하는 기술'에 대해 설명하겠지만, 사실 이 기술은 1970년대 메인 프레임 시절부터 존재했던 것이다.

3.4.2 OS도 가상화 기술의 하나

하드웨어를 의식하지 않고 애플리케이션을 실행할 수 있는 운영체제(Operating System, OS)는 가상화 기술 중 하나라고 볼 수 있다(그림 3.19). OS 등장 이전에는 하드웨어를 의식한 프로그래밍이 필요했고 매우 복잡한 작업이었다. OS의 커널에 의해 하드웨어가 추상화되면서, 컴퓨터에 연결된 기억 장치나 네트워크를 통한 데이터 교환이 하드웨어를 의식하지 않고 이루어지고 있다.

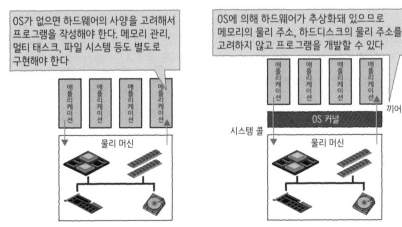

그림 3.19 **OS도 가상화 기술의 하나**

또한, 한번에 하나의 프로그램만 실행되는 환경이었다면 OS의 역할이 많이 중요하지 않았을 것이다. 하지만 실제로는 하나의 컴퓨터 내에서 동시에 다수의 프로그램이 움직이고 있다. OS가 없는 프로그램으로 이것을 구현하는 것은 매우 어렵다. OS가 없는 경우 하나의 프로그램에서 발생한 오류가 컴퓨터 전체를 정지시킬 가능성도 있다. 반대로 OS가 있다면 가상 메모리를 사용해 프로세스 및 OS 커널의 메모리 공간을 분리하므로, 하나의 프로그램이 실패한다고 해도 시스템 전체에 영향을 끼치지 않는다.

COLUMN '가상'과 '버추얼'의 차이?

컴퓨터 세계에선 'Virtual(버추얼)'이라는 영어 단어는 '가상'이라는 한글로 번역된다. '가상'의 의미를 사전에서 찾아보면, 'ㅇㅇ라고 가정해서 생각하는 것'이라 적혀 있다. 'Virtual'(이것은 형용사이지만)의 의미를 사전에서 찾아보면 '사실에 가까운. 엄밀하게는 다르지만, 사실상의~'이라는 내용이 적혀 있다. 의미가 꽤 다르다.

'가상'이라는 한자 의미를 생각하면 가상 = '실물이 아닌'이라는 부정적인 의미를 연상하지만, Virtual 원래의 의미에서는 '사실과 거의 같다'라는 긍정적인 뜻이 된다. Virtual이라는 용어가 컴퓨터 분야에서 처음 사용됐을 때 '가상'이라고 번역된 것 같지만, 그대로 정착해서 지금까지 사용되고 있다.

컴퓨터에서 '가상~'이라는 용어가 나오면 '실제가 아닌'이 아니라, 물리적으로 존재하지 않지만 '실제로 존재하는 것과 같다'는 긍정적 의미를 떠올리는 것이 이해가 쉬울 것이다.

3.4.3 가상 머신

가상 머신 방식에는 호스트 OS형과 하이퍼바이저형이 있다(그림 3.20). 호스트 OS형은 윈도우즈나 리눅스 등의 호스트 OS상에 가상화 소프트웨어를 설치해서 이용하는 것으로, VMware Server, Microsoft Virtual Server 등이 있다. 소프트웨어를 에뮬레이터하는 것으로 성능면에서 제한이 있다. 그래서 등장한 것이 하이퍼바이저형으로 VMware vSphere, Hyper-V, Xen, KVM 등에 이에 속한다. 하이퍼바이저형은 하드웨어상에서 직접 가상화 소프트웨어를 실행하고 그 위에 가상 머신을 동작시키는 기술이다. 호스트 OS를 거치지 않으므로 호스트형보다 성능이 우수해서 서버 가상화의 대표 기술로 자리 잡았다.

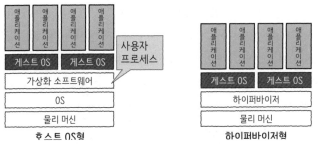

그림 3.20 **가상화의 종류(호스트 OS형과 하이퍼바이저형)**

하이퍼바이저형 가상화 구조에는 완전 가상화와 준가상화가 있다(그림 3.21). 완전 가상화는 물리 머신상에서 동작하는 OS나 드라이버를 그대로 게스트로 이용할 수 있는 장점이 있지만, 소프트웨어로 에뮬레이션하기 때문에 성능이 저하된다는 문제가 있다. 이 문제를 해결하기 위해 등장한 것이 준가상화다. 실존하는 하드웨어를 에뮬레이션하는 것이 아니라, 가상 환경용 가상 하드웨어를 소프트웨어적으로 에뮬레이션한다. 준가상화에선 가상 환경에서 동작시키는 게스트 OS마다 준가상화 전용 드라이버나 준가상화 용으로 최적화된 OS 커널을 이용해야 했었다. 이후로 인텔이나 AMD 등의 프로세서 제조사가 가상 하드웨어 지원 기능(Intel VT-x/VT-d/VT-c, AMD V/Vi 등)을 개발해서 하이퍼바이저도 지원하게 되면서 현재는 완전 가상화가 자리를 잡았다.

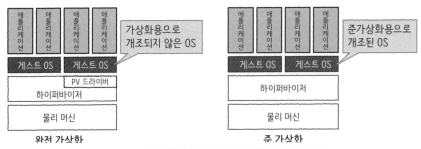

그림 3.21 **가상화의 종류(완전 가상화와 준가상화)**

3.4.4 컨테이너의 역사

도커(Docker)의 등장 이후 컨테이너(Container)가 급속도로 유행하기 시작했다. 컨테이너란 무엇이고 어떤 이점이 있는 소개하도록 하겠다. 컨테이너는 '그릇', '용기' 등의 의미로 한 마디로 정의하면 '리소스가 격리된 프로세스'다. 하나의 OS상에서 여러 개를 동시에 가동할 수 있으며, 각각 독립된 루트 파일 시스템, CPU/메모리, 프로세스 공간 등을 사용할 수 있다는 점이 하드웨어 가상화인 가상 머신(VM)과의 차이다(그림 3.22).

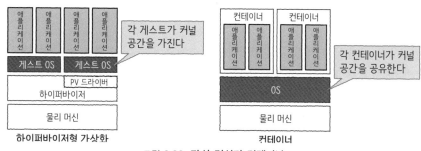

그림 3.22 **가상 머신과 컨테이너**

컨테이너의 역사를 살펴보면, 1970년대 빌 조이(Bill Joy)가 개발한 chroot가 시발점이라고 알려져 있다. 빌 조이는 BSD(Barkley Software Distribution) 유닉스나 TCP/IP, vi 등을 개발한 사람이다. 1970년대에 컴퓨터는 매우 비싸서 상용 환경과 개발 환경을 별도로 준비하려면 많은 비용이 들었다. 하나의 컴퓨터로 상용, 개발 환경을 함께 사용하면 잘못된 파일을 변경하거나 삭제할 위험이 있었다. 이 문제를 해결하기 위해 등장한 것이 바로 chroot다. 프로세스가 OS의 루트 디렉터리 아래에 있는 특정 계층에 접근하지 못하도록 하는 기능으로 현재도 다양한 분야에 적용되고 있다. 예를 들어 리눅스의 레스큐 모드(Rescue Mode), FTP에서 사용자 단위로 접근 범위를 한정하는 기능, 포스트픽스(Postfix)이나 바인드(BIND) 등으로 접근할 수 있는 디렉터리를 한정하는 기능 등에 활용되고 있다.

1990년대에 FreeBSD jail이 등장해서 '특정 디렉터리 이하를 루트 디렉터리처럼 보이게 하는' chroot 개념이 추가됐으며, 이를 통해 애플리케이션의 프로세스도 격리할 수 있게 됐다. 이후 빌 조이가 소속돼 있던 선 마이크로시스템즈(Sun Mircosystems)는 2000년대에는 솔라리스(Solaris) 컨테이라 불리는 컨테이너 기능을 제공했다(오라클 솔라리스 11에 서 오라클 솔라리스 존(Solaris Zone)이라 불리고 있다).

3.4.5 도커의 등장

이후로도 상용 유닉스나 오픈 소스에서 컨테이너 기술의 개발이 착실히 진행됐으며, 2013년에 파일 시스템과 프로세스를 분리하는 기능이 추가됐다. 이를 통해 파일 시스 템 이미지의 패키징과 버저닝이 가능해졌고 컨테이너 이미지를 공유할 수 있는 도커가 등장함으로써 컨테이너 기술이 주목을 받기 시작했다(그림 3.23)

구글은 2014년에 모든 서비스 및 사내에서 사용되고 있는 모든 툴을 컨테이너형 가상 화 기술에서 실행하고 있다고 발표했다(도커 등장 이전부터 컨테이너를 사용해왔다고 한다)[3].

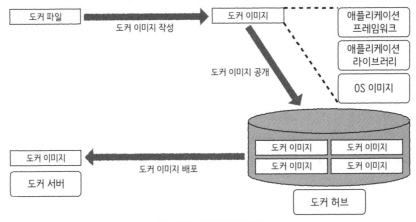

그림 3.23 **도커의 기본 기능**

도커 회사(도커는 사실 회사명이기도 하다)는 개명하기 전에 닷클라우드(dotCloud)라는 명 칭을 사용했으며, 2008년에 언어에 의존하지 않는 PaaS를 구축하기 위해 설립됐다. 닷 클라우드의 PaaS는 개발한 애플리케이션을 클라우드에 배포해서 실행하는 구조였다. 하지만 애플리케이션 관련 프레임워크나 라이브러리 등의 버전이 일치하지 않아서 로 컬에서 실행된 프로그램이 클라우드에서는 실행되지 않는 문제가 빈번하게 발생했다.

---

3 https://www.publickey1.jp/blog/14/google20.html

따라서 원래 클라우드 내부 구조로 개발했던, 애플리케이션 실행 환경을 자동 구축해 주는 '도커 이미지'라는 기술을 클라우드 이외의 환경에서도 사용할 수 있게 오픈 소스로 공개했다. 또한, 도커 허브(Docker Hub)라는 도커 이미지를 공유할 수 있는 레지스트리가 생겨나면서 폭발적인 인기를 얻기 시작했다. 가상 머신과 비교해서 도커가 지니는 장점은 다음과 같다.

- 컨테이너는 호스트 OS와 OS 커널을 공유하므로 컨테이너 실행이나 정지 속도가 빠르다
- 호스트 OS의 커널을 공유하므로 VM만 사용하는 경우와 비교해 한 대의 호스트 머신상에서 훨씬 많은 컨테이너를 실행할 수 있다. 이를 통해 리소스를 한 곳에서 쉽게 관리할 수 있다
- 도커는 라이브러리나 프레임워크 등을 도커 이미지로 묶어서 공유할 수 있는 것으로, 특정 환경에서는 재현되지만 자신의 개발 환경에서는 재현되지 않는 문제가 발생하기 어렵다. 따라서 버그를 효율적으로 수정할 수 있다

3.4.6 클라우드와 가상화 기술

하이퍼바이저 및 컨테이너 등의 가상화 기술은 구글이나 페이스북, 아마존 등의 대규모 웹 서비스에서 사용되고 있다. AWS(Amazon Web Services), GCP(Google Cloud Platform), Azure(Microsoft Azure) 등의 클라우드 서비스에서는 가상 머신 서비스, 컨테이너 서비스, Function as a Service(FaaS)[4] 서비스나 다른 기타 서비스를 지탱하는 기술로 이용되고 있다(그림 3.24).

그림 3.24 **클라우드와 가상화 기술**

---

4 기능(Function) 실행 환경이 서비스로 제공되는 것.

제 4 장

인프라를 지탱하는 기본 이론

앞 장까지는 3계층형 시스템의 개요와 시스템을 구성하는 하드웨어, 그리고 데이터 흐름에 대해 설명했다. 4장에서는 3계층형 시스템의 범위를 확대해서 인프라를 이해하는 데 필요한 기본 개념과 구조에 대해 다루도록 한다. 참고로, 책 맨 앞에 있는 '3계층형 시스템의 데이터 흐름과 각각을 지탱하는 기술' 그림에서는 4~5장에서 소개하는 기술이 3계층형 시스템의 어느 부분에서 이용되고 있는지 소개하고 있으니 반드시 참고하도록 하자.

4.1 직렬/병렬

4.1.1 직렬/병렬이란?

최근에는 엔지니어가 병렬 처리를 접할 기회가 이전에 비해 상당히 늘어난 것을 체감할수 있다. 서버는 물론 PC에도 여러 개의 CPU가 탑재돼 있다. 이렇게 CPU 수가 늘어난배경에는 소비 전력과 발열 문제가 있다. CPU 제조사가 클럭(Clock) 속도를 올리는 대신에 코어 수를 늘려서 이 문제를 해결하려고 방침을 전환했기 때문이다.

CPU라는 미시적인 관점에서 시스템 전체라는 거시적인 관점으로 눈을 돌리면, 대규모웹 서비스에서는 방대한 수의 사용자 요청을 처리해야 하므로 수많은 서버를 배치해서병렬로 처리하고 있음을 알 수 있다. 이처럼 주변에는 병렬 처리가 넘쳐나고 있지만, 무조건 병렬화한다고 해서 성능이 향상되는 것은 아니다. 예를 들어, CPU 코어나 서버를병렬화할 때는 병렬화한 하드웨어를 놀리지 않고 어떻게 효율적으로 활용할지가 중요해진다. 여기서는 직렬/병렬이 무엇인지와 병렬 처리의 핵심 요소에 대해 설명하겠다.

여러 개의 물건이 일직선으로 나열돼 있는 것을 직렬, 두 줄 이상으로 나열돼 있는 것을병렬이라고 한다. 예를 들면, 1차선 도로는 직렬, 2차선 이상의 도로는 병렬이다(그림4.1). 도로는 1차선이 여러 차선으로 분기하거나 여러 차선이 1차선으로 합류하기도 한다. 예를 들어, 고속도로 요금소에서는 통과하는 차량의 속도가 떨어지고 혼잡해지기쉬워서 하나 이상의 창구를 만들어서 병렬도를 높이고 있다.

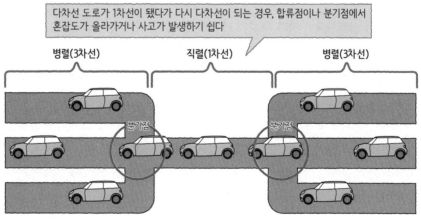

그림 4.1 **1차선 도로는 직렬, 2차선 이상의 도로는 병렬**

그림 4.1에서는 3차선 도로가 도중에 합류해서 1차선이 되고, 다시 3차선으로 분기하고 있다. 합류점부터 시작되는 1차선 구간은 혼잡해지기 쉽고 합류점이나 분기점에서는 사고가 발생하기 쉽다. 1차선 구간은 전체 흐름을 느리게 만드는 원인으로 이른바 '병목 지점(Bottleneck)'이 된다.

어떻게 하면 혼잡 상황을 해결할 수 있을까? 3차선 구간을 4차선으로 만들어도 문제가 해결되지 않는다. 1차선 구간의 제한 속도를 3차선 구간의 세 배로 늘리면 혼잡도가 줄어들 수도 있다. 예를 들어 3차선 구간의 제한 속도가 60km/h라고 하면, 그 세 배는 180km/h이기 때문에 법정 제한 속도를 초과한다. 또, 만약 5차선이 합류한다고 하면 다섯 배 속도인 300km/h가 필요하지만, 이는 시판 중인 차량이 낼 수 있는 최대 속도를 초과한다(적어도 내 차는 300km/h가 나오지 않는다). 결국, 해결책은 1차선 구간을 3차선으로 만드는 것이다.

이것은 컴퓨터 세계에서도 마찬가지다. CPU나 HDD 등의 하드웨어 성능은 제품에 따라 차이가 나지만, 성능이 아무리 좋은 하드웨어라도 혼자서 처리할 수 있는 양이 정해져 있다.

그림 4.2를 보자. 특정 기간 내에 하나의 CPU로 처리할 수 있는 양에는 한계가 있지만, 여러 개의 CPU를 배치하면 처리량을 늘릴 수 있다. 단, 다수의 CPU를 이용할 수 있는 처리여야 한다는 전제 조건이 있다. 분담해서 병렬화할 수 없는 처리는 CPU 코어를 아무리 늘려도 효과가 없다. 이때는 CPU 클럭 주파수를 올리는 방법, 즉 직렬 처리 속도를 올리면 고속 처리가 가능하다.

또한, 도로와 마찬가지로 처리 특성에 따라선 병렬화할 수 있는 것과 없는 것이 있다. 따라서 직렬 처리가 분기해서 병렬로 되거나, 다시 합류에서 직렬로 되기도 한다. 이 합류점, 직렬화 위치, 분기점이 병목 현상이나 문제가 발생하기 쉬운 지점이 된다. 병렬 처리를 할 때는 가능한 한 병렬화해서 직렬 부분을 줄이고, 어쩔 수 없이 직렬화해야 하는 경우에는 효율성을 높이는 것이 중요하다. 또한, 병렬화에서는 분담해서 일을 진행한 것을 다시 한곳에 모으는 데 오버헤드가 걸린다. 무리해서 병렬화하면 직렬 처리에 의해 속도가 느려지는 경우가 있다. 병렬화할 때는 오버헤드를 예상해서 어떤 부분을 병렬화할지 파악하는 것이 중요하다.

분담할 수 있는 처리는 CPU 코어를 늘리면 빨라진다

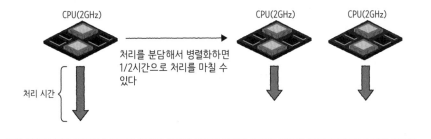

분담할 수 없는 처리는 CPU 코어를 늘려도 빨라지지 않는다

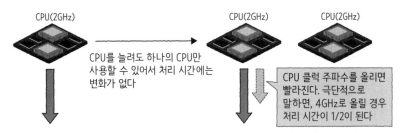

그림 4.2 **CPU 코어 수 또는 클럭 주파수**

직렬/병렬의 중요 사항을 정리하면 다음과 같다.

- 직렬 처리로 속도를 올리는 데는 한계가 있다
- 병렬화를 통해 속도는 빨라지지 않지만, 단위 시간당 처리량을 늘릴 수 있다
  - 병렬 처리에서는 합류점, 직렬화 구간, 분기점이 병목 지점이 되기 쉽다
  - 병렬화할 때는 일을 분담해서 처리를 한 후 다시 집약할 때 오버헤드가 걸린다. 그러므로 이 오버헤드를 감안하더라도 효과가 있을 경우에 병렬화를 한다

4.1.2 어디에 사용되나?

웹 서버와 AP 서버에서의 병렬화

그림 4.3은 웹 서버와 AP 서버 내부 처리를 간략화해서 표시한 것이다. 웹 서버에는 다수의 이용자가 접속하기 때문에 복수의 프로세스가 분담해서 병렬 처리를 하고 있다. AP 서버에서는 JVM 프로세스가 하나이지만 복수의 스레드가 병렬로 처리하고 있다.

Apache HTTP Server(이후 아파치)에서는 이번에 소개한 멀티 프로세스 모델 외에도 멀티 프로세스와 멀티 스레드를 모두 이용하는 하이브리드형도 있다. JVM 프로세스를 복수 가동하면 멀티 프로세스와 멀티 스레드를 이용할 수 있다.

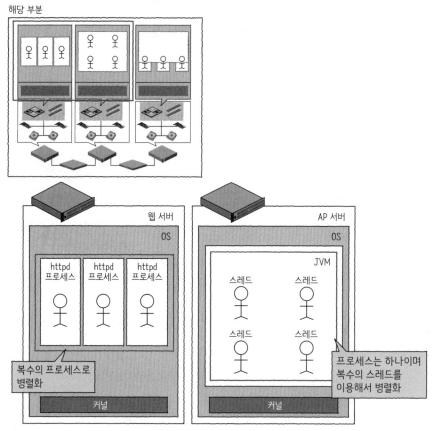

그림 4.3 웹 서버와 AP 서버에서의 병렬 처리

그림 4.3에서는 아파치는 1프로세스 1스레드, JVM은 1프로세스 4스레드이지만, 하나의 CPU 코어를 동시에 사용할 수 있는 것은 1스레드다. 예를 들어, 하나의 CPU 코어밖에 없는 서버에서는 아파치 프로세스를 아무리 늘려도 동시에 실행할 수 있는 것은 1프로세스뿐이다. 프로세스나 스레드 수를 조정할 때는 CPU 코어 수도 함께 고려해야 한다. 편의점 계산대가 하나밖에 없다면 계산대를 담당하는 사람이 여러 명이라도 소용 없는 것과 마찬가지다.

DB 서버에서의 병렬화

DB 서버에서도 프로세스를 늘려서 병렬 처리를 할 수 있다(그림 4.4).

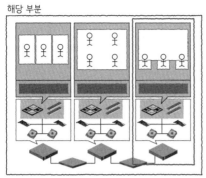

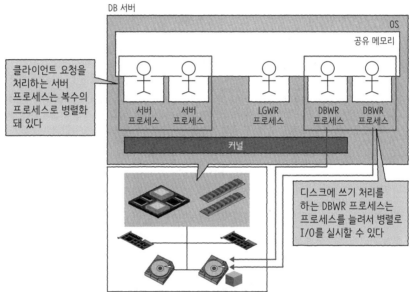

그림 4.4 **DB 서버의 병렬 처리**

오라클 DB에서는 클라이언트 요청을 접수하는 서버 프로세스가 클라이언트 접속 수만큼 생성된다. 예를 들어, 클라이언트가 10 접속을 하면 서버 프로세스 수도 10개가 된다(전용 서버인 경우). 서버 프로세스에는 멀티 프로세스 모델 외에도 공유 서버형이라 불리는 하이브리드형이 있어서, 멀티 프로세스와 멀티 스레드를 모두 사용할 수 있는 것도 있다.

또한, 데이터 파일 생성 시에 병목 현상이 발생하는 경우, 메모리에 캐시된 갱신 완료 데이터를 HDD에 기록하는 DBWR(DataBase WriteR) 프로세스 수를 늘려서 병렬화할 수도 있다. DBWR 프로세스는 프로세스 수를 늘리는 방법 외에도 비동기 I/O를 사용해서 OS 측에서의 쓰기 처리를 병렬화하는 방법도 있다. 비동기 I/O에 대해서는 4.2절 '동기/비동기'에서도 상세히 설명하겠지만, 간단히 말하면 I/O 요구를 발행한 후 끝날 때까지 기다리지 않고 다음 I/O를 계속 발행해 가는 방식이다.

4.1.3 정리

직렬과 병렬의 장단점을 정리해 보았다(표 4.1).

표 4.1 **직렬/병렬의 장단점**

	장점	단점
직렬	구조가 간단해서 설계나 구현 난이도가 낮다	복수의 리소스(컴퓨터나 프로세서 등)를 유용하게 이용할 수 없다
병렬	복수의 리소스(컴퓨터나 프로세서 등)를 유용하게 이용할 수 있으며, 직렬에 비해 동일 시간당 처리할 수 있는 양이 증가한다. 또한, 일부가 고장 나더라도 처리를 계속할 수 있다	처리 분기나 합류를 위한 오버헤드가 발생한다. 배타적 제어 등을 고려해야 하고 구조가 복잡해서 설계나 구현 난이도가 높다

또한, 병렬화 시에 주의할 점은 다음과 같다.

- 병렬화에서는 직렬 처리 성능은 향상되지 않지만, 단위 시간당 처리량을 늘릴 수 있다
- 병렬 처리에서는 합류점, 직렬화 구간, 분기점이 병목 지점이 되기 쉽다
- 병렬화가 유효한 부분을 파악해서 병렬화하지 않으면 효과가 없다. 오버헤드나 구조 복잡화 등의 단점이 있다는 것을 고려한 후, 이 단점 이상의 효과를 얻을 수 있는 경우에 병렬화한다

지금까지 병렬화 장점으로 처리 능력 향상을 들었지만, 이중화라는 관점에서도 장점이 있다. 예를 들어, 리눅스에는 복수의 NIC를 하나로 묶어서 사용하는 본딩(Bonding)이라는 기능이 있다. 이것을 이용하면 하나의 NIC가 고장 나도 처리를 계속할 수 있다. 본딩에 대해서는 7.2.2절에서 자세히 소개한다.

4.2 동기/비동기

4.2.1 동기/비동기란?

2000년대 중반부터 구글 맵(Google Map) 등이 Ajax(Asynchronous JavaScript + XML)를 사용한 웹 서비스를 다수 공개하면서 '비동기'라는 용어를 접할 기회가 늘어났다. Ajax의 'A'는 Asynchronous의 약자로, '비동기'라는 의미다. 최근에는 Ajax라는 용어를 접할 기회가 줄어들었지만, 브라우저 브라우저의 이면에서는 이 비동기 통신이 빈번하게 이루어지고 있다.

앞 절에서 병렬에 대해 다뤘지만, 나는 비동기의 본질이 병렬이라고 생각하고 있다. 항간에는 '클라우드'라는 기술이 넘쳐나고, 구글, 페이스북, 트위터와 같이 대량의 데이터를 처리하는 대규모 웹 서비스가 늘어나면서 장비 발열과 소비 전력이 문제가 되고 있다. 이런 이유로 매니 코어(Many Core)화가 진행되고 있는 역사적 흐름을 보면, 엔지니어가 '비동기로 병렬 처리'해야 하는 경우가 이후로 더 늘어날 것으로 예상된다.

그러면 동기, 비동기는 무엇일까? 간단하게 설명하면, 누군가에게 일을 부탁하고 그 일이 끝나기까지 잠자코 기다리는 것이 동기이고, '끝나면 말해'라고 말해 두고 다른 일을 하는 것이 비동기다. 즉, 비동기에서는 처리를 병행해서 진행할 수 있다. 그림 4.5를 보자.

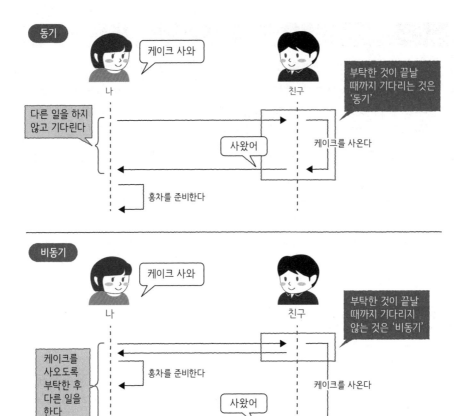

그림 4.5 **동기와 비동기의 비교**

여러분이 친구에게 케이크를 사오라고 부탁하는 경우를 생각해 보자. 친구에게 부탁한 후 사오기까지 아무것도 하지 않고 기다리는 것이 '동기', 친구가 케이크를 사고 있는 동안 홍차를 준비하고 있는 것이 '비동기'다.

동기/비동기의 특징을 정리하면 다음과 같다.

- 동기는 다른 사람에게 일을 부탁한 후 끝날 때까지 아무것도 하지 않고 기다리기 때문에 그 사이에 다른 것을 할 수 없다. 하지만 의뢰한 것이 끝났는지 여부를 확실하게 확인할 수 있다

- 비동기는 끝날 때까지 기다리지 않기 때문에 병렬로 다른 일을 할 수 있다. 하지만 의뢰한 일이 끝났는지 여부를 확인하고 싶으면 별도의 방법을 이용해야 한다

4.2.2 어디에 사용되나?

서두에서 소개한 Ajax에서는 비동기 통신을 이용한 병렬 처리가 가능하다. Ajax가 등장하기 이전에는 링크나 버튼을 클릭할 때마다 화면 전체가 바뀌는 것을 기다려야 했다[1]. 하지만 Ajax를 사용한 웹 페이지에서는 비동기 통신이 가능해져서 화면을 보거나 입력하면서 필요한 부분만 갱신할 수 있게 됐다.

그림 4.6을 보자. 구글 검색에서 'SQL 더 쉽'까지 입력하면 검색어 후보가 표시된다. 이 처리 흐름을 그림 4.7에 정리했다.

그림 4.6 구글 검색에 적용된 Ajax 비동기 통신

키워드를 입력하면 Ajax가 입력 도중인 키워드를 구글 검색 엔진 서버에 전송해서 키워드 후보 데이터를 얻어서 브라우저에 표시한다. 만약 화면 전체를 다시 읽어야 한다면 읽는 과정이 끝날 때까지 아무것도 하지 못하고 기다려야 하지만, 비동기 방식에서는 입력 상자의 키워드 후보 부분만 갱신되기 때문에 '키워드 입력'과 '키워드 후보 표시'를 동시에 병렬로 실행할 수 있다.

---

1   Ajax 이외에도 비슷한 기술들이 있지만, 이 책 범위 밖이기 때문에 다루지 않는다.

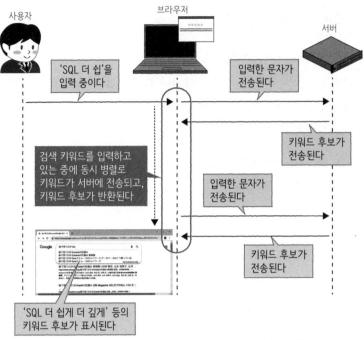

그림 4.7 구글 검색에 적용된 Ajax 비동기 통신의 처리 흐름

DBMS에서 사용되는 비동기 I/O

다음은 오래 전부터 비동기를 사용하고 있는 예로, DBMS의 비동기 I/O를 소개하겠다. DBMS는 HDD 등의 저장소에 비동기로 쓰기 처리를 할 수 있다. 이것을 비동기 I/O라고 한다(그림 4.8). 오라클 DB를 예로 설명하겠다.

동기 I/O에서는 I/O가 끝날 때까지 프로세스가 다음 처리를 하지 않지만, 비동기 I/O에서는 I/O가 끝나지 않아도 다음 처리를 할 수 있다.

비동기 I/O는 대량의 I/O를 효율적으로 처리해야 하는 DBMS에 적합하다고 할 수 있다. 공유 메모리에 있는 다수의 데이터를 프로세스가 HDD에 기록하는 경우, 비동기 I/O라면 하나의 I/O가 끝나기까지 기다리지 않고 다음 I/O를 발행할 수 있기 때문에 저장소 성능을 충분히 활용할 수 있다.

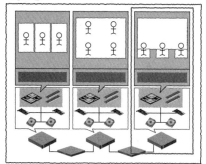

DB 서버

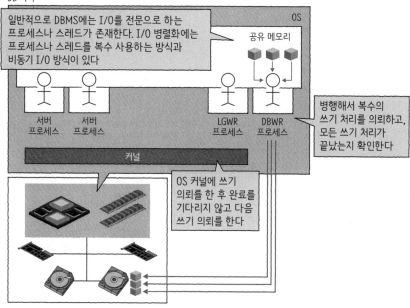

일반적으로 DBMS에는 I/O를 전문으로 하는
프로세스나 스레드가 존재한다. I/O 병렬화에는
프로세스나 스레드를 복수 사용하는 방식과
비동기 I/O 방식이 있다

OS

공유 메모리

서버
프로세스

서버
프로세스

LGWR
프로세스

DBWR
프로세스

병행해서 복수의
쓰기 처리를 의뢰하고,
모든 쓰기 처리가
끝났는지 확인한다

커널

OS 커널에 쓰기
의뢰를 한 후 완료를
기다리지 않고 다음
쓰기 의뢰를 한다

그림 4.8 **DBMS의 비동기 I/O**

그림 4.8의 DBMS 프로세스와 OS 부분을 확대한 것이 그림 4.9다. 상단이 동기 I/O 방식이다. DBMS 프로세스는 OS 커널에 I/O 요구를 하고 처리가 끝날 때까지 기다렸다가 다음 I/O를 요구한다. 동기 I/O로 I/O를 병렬화하려면 DBMS 프로세스를 늘리면 된다.

그리고 하단이 비동기 I/O다. DBMS 프로세스는 I/O를 요구한 후 처리가 끝나기까지 기다리지 않고 다음 I/O를 요구해서 병렬화하고 있다. 어떤 사람은 'DBMS에서 비동기로 처리하는 게 위험하지 않아? 쓰기가 끝났는지 확인하지 않고 다음 처리를 진행해도 괜찮은 거야?'라며 걱정할 수도 있을 것이다. 사실은 DBMS에서는 비동기로 I/O 를 요구한 후에 I/O가 끝났는지 여부를 확인하고 있다. 예를 들어, OS의 비동기 I/O 라이브러리나 시스템 콜을 사용해서 비동기로 복수의 I/O 요구가 발행된 후에 I/O 완 료 여부를 확인한다. 하지만 DBMS 종류에 따라선 확인을 안 하는 것도 있다. 이것은 DBMS가 OS 라이브러리나 시스템 콜을 어떻게 사용하느냐에 따라 달라진다. 이와 같 이 DBMS에서는 I/O 병렬화 수단으로 비동기 I/O를 사용할 수 있다.

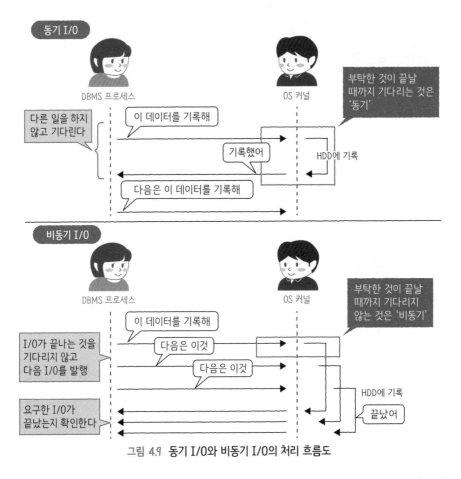

그림 4.9 **동기 I/O와 비동기 I/O의 처리 흐름도**

참고로, 비동기 I/O로 I/O를 발행하더라도 저장소 성능 이상으로는 빨라지지 않는다. 이미 저장소 캐시 기능이나 SSD(Solid State Drive) 등에 의해 하드웨어의 I/O 성능 고속화가 진행되고 있는 가운데, 비동기 I/O 같은 소프트웨어 방식의 I/O 효율화 방법에 대한 수요가 높아질 것이라 예상한다.

일반적으로 비동기 I/O는 OS의 라이브러리나 시스템 콜을 사용해서 구현되기 때문에 OS마다 방식이 다르다. 또한, DBMS에서 비동기 I/O를 사용할지 여부는 보통 DBMS 측에서 설정할 수 있어서 해당 설정에 따라 OS 라이브러리나 시스템 콜에 전달하는 옵션이 달라진다.

4.2.3 정리

마지막으로 동기/비동기의 장단점을 정리해 보자(표 4.2).

표 4.2 동기/비동기의 장단점

	장점	단점
동기	의뢰한 처리가 끝났는지 여부를 쉽게 확인할 수 있어서 구조가 간단하고 구현 난이도도 낮다	의뢰한 처리가 끝나기까지 기다려야 하기 때문에 대기 시간을 활용할 수 없다
비동기	의뢰한 처리가 진행되고 있는 동안 시간을 효율적으로 사용해서 병렬 처리를 할 수 있다	의뢰한 처리가 끝났는지 확인하지 않으면 모르기 때문에 불필요한 확인 처리가 늘어난다. 구조가 복잡해서 구현 난이도가 높다

이번 절 처음에도 언급했지만, 나는 비동기의 본질이 병렬이라고 생각한다. 병렬화를 위한 비동기 처리를 사용하는 경우의 주의점은 앞 절(4.1.3절)에서 정리한 주의점과 동일하다. 그 외에도 다음과 같은 것을 주의해야 한다.

- 비동기로 요구한 처리가 끝나지 않은 상태에서 다음 처리를 진행해도 문제가 없는가
- 비동기로 요구한 처리가 끝났는지 확인할 필요가 있는가

이번에 다룬 예 외에도 비동기 처리는 다양한 곳에서 사용되고 있다. 예를 들면, 보통 DBMS를 복제할 때는 동기 모드 또는 비동기 모드를 선택할 수 있다. 또한, 메시지 큐(Queue) 등을 하는 미들웨어도 비동기 처리를 한다.

보통은 복제나 메시지 큐 등의 비동기는 처리를 의뢰한 후 의뢰주가 다른 처리를 진행하고 처리 결과는 확인하지 않는다. 이 때문에 처리가 실패하더라도 이를 알지 못하고 후속

처리가 발생해서 위험이 가중될 수 있다. 여러분도 중요한 연락은 이메일(비동기 연락 수단)이 아닌 전화나 구두(동기 연락 수단)를 이용하고 있을 것이다. 이메일로 연락하는 경우 회신이 도착하거나 별도로 확인하지 않는 이상 메시지가 제대로 전달됐는지 알 수 없다.

반대로, 모든 것을 동기로 처리하면 대기 시간이 너무 길어져서 현실적인 요건을 만족하지 못하는 경우도 있다. 각각의 장단점을 고려해서 선별적으로 사용하는 것이 중요하다. 예를 들어, IT 시스템 설계에서 트랜잭션(Transaction) 범위를 설계할 때는 성능, 대상, 신뢰성 등과의 절충 정도를 고려해서 설계해야 하지만, 트랜잭션 범위 안이 동기, 범위 밖이 비동기가 되기 때문에 동기/비동기 개념을 사용할 수 있다.

COLUMN C10K 문제

인터넷 보급과 함께 웹 서비스에 접속하는 사용자 수가 기하급수적으로 늘어나면서 'C10K' 문제라는 것이 발생하고 있다. 이 문제가 처음 거론된 것은 10년 전이다. C10K 문제란, 하드웨어 성능상에 문제가 없어도 클라이언트 수가 많아지면 서버가 고장 나는 문제다. 참고로 C10K의 C는 클라이언트(Client), 10K는 1만(10,000)을 나타내는 것으로 1만 클라이언트가 동시에 접속하는 경우의 문제를 의미한다. 클라이언트 접속마다 프로세스를 생성하면 OS 파일 디스크립터(Descriptor)나 프로세스 수가 최대치에 이르거나, 1프로세스당 소비 메모리 크기는 작지만 (티끌 모아 태산이라고) 이것이 쌓여서 문제가 될 수 있다. 또한, 프로세스 수가 만 단위 이상이 되면 콘텍스트 스위치 등에 사용되는 CPU 사용률도 무시할 수 없게 된다. 게다가 프로세스 수가 너무 많으면 프로세스를 관리하는 OS 커널 내의 관리용 데이터 크기도 커진다.

C10K 문제를 해결하는 방법으로, 하나의 프로세스로 복수의 접속을 처리하는 방법이 있다. 이때 클라이언트 통신은 정말로 필요한 경우에만 처리한다. '1프로세스 = 1접속'이 과외 선생님이라면 '1프로세스 = 복수 접속'은 학원 선생님이라고 할 수 있다. 학원 선생님과 마찬가지로, 복수의 접속을 1프로세스로 처리하기 위해서는 각 클라이언트와 통신 시에 정말로 필요한 경우만 통신해서 변경해 주어야 한다.

이런 기법을 논블로킹(Non-blocking) I/O라고 한다. 논블로킹 I/O는 OS 시스템 콜로 구현돼 있어서, 그것을 그대로 사용한다. 논블로킹 I/O의 주의점은 모든 접속을 완전히 동기로 처리할 수 없기 때문에 동기 처리 수를 고려해야 한다는 것이다. 또한, 특정 처리가 장기화되거나 지연되면 다른 접속에 영향을 줄 수 있다. 반대로, 대량의 접속이 발생함에도 불구하고 동기 처리가 필요 없는 경우에 매우 유효한 방법이다.

4.3 큐

4.3.1 큐란?

'큐(Queue)'는 우리말로 '대기 행렬'이라 표현할 수 있다. 인기 음식점이나 슈퍼마켓의 계산대 등 다양한 곳에 행렬이 생기듯이 컴퓨터 세계에서도 여러 곳에 행렬(큐)이라는 것이 존재한다. 하드웨어, OS, 데이터베이스, 애플리케이션 등 거의 모든 곳에서 이 구조가 사용되고 있어서 설계나 성능 튜닝 시에 빠질 수 없는 지식이라 할 수 있다. 그림 4.10을 보자.

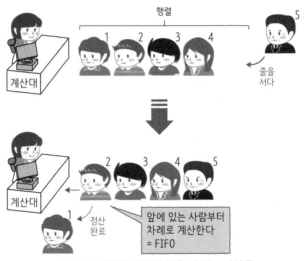

그림 4.10 **편의점 계산대에 줄 서 있는 사람들**

편의점에서 물건을 살 때 계산대에 서 있는 사람들 가장 뒤에 가서 줄을 설 것이다. 열의 가장 앞에 있는 사람부터 차례대로 점원이 정산하고, 앞 사람이 끝나면 그 다음 사람이 행렬의 선두가 되며, 뒤에 있는 사람은 하나 앞으로 이동한다. 당연한 얘기지만 새치기를 하거나 앞 사람을 밀쳐내거나 해서는 안 된다. 이처럼 앞에 있는 사람부터 차례대로 처리되기 때문에 큐(대기 행렬)의 동작 원리를 FIFO(First In First Out, 선입선출)라고 한다.

큐(대기 행렬)의 특징을 정리하면 다음과 같다.

- 큐(대기 행렬)에서는 줄을 설 때는 가장 마지막에 서고, 처리는 선두부터 순서대로 된다
- 먼저 들어온 데이터가 먼저 나가는 큐 동작을 FIFO(First In First Out) 방식이라고 한다

4.3.2 어디에 사용되나?

이번 절 초반에서 다루었듯이, 현실 세계와 마찬가지로 컴퓨터 세계에서도 다양한 곳에 행렬이 만들어진다. 예를 들면, 다음과 같은 것이 있다.

- CPU 처리를 기다리고 있는 프로세스나 스레드 행렬
- 하드 디스크 등의 저장소 읽기 처리를 기다리고 있는 I/O 요구 행렬
- 네트워크 접속 성립을 기다리고 있는 접속 요구 행렬

위와 같은 경우에도 편의점 계산대와 같은 방식의 처리가 이루어진다. 웹 서버의 CPU 처리를 기다리고 있는 아파치 프로세스를 예로 설명하겠다.

그림 4.11은 웹 서버인 아파치의 내부 동작을 간략하게 그림으로 표현한 것이다. 코어 두 개를 탑재한 CPU 하나가 있다. 아파치 프로세스는 네 개이며, 두 개는 CPU에서 처리 중, 나머지 두 개는 대기 상태다. 그런데 이 상태는 처리 지연 상태라고 볼 수 있을까?

예를 들어, 편의점 계산대가 이와 동일한 상태라면 어떻게 할 것인가? 앞에 사람이 한 명이라면 기다릴 것이다. 컴퓨터 세계도 동일하다. CPU를 기다리고 있는 프로세스 행렬을 '런큐(Run-queue)'라고 한다. '런큐에 쌓인 프로세스 수를 코어 수로 나누어서 1이라면 문제 없다'라는 것이 일반적이다. 편의점 계산대로 말하자면, 한 명이 계산대에서 정산 중이고 자신은 그 뒤에 서 있는 상태다. 그림 4.11과 같은 상태다.

참고로, CPU에서 처리 중인 프로세스를 런큐로 인식할지는 OS 종류에 따라 달라진다. 리눅스에서는 CPU에서 실행 중인 프로세스도 런큐로 인식한다. 그림 4.11 상태에서의 런큐 값은 리눅스에서는 4이지만, 실행 중인 프로세스를 고려하지 않는 OS에서는 2가 된다. OS 커널에는 프로세스 스케줄러라는 기능이 있어서 런큐 등을 관리한다.

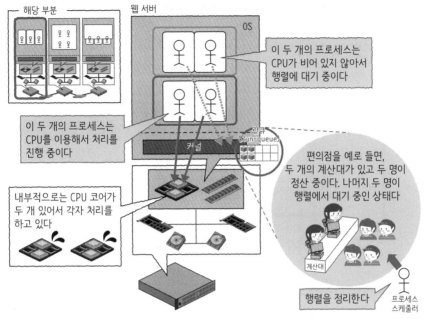

그림 4.11 CPU 처리를 기다린다

CPU 처리를 기다리고 있는 프로세스나 스레드 수는 어디서 확인할 수 있을까? 유닉스 계열 OS라면 vmstat의 r열(그림 4.12), 윈도우즈에서는 성능 모니터의 Processor Queue Length(그림 4.13) 등을 보면 알 수 있다. 이 툴들이 참조하고 있는 데이터의 실체는 OS 커널에 있다.

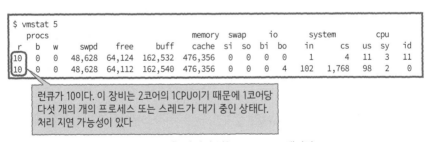

그림 4.12 5초 간격의 리눅스 vmstat 데이터

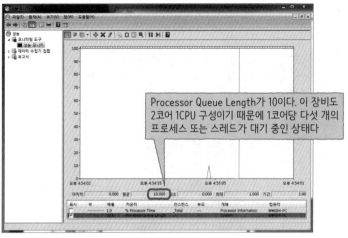

Processor Queue Length가 10이다. 이 장비도 2코어 1CPU 구성이기 때문에 1코어당 다섯 개의 프로세스 또는 스레드가 대기 중인 상태다

그림 4.13 윈도우즈의 성능 모니터 데이터

데이터베이스의 디스크 I/O

다음은 데이터베이스의 디스크 I/O를 예로 들어 설명하겠다. 기본적인 개념은 CPU와 같다. 프로세스나 스레드가 사용하는 대상이 CPU가 아닌 HDD인 점만 다르다.

그림 4.14는 DB 서버인 오라클 DB 동작을 간략하게 그림으로 표시한 것이다. 두 개의 서버 프로세스와 DBWR 프로세스는 왼쪽 HDD에 I/O를 실시하고 있고, LGWR 프로세스[2]는 오른쪽 HDD에 I/O를 실시하고 있다. 전자는 왼쪽 HDD 데이터에 액세스하고, 후자는 오른쪽 HDD에 액세스한다. HDD는 데이터가 기록돼 있는 특정 위치에 액세스해야 하기 때문에 CPU처럼 비어 있다는 이유로 다른 것을 사용할 수 없다. 이것이 HDD와 CPU의 차이점이다. 이 특징을 고려해서 예를 들자면, 고속 I/O가 요구되는 REDO 로그를 전용 디스크에 두는 것은 마치 크리스마스 케이크 전용 계산대를 만들어서 이용하는 것과 같다.

또한, 내장 HDD의 예는 그림 4.14와 같지만, 공유 저장소에서는 일반적으로 캐시라 불리는 메모리를 내장하고 있어서 I/O가 발생하면 캐시에 보관하기 때문에 기록되기까지 기다리지 않아도 된다. 이런 방식의 설계는 성능 고속화로 연결된다.

2　[옮긴이] LGWR은 Log Writer의 약자로, Redo Log Buffer 프로세스에 있는 내용을 Redo Log 파일에 기록하는 프로세스다.

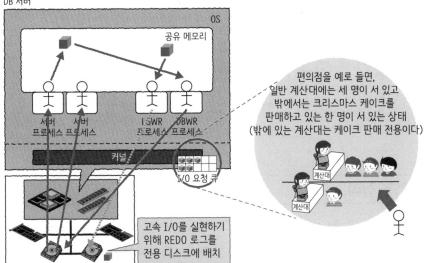

그림 4.14 **데이터베이스의 디스크 I/O 대기**

디스크 I/O를 기다리고 있는 프로세스나 스레드 수는 어디서 확인할 수 있을까? 유닉스 계열 OS라면 vmstat의 b열(그림 4.15), 윈도우즈에서는 성능 모니터의 Avg. Disk Queue Length(그림 4.16) 값을 통해 확인할 수 있다. 이 책에서는 소개하지 않지만, 상세한 I/O 성능 통계 정보를 확인하려면 유닉스 계열 OS에서는 iostat 명령을 이용하면 된다.

```
$ vmstat 5
   procs                        memory   swap      io    system      cpu
 r  b  w   swpd     free     buff    cache  si  so  bi  bo   in    cs  us sy id
 0 10  0  48,628  64,124  162,532  476,356   0   0   0   0    1     4  11  3 11
 0 10  0  48,628  64,112  162,540  476,356   0   0   0   4  102  1,768  98  2
```

I/O 대기 프로세스 수가 10이다. 10프로세스 또는 스레드가 I/O를 기다리고 있는 상태라 처리가 지연될 가능성이 있다

그림 4.15 **5초 간격의 리눅스 vmstat 데이터**

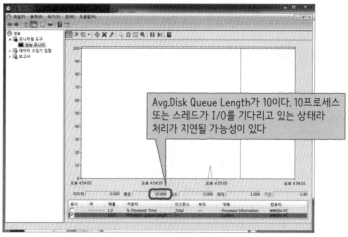

그림 4.16 윈도우즈 성능 모니터 데이터

4.3.3 정리

큐의 특징은 선두에서부터 순서대로 처리된다는 점이다. 여러 처리가 동시에 진행되는 경우에는 이 큐가 자주 사용되며, 다양한 계층의 여러 부분에서 이 큐가 이용되고 있다. 예를 들어, 데이터베이스의 성능 문제와 관련해서는 데이터베이스 큐, OS 런큐, I/O 요청 큐 등을 확인하면 처리 지연이 발생하고 있는지 확인할 수 있다. 따라서 순서대로 처리를 하고 싶은 경우나 행렬이 생기는 경우는 큐를 사용하는 것이 좋다. CPU나 저장소와 같이 복수의 처리가 동시에 진행되는 부분에서는 큐를 많이 이용하기 때문에 성능 문제가 발생하기 쉽다. 성능 문제에서는 큐의 길이, 즉 행렬의 길이를 확인하는 것이 중요하다. 예를 들면, CPU 사용률뿐만 아니라 런큐 길이도 함께 확인하는 것이 중요하다.

CPU 런큐와 I/O 큐 같은 미시적인 예를 소개했지만, 메시지 큐 같은 거시적인 것도 있다. 메시지 큐를 사용하면 애플리케이션 간 상호 운용성을 향상시켜서 시스템 전체 안정성을 향상시킬 수 있다. 어딘가가 멈춘다고 해서 시스템 전체가 멈추는 것은 아니기 때문이다.

'대기 시간' 절약이나 버퍼링용 리소스 절약 등에 의해 성능이 향상되는 경우도 있다. 비동기 처리에서는 처리를 의뢰한 후 끝날 때까지 기다리지 않고 다음 처리를 진행하지만, 의뢰를 받은 쪽에서는 처리가 쌓여서 순서를 기다리고 있는 경우도 있다. 이 경우에도 큐가 사용된다. 메시지 큐의 일종인 이메일을 예로 들면, 발신자는 상대 상황을 개의치 않고 메일을 전송할 수 있기 때문에 수신자의 상황에 끌려다니지 않아도 된다.

4.4 배타적 제어

4.4.1 배타적 제어란?

배타적 제어는 문자 그대로 '다른 것을 배제하는 제어'다. 여러 사람이 공유하는 물건일 경우, 누군가가 그 물건을 사용하고 있으면 다른 사람은 그것을 사용할 수 없다. 동시에 사용하게 되면 고장이 날 수도 있다. 혼자서 사용하는 것을 배타적으로 제어할 필요는 없다. 여러 사람이 공유하기 때문에 배타적 제어가 필요한 것이다.

컴퓨터 세계에서도 직렬 처리에서는 배타적 제어가 필요 없지만, 병렬 처리에서는 필요하다. 배타적 제어를 하는 부분은 병목 현상이 발생하기 쉽다. 병렬 처리와 배타적 제어를 머릿속에 그릴 수 있게 되면 문제 해결이나 성능 튜닝에 도움이 된다. 예를 들어, 회의실 사용 상황을 생각해 보자(그림 4.17).

그림 4.17 회의실의 배타적 제어

회의를 하고 있을 때는 회의실 안내문을 '사용 중'이라고 해 둬서 다른 사람이 사용할수 없다는 것을 알린다. 회의가 끝나면 안내문을 '공실'이라고 바꿔서 다른 사람이 이용할 수 있게 된다. 이것은 배타적 제어다.

일반적으로 OS나 DBMS는 병렬 처리를 위해 배타적 제어를 사용한다. 병렬 처리 관련 성능 문제에 배타적 제어가 영향을 주는 경우가 꽤 있다. OS나 DBMS뿐만 아니라 병렬 처리 관련 성능 튜닝이나 성능 문제 해결을 위해서는 배타적 제어를 잘 이해해 둘 필요가 있다.

병렬 처리 시에 각 처리가 서로 관계없이 동작하는 경우에는 배타적 제어가 필요 없지만, 대부분은 공유 데이터를 이용하며, 부분적으로는 직렬 처리를 사용해야만 되는 경우가 있다. 이때 배타적 제어가 필요하다. 그리고 이 부분이 가장 문제가 발생하기 쉬운 부분이기도 하다.

배타적 제어의 특징을 정리하면 다음과 같다.

- 복수의 처리가 공유 자원(CPU, 메모리, 디스크 등)에 동시에 액세스(주로 갱신)하면 불일치가 발생할 수 있기 때문에 배타적 제어로 보호해 주어야 한다
- 배타적 제어에서는 특정 처리가 공유 자원을 이용하고 있는 동안 다른 처리가 이용할 수 없게 해서 불일치가 발생하지 않도록 한다
- 예를 들어, 3차선 도로가 1차선이 되는 부분과 같다. 3차선으로 나누어 운행하던 자동차가 1차선으로 집약되기 때문에 한 대의 자동차가 통과할 때는 다른 차선의 자동차가 들어오지 않도록 배타적 제어를 한다. 이런 부분에서는 병목 현상이 발생하기 쉽다(자동차로 말하자면 비배타적 제어 시에 대기 중인 차가 생긴다 = 병목 현상)

4.4.2 어디에 사용되나?

DBMS에 사용되는 배타적 제어

DBMS에서의 배타적 제어 예를 보자. 그림 4.18을 살펴보자. 오라클 DB에서는 여러 프로세스가 동시에 병행으로 처리를 하고 있지만, 특정 프로세스가 공유 데이터를 변경하고 있는 도중에 다른 프로세스가 해당 공유 데이터를 읽거나 공유 데이터를 동시에 변경하지 못하도록 배타적 제어를 하고 있다.

DBMS의 배타적 제어에서는 매우 짧은 시간 동안만 락(Lock)을 유지하는 래치(Latch)라는 것이 있어서 CPU에서 의미가 없는 처리를 하면서 대기하는 방식이 있다. 스핀락(Spin-lock)이라고도 불린다. 한편, 비교적 장시간 락을 유지하도록 큐를 이용해서

관리하는 방식인 슬립락(Sleep-lock)이라는 것도 있다. 스핀락은 CPU에서 의미 없는 처리를 반복(루프)하면서 대기하지만, 단순히 계속 반복만 하는 것이 아니라 스핀해서 락을 확보하지 못하면 슬립하는 등 상황에 따라 스핀할지 슬립할지를 판단하는(어댑티브락, Adaptive-lock) 방식도 있다. 슬립해서 기다리면 컨텍스트 스위치가 발생하기 때문에 극히 단시간의 락에서는 CPU를 회전해서 기다리는 스핀락이 사용된다.

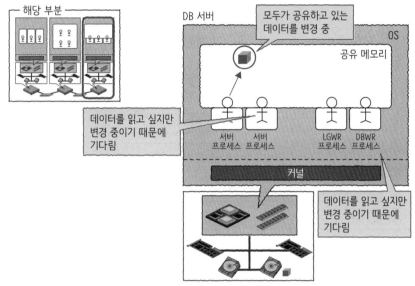

그림 4.18 **DBMS에서의 배타적 제어**

OS 커널에 사용되는 배타적 제어

다음은 OS 커널 예를 보자(그림 4.19).

리눅스 커널은 빅 커널락(Big Kernel Lock, BKL)이라 불리는, 하나의 스핀락으로 유지된다(스핀락에 대해서는 뒤에 있는 칼럼 '멀티 프로세서 시스템에서는 배타적 제어가 어렵다'를 참고하자). 커널의 BKL이 이용되는 부분에서는 처리가 직렬화돼서 동시에 하나의 CPU만 커널 코드를 실행할 수 있다. 따라서 이 부분이 병목 지점이 되기 쉽다. 컴퓨터가 여러 CPU를 유용하게 활용해서 병렬 실행 가능한 처리를 늘리기 위해 리눅스 커널에서는 BKL로 보호된 커널 코드를 수정했다.

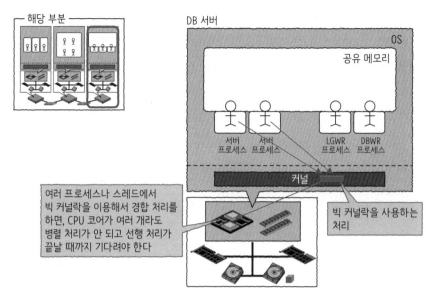

해당 부분

DB 서버

OS

공유 메모리

서버
프로세스 프로세스

LGWR DBWR
프로세스 프로세스

커널

여러 프로세스나 스레드에서
빅 커널락을 이용해서 경합 처리를
하면, CPU 코어가 여러 개라도
병렬 처리가 안 되고 선행 처리가
끝날 때까지 기다려야 한다

빅 커널락을 사용하는
처리

그림 4.19 리눅스의 빅 커널락

4.4.3 정리

배타적 제어의 장단점을 정리해 보자(표 4.3).

표 4.3 배타적 제어의 장단점

	장점	단점
배타적 제어를 사용하는 경우	공유 데이터의 일관성을 유지할 수 있다	병렬 처리가 안 된다
배타적 제어를 사용하지 않는 경우	병렬로 빠르게 처리할 수 있다	데이터 불일치가 발생할 가능성이 있다(동시에 공유 데이터를 변경하는 경우 등)

여러 CPU로 병렬 처리를 하는 경우는 공유 데이터를 보호하기 위해 배타적 제어를 하
지만, 필요 이상으로 배타적 제어를 사용하면 CPU가 여러 개 있더라도 하나밖에 사용
할 수 없게 된다. 따라서 정말로 필요한 곳에만 배타적 제어를 하고 병렬 처리가 가능한
부분을 늘리면 CPU를 유용하게 활용해서 처리 속도를 높일 수 있다.

클러스터 데이터베이스의 배타적 제어

이번 절에서는 DBMS나 OS를 배타적으로 제어하는 미시적 예를 소개했지만, 여러 대의 DB 서버를 조합해서 하나의 데이터베이스로 사용하는 액티브-액티브(Active-Active) 클러스터 DB에서도 동일한 것이 가능하다. 'CPU'를 '서버'로, '프로세스나 스레드'를 '애플리케이션'으로 바꿔서 생각하면 된다. 각 서버에서 병렬 처리를 하면 처리 속도가 올라가지만, 서버 간 배타적 제어에 의해 대기 처리가 늘어나면 아무리 서버가 많아도 병렬 처리를 할 수 없다. 클러스터(Cluster) DB에서는 서버 간 데이터 교환을 얼마나 줄일 수 있는지, 배타적 제어에 의한 대기 상태를 얼마나 줄일 수 있는지가 중요하다.

COLUMN   멀티 프로세서 시스템에서는 배타적 제어가 어렵다

CPU 코어가 하나밖에 없는 컴퓨터는 동시에 하나의 프로세스나 스레드만 CPU가 사용할 수 있지만, 여러 개의 CPU 코어를 탑재하고 있는 컴퓨터에서는 동시에 복수의 프로세스나 스레드를 실행할 수 있기 때문에 배타적 제어가 어려워진다. 여러 개의 CPU 코어를 가진 멀티 프로세서 시스템에서는 기본적으로 하드웨어를 이용해서 배타적 제어를 구현하고 있다. 구체적으로는 CPU에 배타적 제어를 하기 위한 'test and set'이나 'Compare And Swap(CAS)'이라 불리는 기능(명령)이 있다. 이것은 여러 개의 CPU에서 확실하게 배타적 제어를 하기 위한 구조다. 또한, 각 CPU 코어 간 협력 처리를 통해 불일치가 발생하지 않도록 하는 구조도 있다.

DBMS 예에서 본 래치 같은 배타적 제어도 일반적으로는 이 기능을 이용해서 구현돼 있다.

또한, 리눅스 커널 전체는 하나의 스핀락으로 보호되고 있으며, 이 스핀락은 빅 커널락(BKL)이라 불린다. 최근에는 BKL이 사용되고 있는 커널 코드를 수정해서 락 단위를 세분화했으며, 이를 통해 병렬 성능을 향상시켰다. 참고로, 스핀락은 대기 중인 프로세스나 스레드가 CPU에서 의미 없는 처리를 반복(스핀)하면서 락이 개방되는 것을 기다리는 방식이다. CPU가 하나밖에 없으면 동시에 처리할 수 있는 프로세스는 한 개로, 다른 프로세스는 CPU를 사용할 수 없기 때문에 스핀락이 필요 없다.

OS나 DBMS 등 멀티 프로세서로 병렬 실행을 하면서 데이터 일관성을 유지해야 하는 소프트웨어에서는 배타적 제어를 하면서 어떻게 병렬 처리를 할지에 대한 고민을 통해 개선 작업이 계속 진행되고 있다.

4.5 상태 저장/상태 비저장

4.5.1 상태 저장/상태 비저장이란?

IT 시스템이나 컴퓨터에서 상태 저장(Stateful)/비저장(Stateless) 개념은 거의 모든 곳에 적용되는 개념이다. 문제 해결에 직결되는 개념이라고는 할 수 없지만, 애플리케이션 문제에서는 프로세스 상태 확인을 통해 원인을 파악하는 경우도 있다. 일반적인 개념이기 때문에 알아 두면 여러모로 도움이 될 것이다.

여기서는 상태 정보를 가지는 '상태 저장'(Stateful)'과 가지지 않는 '상태 비저장'(Stateless)에 대해 설명한다. 정보를 많이 가지고 있는 상태 저장은 세분화된 제어가 가능한 반면에 구조가 복잡하다. 한편, 상태 비저장은 고기능은 아니지만 간단하다. 일장일단이 있기 때문에 적재적소에 사용해야 한다. 구체적인 예로, ssh는 상태 저장 프로토콜이지만 http는 상태 비저장 프로토콜이다. 그러면 상태 저장과 비저장이 무엇인지 자세히 보도록 하자.

어떤 작업을 하고 있을 때 현재 어디까지 작업이 진행됐는지와 같은 '상태'를 알아야 하는 경우가 있다. 시스템 처리를 하고 있을 때도 이 '상태'를 파악해야 하는 경우가 많다. 컴퓨터 세계에서 '상태'를 고려해야 하는 경우가 언제인지 먼저 일상 생활을 예로 생각해 보자.

여러분이 병원에 가서 진료를 받는 장면을 상상해 보자(그림 4.20). 병원에서는 먼저 접수를 끝내야 한다. 접수를 마치면 '접수 완료 상태'가 된다. 이름이 불리면 진료실로 간다. 감기라는 진단을 받는다. 이것으로 '진료 완료 상태'가 된다. 진료비를 납부하고 약을 받으러 간다.

접수를 하지 않고 진료실로 가도 '진료 완료 상태'가 아니기 때문에 의사가 진료를 해 주지 않는다.

그림 4.20 **병원에서는 '상태'를 고려해야 한다**

이번에는 슈퍼마켓 등에서 물건을 사는 장면을 상상해 보자(그림 4.21). 보통은 상태를 의식할 필요가 없다. 물건을 가지고 계산대로 가면 그대로 정산을 해 준다.

그림 4.21 **물건을 살 때는 '상태'를 고려하지 않아도 된다**

이 두 가지 예의 차이점은 무엇일까? 병원에서는 제일 먼저 진료에 필요한 기본 정보를 기입해야 한다. 또한, 두 번째 이후 통원부터는 병의 경과 등을 의사가 기록해 두어야 한다. 즉, 병원 진료에서는 접수 시에 기입한 현재 정보를 의사에게 전달하고, 이번 진료 결과를 다음 진료 시에도 사용해야 한다.

'상태'를 가진다는 것은 과거에 부여한 '정보'를 저장해서 계속 활용할 수 있다는 것을 의미한다. 한편, 상태를 가지고 있지 않으면 과거 정보를 알 수 없다. 슈퍼마켓 계산대에서는 여러분이 어제 산 것을 기억하지 않아도 된다.

4.5.2 자세히 살펴보자

이렇게 상태를 고려하는 것을 '상태 저장', 고려하지 않는 것을 '상태 비저장'이라고 한다.

상태 저장은 부여된 정보에 따라 '상태'가 전이된다. 이것을 그림으로 표현한 것이 '상태 전이도'다. 그림 4.22는 앞의 병원 예를 간단하게 상태 전이도로 표현한 것이다. 상태 저장 구조를 사용하는 이점은 과거 정보를 가져올 수 있어서 정보에 따른 복잡한 처리를 할 수 있다는 것이다. 단점으로는 약간이나마 시스템 복잡성이 커진다는 점을 들 수 있다. 또한, 있을 수 없는 '상태'가 된 경우의 대처 등도 생각해야 한다.

그림 4.22 상태 전이도

상태를 고려하지 않는 '상태 비저장' 구조의 장점은 간단하다는 것이다. 이런 간단한 구조 때문에 성능이나 안정성을 쉽게 향상시킬 수 있다. 단점은 과거 정보를 가져올 수 없기 때문에 복잡한 처리가 어렵다는 점을 들 수 있다. 필요한 정보는 처리할 때마다 매번 전달돼야 하는 것이다.

만약 병원 예를 상태 비저장으로 처리하면 어떻게 될까? 과거 정보가 없기 때문에 두 번째 진료를 받으러 가면 앞서 받은 진료 기록이 존재하지 않는다. '이름은요?', '어떤 증상이 있습니까?', '전에는 어디까지 치료했었죠?'라고 처음부터 다시 진료를 시작해야 한다.

정리하자면, 상태 저장/비저장의 특징은 다음과 같다.

- 상태 저장은 상태를 고려하기 때문에 복잡한 처리가 가능하지만, 시스템 복잡성이 커진다
- 상태 비저장은 상태를 고려하지 않기 때문에 간단하며, 성능이나 안정성 측면에서 우수하다

4.5.3 어디에 사용되나?

컴퓨터 내부 구조

컴퓨터 내에서는 거의 모든 곳에 상태 저장이 사용되고 있다. 복잡한 처리를 구현하기 위해 상태 저장은 필수불가결이다. 일반 CPU는 하나의 CPU에서 복수의 프로세스를 조금씩 처리한다. 이 때문에 특정 시점에 진짜로 처리를 하고 있는 프로세스는 1CPU(코어)당 하나다. 처리를 하지 않는 프로세스는 대기 상태로 있어야 한다. 이를 효율적으로 처리하기 위해서 프로세스에서는 그림 4.23과 같은 상태 전이를 한다.

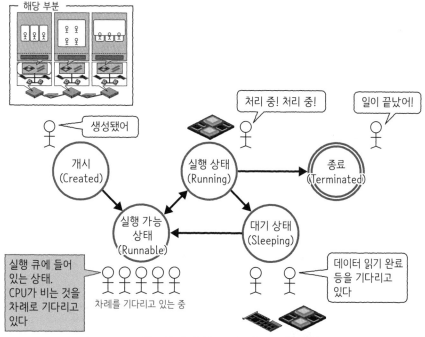

그림 4.23 프로세스 상태 전이(프로세스 처리는 상태 저장 방식)

어떤 명령이나 애플리케이션을 실행하면 프로세스가 생성된다. 프로세스 실행이 개시되는 것이다. 가장 먼저 실행 큐라 불리는 순서 대기 행렬에 줄을 서야 한다. 이 상태를 '실행 가능 상태'라고 한다. 차례가 돌아오면 '실행 상태'로 전이하고 애플리케이션 처리를 한다. 하나의 프로세스가 CPU를 독점하는 것이 아니라 일정량을 처리하면 CPU를 다시 열며, 이때 프로세스는 다시 순서 행렬로 돌아가 줄을 선다. 만약 디스크 액세스 등 I/O 대기가 발생하는 처리를 실행한 경우 '대기 상태'로 전이한다. 이 대표적인 세 가지 상태를 전이하면서 처리가 전부 끝나면 '종료' 상태가 된다.

네트워크 통신 구조

이번에는 네트워크 통신을 보도록 하자. 브라우저가 HTTP 서버에 접속할 때는 HTTP라 불리는 프로토콜을 사용한다. 이 HTTP는 기본적으로 상태 비저장 프로토콜이다.

브라우저가 HTTP 서버에 '○○ 데이터가 필요해'라고 요청을 보내면, 상태가 없기 때문에 매번 같은 데이터를 반환한다. 쇼핑 사이트 등의 경우, 회원에게는 회원 전용 페이지를 보여 주고 싶지만 과거 상태를 모르기 때문에 상대가 회원인지 여부를 구별할 수 없다. 이것을 강제적으로 처리하려면 회원에게 페이지 접속 시마다 ID와 패스워드를 입력하도록 해야 한다. 하지만 이렇게 귀찮은 쇼핑 사이트는 본 적이 없을 것이다.

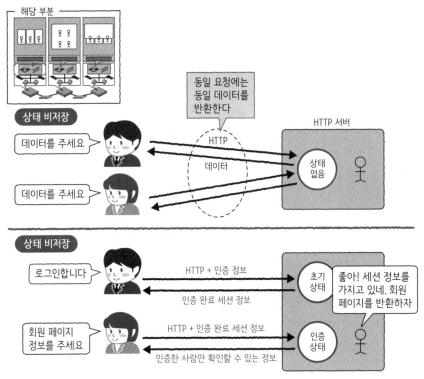

그림 4.24 HTTP는 상태 비저장이지만 상태 저장 방식도 사용

HTTP는 기본적으로는 상태 비저장 방식이지만, 위와 같이 상태를 저장해야 하는 경우가 있다. 상태를 저장할 수 있으면 회원은 처음 한번만 ID와 패스워드를 확인해서 로그인하고, 이후에는 계속 그 인증 정보를 유지하기만 하면 된다. HTTP에서는 세션(Session)이라는 개념을 사용해서 이 구조를 구현하고 있다. 로그인 등의 인증을 거치면 서버는 그 상태를 저장함과 동시에 인증 완료 세션 정보를 반환한다. 이 세션 정보는 간단히 추측할 수 없도록 보통은 매우 긴 영문 숫자 조합으로 돼 있다. 인증을 끝낸 사용자는 통신 시에 이 세션 정보를 서버에 건네기만 하면 이전 처리 상태를 유지하면서 접속할 수 있다.

4.5.4 정리

마지막으로 상태 저장/비저장에 대해 정리해 보자.

상태 저장이란, 상대가 상태 전이를 의식해서 처리하며 과거 경위를 이해한 상태에서 응답을 준다. 한편, 상태 비저장은 매번 신규 요청이 생성되는 것을 의미한다. 전자의 장점은 자신의 상태를 이해하기 때문에 요청 내용을 최소화할 수 있다는 것이다. 후자의 장점은 요청과 그에 대한 응답 구조가 간단하다는 것이다.

상태를 관리함으로써 자유로운 처리가 가능해지지만, 서버 측 처리가 복잡해져서 리소스 부하가 높아지고 대량의 사용자 요청이 버거워질 수도 있다. 단순히 없는 것보다 낫다가 아니라, 적재적소에 이용할 수 있도록 검토가 필요하다.

4.6 가변 길이/고정 길이

4.6.1 가변 길이/고정 길이란?

책이나 서류를 책꽂이나 서류 상자에 보관하듯이 컴퓨터에서 처리하는 데이터도 정해진 상자 안에 저장해야 한다. 저장할 때는 해당 데이터가 상자 안에 들어갈지를 판단해야 하기 때문에 상자 크기가 정해져 있는지 여부가 매우 중요하다. 이때 미리 크기가 정해져 있는 경우를 고정 길이(Fixed-length), 정해져 있지 않은 경우를 가변 길이(Variable-length)라고 한다.

보통 컴퓨터를 사용하고 있을 때는 의식할 일이 없지만, 컴퓨터 내부 메모리나 디스크 등의 하드웨어 데이터 처리를 보면 고정 길이 상자가 모여 있는 형태란 것을 알 수 있다. 사용자가 이것을 의식하지 않고서도 처리가 가능한 것은 OS 등의 소프트웨어가 사람이 사용하기 쉽도록 하드웨어를 은폐하고 있기 때문이다.

조금 더 쉽게 이해할 수 있도록 책꽂이를 예로 들어 보도록 하겠다. 그림 4.25에서는 고정 길이형 책꽂이와 가변 길이형 책꽂이 두 종류가 있다. 고정 길이형 책꽂이는 이미 크기가 정해져서 각 칸의 길이를 자유롭게 조정할 수 없다. 반면에 가변 길이형 책꽂이는 칸막이를 자유롭게 변경할 수 있다. 이 책꽂이들을 사용해서 책을 깔끔하게 정리하는 일을 한다고 가정해 보자.

먼저, 고정 길이형 책꽂이는 칸막이를 조절할 수 없기 때문에 각 칸마다 넣을 책 종류를 정할 필요가 있다. 이 때문에 소설이나 만화와 같이 작은 책은 쓸데없는 공간이 생기고 만다. 가변 길이형 책꽂이에서는 칸막이를 움직일 수 있어서 남는 공간 없이 책을 정리할 수 있다.

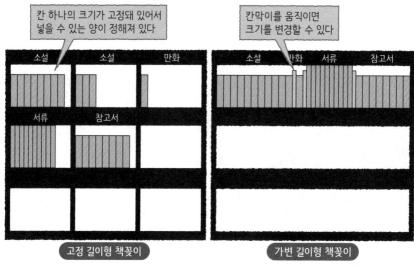

그림 4.25 데이터 저장은 책꽂이와 같다 1

다음은 그림 4.26을 보자. 책꽂이에 새로운 책이나 서류를 추가하면 어떻게 될까? 어느 날 진한 회색의 책을 추가하고 그 다음날 다시 파란색 책을 추가했다고 하자. 고정 길이 형에서는 넣을 수 있는 위치가 정해져 있기 때문에 새롭게 추가한 책도 종류별로 잘 정리가 된다. 한편, 가변 길이형에서는 공간을 절약할 수는 있지만 같은 종류의 책이 여기 저기에 흩어지기 시작한다. 이 상태라면 원하는 책이나 서류를 찾는 것이 힘들어질 것 같은 예감이 든다.

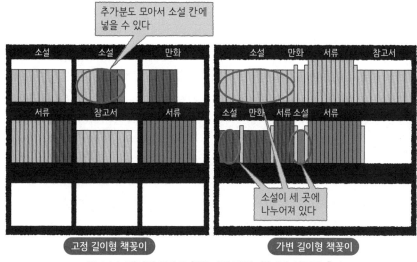

그림 4.26 데이터 저장은 책꽂이와 같다: 책이나 서류를 추가

물론, 실제로는 '매번 책을 바꿔서 정리하면 되지!'라고 하는 사람도 있을 것이다. 하지 만 그것은 생각보다 힘든 작업이다. 일시적으로 책을 별도의 장소로 이동한 후 다시 정 리해서 집어 넣어야 한다. 참고로 우리 집에서는 이 정리정돈이 힘들어서 고정 길이형 을 사용하고 있다.

고정 길이의 장점은 틀의 크기가 정해져 있어서 '책꽂이 4번째 열 5번째 칸과 같이 원 하는 것에 쉽게 액세스할 수 있다는 것이다. 도서관이나 서점 등에 있는 큰 책꽂이에서 는 각 칸에 번호가 부여돼 있다. 대신에 남는 공간이 생겨서 이 공간을 효율적으로 활 용하는 것이 어렵다.

가변 길이에서는 데이터를 꽉 채워서 담을 수 있기 때문에 저장 시의 데이터 크기를 절약할 수 있다는 장점이 있다. 단, 칸막이 위치가 정해져 있지 않아서 원하는 책을 찾으려면 고정 길이에 비해 많은 시간이 걸린다. 또한, 크기가 제각각이기 때문에 같은 영역을 계속 사용하면 재이용률이 떨어져서 한쪽에만 데이터가 편중되기 쉽다.

고정 길이와 가변 길이의 특징을 정리하면 다음과 같다.

- 가변 길이는 공간을 유용하게 활용할 수 있지만 성능 면에서 불안정하다
- 고정 길이는 쓸데없는 공간이 생기지만 성능 면에서는 안정적이다

4.6.2 어디에 사용되나?

그러면 구체적으로 컴퓨터에서는 어떤 형태로 저장되는 걸까? 실제 예를 보자. 여러분이 사용하고 있는 PC 안에는 다양한 파일이 저장돼 있다. 예를 들어, 윈도우즈에서는 일반적으로 NTFS라 불리는 파일 시스템이 사용되고 있는데, 이 파일 시스템에서는 각종 파일을 고정 길이로 저장하고 있다.

적당한 파일을 하나 선택해서 속성을 보자. 나의 PC에 저장돼 있는 memo.txt는 '크기: 12바이트', '디스크 할당 크기: 4096바이트'라고 표시된다. 이것은 실제로는 12바이트 데이터이지만, 저장 시에는 4096바이트를 사용하고 있다는 것을 의미한다. 반면, image.png는 '크기: 107906바이트', '디스크 할당 크기: 107906바이트'로 양쪽이 일치한다.

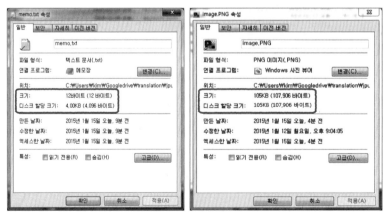

그림 4.27 파일은 고정 길이로 저장돼 있다

이 파일 시스템에서는 하나의 고정 길이 틀이 4096바이트(4KB)다. 이 때문에 4KB보다 작은 파일을 저장해도 1파일 저장에 4KB를 사용한다(그림 4.28). image.png 예와 같이 공간을 딱 맞게 쓰는 경우는 드문 경우이며, 대부분의 파일은 4KB보다 크기 때문에 공간을 많이 낭비하지는 않는다. 단, 텍스트 데이터만 저장해야 하는 경우는 얘기가 달라진다. 고정 길이를 사용하려면 어느 정도 길이가 적합한지 잘 고민해서 결정해야 한다[3].

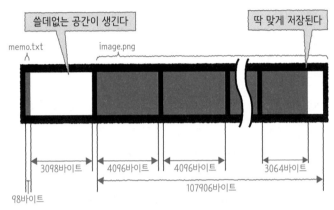

그림 4.28 디스크에서는 고정 길이 영역에 파일이 저장된다

네트워크에서 데이터를 교환할 때는 어떻게 될까? 앞서 본 것처럼 디스크에 저장할 때뿐만 아니라 네트워크를 경유해서 데이터를 전송할 때에도 고정 길이로 할지 가변 길이로 할지를 고려해야 한다. 그림 4.29를 보자.

일반적인 이더넷(Ethernet)의 MTU(Maximum Transfer Unit, IP 패킷의 최대 크기)는 1500바이트로, TCP/IP 헤더 합계가 40바이트이기 때문에 MSS(Maximum Segment Size, TCP 세그먼트의 데이터 부분 최대 크기)는 1460바이트가 된다[4]. 이 때문에 TCP/IP로 데이터를 전송할 때 1460바이트 정도의 세그먼트로 분할하고, 마지막 남은 1~1460바이트 크기로 전송된다. 그림에서는 2000바이트 데이터가 1460바이트와 540바이트로 분할되고 있다.

---

3 파일 시스템의 4KB라는 숫자도 변경할 수 있다. 더 적절한 값이 필요하다면 직접 변경하자.
4 MTU나 IP 헤더 크기는 고정 값이 아니기 때문에 MSS도 환경에 따라 달라진다.

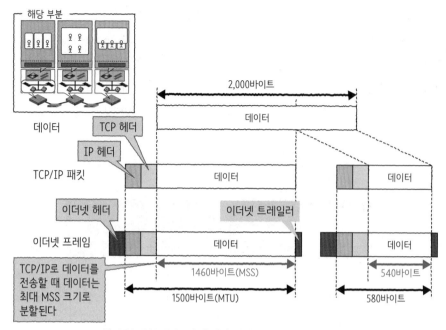

그림 4.29 TCP/IP는 가변 길이 패킷으로 데이터를 처리한다

패킷은 일회용이기 때문에 가변 길이로 데이터를 처리해도 책꽂이 예에서 봤듯이 한쪽으로 편중되지는 않는다. 또한, 이더넷은 가변 길이 프레임이지만 고정 길이를 사용하는 것도 있다. ATM(Asynchronous Transfer Mode)이라는 데이터 링크 층의 프로토콜에서는 셀(cell)이라 불리는 53바이트 고정 길이 형식을 사용하고 있다.

4.6.3 정리

마지막으로 가변 길이와 고정 길이의 특징을 정리해 보자. 가변 길이는 데이터 크기를 매번 변경하는 것이다. 반면에 고정 길이는 모두 같은 크기를 이용해서 처리한다. 전자는 데이터 전체 양이 준다는 장점이 있으며, 후자는 크기가 균일해서 관리가 수월하다는 장점이 있다.

효율성을 추구한다면 전자를, 간단한 것을 추구한다면 후자를 사용하는 등 적절히 선별해서 사용하도록 하자.

4.7 데이터 구조(배열과 연결 리스트)

4.7.1 데이터 구조(배열과 연결 리스트)란?

자주 사용되는 데이터 구조 중 여기서는 배열과 연결 리스트를 소개한다. 배열과 연결 리스트는 모두 데이터를 순차적으로 처리하는 구조이지만, 구조가 다르기 때문에 성능 측면의 특징도 많이 다르다. 4.8절 '탐색 알고리즘(해시/트리 등)'에서 해시 테이블(Hash Table)이나 B 트리(B-tree) 등의 데이터 구조를 소개하겠지만, 이들 데이터 구조 내에서도 배열과 연결 리스트를 사용하는 경우가 있다. 배열과 연결 리스트는 다양한 데이터 구조를 이해하기 위한 기본 구조라고 생각한다.

그림 4.30은 각각의 구조를 그림으로 표현한 것이다.

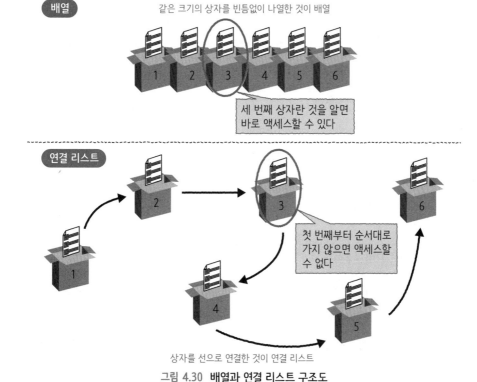

그림 4.30 **배열과 연결 리스트 구조도**

배열은 같은 형태의 상자를 빈틈없이 순서대로 나열한 데이터 구조다. '같은 크기'의 상자를 '빈틈없이 순서대로' 나열하기 때문에 몇 번째 상자인지만 알면 해당 상자에 한번에 액세스할 수 있다.

반면, 연결 리스트는 상자를 선으로 연결한 형태의 데이터 구조다. '선으로 연결하다'라고 표현했지만, 구체적으로는 다음 상자의 위치 정보를 가지고 있다. 선으로 연결돼 있기 대문에 배열처럼 빈틈없이 나열할 필요가 없지만, 상자를 찾으려면 끝에서부터 순서대로 하나씩 상자 내부를 확인해야 한다.

탐색이 빠른 배열이 좋아 보일 수도 있지만, 배열에도 약점이 있다. 배열 도중에 상자를 추가하려고 하면 그 이후 상자를 전부 하나씩 뒤로 옮겨야 한다. 반대로, 도중에 상자를 빼는 경우는 하나씩 앞으로 옮겨야 한다. 이런 이유로 배열은 데이터 추가 및 삭제가 느린 데이터 구조라고 할 수 있다.

반면, 연결 리스트는 상자를 선으로 연결하고 있어서 도중에 상자를 추가하거나 삭제하려면 선만 바꿔서 연결해 주면 된다. 따라서 연결 리스트는 데이터 추가, 삭제가 빠른 데이터 구조라 할 수 있다.

이 특징들을 정리하면 다음과 같다.

- 배열은 데이터를 빈틈없이 순서대로 나열한 데이터 구조
- 연결 리스트는 데이터를 선으로 연결한 데이터 구조
- 탐색이 빠른 것은 배열이고, 느린 것은 연결 리스트
- 데이터 추가, 삭제가 빠른 것은 연결 리스트이고, 느린 것은 배열

4.7.2 어디에 사용되나?

이번 절의 서두에서도 언급했지만, 4.8절 '탐색 알고리즘(해시/트리 등)'에서 소개하는 해시 테이블 구현에는 배열과 연결 리스트가 사용되고 있다. 즉, 배열이 차례나 색인 같은 형태로 나열돼 있으며, 거기에 연결 리스트가 매달려 있는 듯한 형태다. 같은 모양의 상자가 빈틈없이 순서대로 나열돼 있으며(배열), 상자 안(배열 요소)에는 선으로 연결된 상자(연결 리스트)의 선두 위치가 기록된 종이가 들어 있는 형태다(그림 4.32).

자세한 내용은 4.8절에서 설명하겠지만, 데이터 추가, 삭제가 빠른 연결 리스트와 탐색이 빠른 배열을 조합한 하이브리드형 데이터 구조가 해시 테이블이다.

구체적인 예를 보자. 오라클 DB에서는 SQL을 실행하면 SQL을 파스(Parse)[5]한 후 실행해서 결과를 반환하지만, 한번 실행된 SQL 관련 정보는 메모리에 저장된다. 똑같은 SQL이 실행되는 경우에는 처음부터 파스하는 것이 아니라 이전 실행 시의 정보를 재사용한다(그림 4.31). 이 SQL 관련 정보를 관리할 때 사용하는 것이 해시 테이블 구조다. 파스한 SQL을 재사용함으로써 CPU 사용 시간을 절약할 수 있다. 특히, 동일 SQL이 동시에 대량으로 실행되는 웹 서비스나 온라인 주식 거래 사이트 등의 OLTP 시스템에서는 이런 재사용 구조에 의해 CPU 사용 시간을 큰 폭으로 줄일 수 있다.

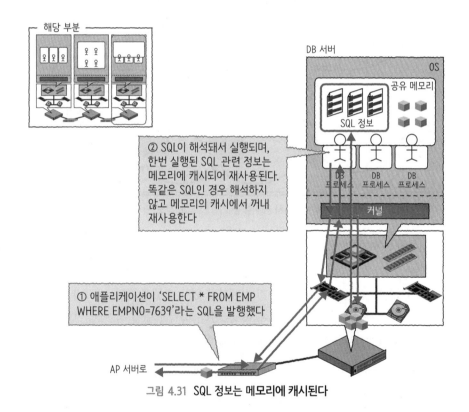

② SQL이 해석돼서 실행되며, 한번 실행된 SQL 관련 정보는 메모리에 캐시되어 재사용된다. 똑같은 SQL인 경우 해석하지 않고 메모리의 캐시에서 꺼내 재사용한다

① 애플리케이션이 'SELECT * FROM EMP WHERE EMPNO=7639'라는 SQL을 발행했다

그림 4.31 SQL 정보는 메모리에 캐시된다

---

5 프로그래밍 언어의 컴파일 처리라 생각하면 된다.

재사용을 위한 해시 테이블 구조를 보여 주는 것이 그림 4.32다.

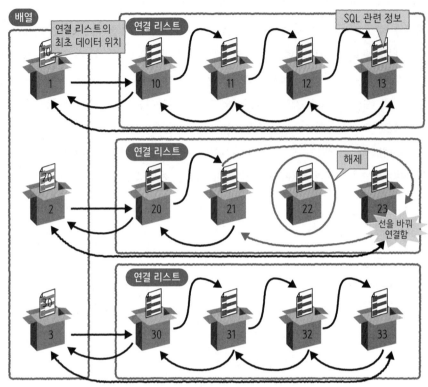

그림 4.32 해시 테이블을 이용한 SQL 정보 관리

처음 실행된 SQL은 파스를 거쳐 실행된 후에도 메모리에 남는다(캐시된다). 똑같은 SQL
이 실행되면 메모리에 있는 것이 재사용된다. 메모리가 부족하면 실행되고 있지 않는
SQL을 해제한다. 이런 SQL은 여기저기 산재하고 있기 때문에 추가, 삭제가 빠른 연결
리스트를 사용하면 해제 처리를 빠르게 할 수 있다. 하지만 연결 리스트는 탐색이 느리
기 때문에 SQL이 실행됐을 때 재사용할 정보를 찾는 데 시간이 걸린다.

이때 등장하는 것이 탐색 속도가 빠른 배열이다. 배열은 고정 길이 데이터가 순서대로
나열돼 있는 데이터 구조이지만, SQL 길이는 제각각이라서 배열로 관리할 수 없다. 따
라서 해시 함수를 이용해서 SQL을 고정 길이 해시 값으로 변환한다. 이 해시 값 배열
로부터 연결 리스트를 찾아가면 빠르게 탐색할 수 있다.

해시 테이블 같은 데이터 구조는 오라클 DB의 SQL 정보 캐시 외에도 리눅스 등의 OS 커널에서도 데이터 캐시나 KVS(Key Value Store) 등의 형태로 사용되고 있다.

4.7.3 정리

배열과 연결 리스트의 장단점을 다시 정리해 보자(표 4.4).

표 4.4 **배열과 연결 리스트 비교**

	장점	단점
배열	N번째 요소 탐색이 빠르다	데이터 추가, 삭제가 느리다
연결 리스트	데이터 추가, 삭제가 빠르다	N번째 요소 탐색이 느리다

바로 알 수 있듯이 장단점이 정반대다. 해시 테이블은 배열과 연결 리스트의 상호 장점만 조합해서 약점을 보완한 데이터 구조라고 할 수 있다. 이외에도 큐(Queue)나 스택(Stack) 등의 데이터 구조도 배열이나 연결 리스트로 구현돼 있다.

4.8 탐색 알고리즘(해시/트리 등)

4.8.1 탐색 알고리즘(해시/트리 등)이란?

- 데이터베이스에서 인덱스를 사용하면 왜 검색이 빨라지는 걸까?
- 인덱스를 사용한다고 해서 항상 빨라지는 것이 아닌 이유는 왜일까?
- 기존 DBMS와 인메모리 DB에 적합한 인덱스가 다른 이유는 무엇일까?

이번 절에서는 이런 의문들에 대한 해답을 얻을 수 있을 것이다. 해시나 트리는 탐색 알고리즘이 아닌 데이터 구조이지만, 효율적 탐색을 위해 사용된다. 필요한 때에 필요한 데이터를 신속하게 찾기 위해서는 데이터를 정리해 둘 필요가 있다. 데이터 정리 방법과 검색 방법에는 어떤 것들이 있고, 어떤 경우에 어떤 방법이 적합한지 예를 들어 소개하겠다.

여러분은 책이나 사전에서 무언가를 찾을 때 어떻게 찾는가? 원하는 키워드를 알고 있으면 색인을 찾거나, 특정 주제에 대해 읽고 싶다면 차례를 찾거나 할 것이다. 차례나 색인이 없으면 읽고 싶은 페이지를 찾기 위해 모든 페이지를 열어 봐야 하기 때문에 엄청난 노력이 필요하다.

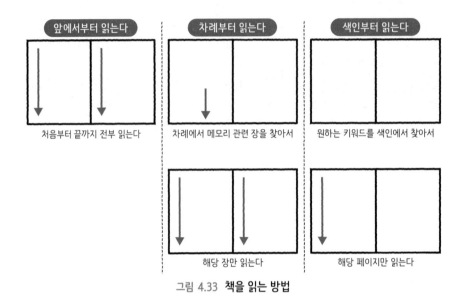

그림 4.33 **책을 읽는 방법**

컴퓨터에서도 데이터를 찾기 쉽도록 정리해 두면 원하는 데이터를 빨리 찾을 수 있다. 데이터 정리 방법을 '데이터 구조', 찾는 방법을 '탐색 알고리즘'이라고 한다. 찾는 방법과 데이터 정리 방법은 뗄래야 뗄 수 없는 관계이기 때문에 '알고리즘과 데이터 구조'라는 식으로 함께 다루어지는 경우가 많다.

예를 들어, 영한 사전은 페이지가 알파벳순으로 정렬돼 있고(데이터 구조), 알파벳으로 찾기(알고리즘) 쉽도록 돼 있다. 이 알고리즘과 데이터 구조에 관해서 책 몇 권의 분량이 될 정도로 종류가 많으며, 이 책에서는 그중 극히 일부만 소개한다.

탐색에 대한 알고리즘과 데이터 구조의 본질을 정리하면 다음과 같다.

- 필요한 때에 필요한 데이터를 빠르게 찾기 위해서 데이터를 정리해 둘 필요가 있다
- 데이터를 찾을 때의 데이터 구조와 데이터 저장 방식(메모리, HDD, SSD 등) 특성에 따라 적합한 데이터 정리 방법이 달라진다

- 데이터 정리 방법을 '데이터 구조', 처리 순서를 '알고리즘'이라고 한다
- 처리 순서에 맞추어 데이터 구조를 정리할 필요가 있기 때문에 '알고리즘과 데이터 구조'는 자주 함께 다루어진다

4.8.2 어디에 사용되나?

그러면 구체적인 예를 살펴보자. 알고리즘과 데이터 구조의 백화점이라고 해도 과언이 아닌 DBMS 예를 소개한다. SQL 튜닝 시에 '풀 스캔(Full scan)으로 돼 있어서 느렸는데, 인덱스를 생성해서 인덱스 스캔(Index Scan)하니까 빨라졌어'라는 얘기를 들어 본 적이 있을 것이다. 사실은 인덱스 스캔한다고 반드시 빨라지는 것은 아니다. 풀 스캔이 빠른 경우도 있다. 디스크에서 원하는 데이터를 얼마나 적은 노력으로 추출하느냐가 관건으로, 인덱스는 이를 위한 하나의 수단에 불과하다. 본질을 이해하면 이 의미를 알 수 있게 된다.

인덱스가 없는 경우

먼저, 인덱스가 없는 경우를 보자(그림 4.34). SQL을 발행해서 한 건의 데이터를 취득하는 경우라도 인덱스가 없으면 디스크에서 테이블 데이터를 모두 읽어서 조사해야 한다. 테이블의 모든 블록을 처음부터 순서대로 읽어나가는 것을 풀 스캔(Full Scan)이라고 한다. 그림 4.34에서는 18개의 블록을 읽고 있다. 테이블 크기가 커질수록 읽어야 하는 블록 수도 많아진다[6].

페이지가 가나다순으로 정렬돼 있지 않았을 때의 풀 스캔은 차례도 색인도 없는 사전에서 단어를 찾는 것과 같다.

---

6 일반적으로 DBMS에선 실제 데이터 크기가 아닌 High-Water Mark(HWM) 위치에 따라 풀 스캔 시 읽는 블록 수가 달라진다. 데이터가 한 건밖에 없더라도 HWM까지 블록을 모두 읽는다. 정기적으로 세그먼트(테이블 등)를 축소하는 것은 이 HWM을 내려서 성능 저하를 방지하기 위해서다.

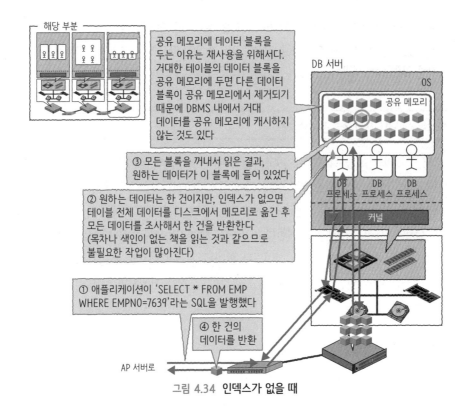

해당 부분

공유 메모리에 데이터 블록을
두는 이유는 재사용을 위해서다.
거대한 테이블의 데이터 블록을
공유 메모리에 두면 다른 데이터
블록이 공유 메모리에서 제거되기
때문에 DBMS 내에서 거대
데이터를 공유 메모리에 캐시하지
않는 것도 있다

DB 서버

OS

공유 메모리

③ 모든 블록을 꺼내서 읽은 결과,
원하는 데이터가 이 블록에 들어 있었다

② 원하는 데이터는 한 건이지만, 인덱스가 없으면
테이블 전체 데이터를 디스크에서 메모리로 옮긴 후
모든 데이터를 조사해서 한 건을 반환한다
(목차나 색인이 없는 책을 읽는 것과 같으므로
불필요한 작업이 많아진다)

DB
프로세스 프로세스 프로세스

커널

① 애플리케이션이 'SELECT * FROM EMP
WHERE EMPNO=7639'라는 SQL을 발행했다

④ 한 건의
데이터를 반환

AP 서버로

그림 4.34 **인덱스가 없을 때**

인덱스가 있는 경우

다음은 인덱스가 있는 경우를 보자. DBMS 인덱스에는 몇 가지 종류가 있지만, 일반적으로 자주 사용되는 것은 B 트리[7] 인덱스다.

인덱스가 있으면 최소한의 필요 블록만 읽으면 된다. '인덱스'는 우리말로 '색인'이다. 사전을 찾을 때 색인을 이용하는 것과 마찬가지다. 인덱스가 없으면 18개의 블록을 모두 읽어야 했지만, 인덱스가 있는 경우에는 4개의 블록만 읽으면 된다.

하지만 인덱스가 있다고 무조건 좋은 것만은 아니다. 단점도 존재한다. 검색이 빨라지는 대신에 데이터 추가, 갱신, 삭제 시에 테이블뿐만 아니라 인덱스 데이터도 갱신해야

---

7 B 트리에는 B- 트리, B+ 트리, B* 트리 등 여러 종류가 있지만, 이 책에서는 각각의 상세 데이터 구조에 대해서는 다루지 않는다.

한다. 인덱스 갱신 때문에 불필요한 오버헤드가 발생할 수 있다. 서류를 철해서 정리할 때 인덱스 스티커를 붙여 두면 빠르게 찾을 수 있지만, 서류를 추가할 때는 인덱스를 다시 수정해서 붙여야 하는 번거로움이 있는 것과 같다.

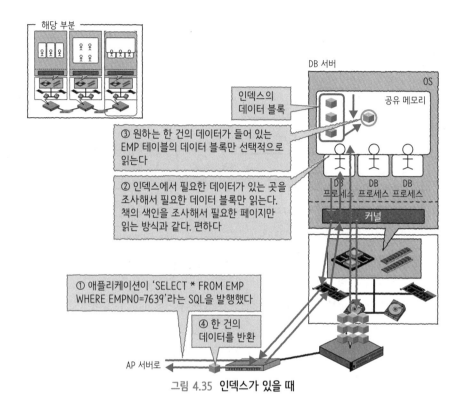

그림 4.35 **인덱스가 있을 때**

인덱스의 구조 - B 트리 인덱스

그러면 이 인덱스 구조를 조금 더 자세히 보도록 하자.

앞의 그림 4.35에 있는 데이터 블록 부분을 확대해서 인덱스 구조를 보도록 하자(그림 4.36). 데이터 블록 ①이 루트(Root) 블록, ②가 브랜치(Branch) 블록, ③이 리프(Leaf) 블록 이다. 루트는 나무의 뿌리, 브랜치는 가지, 리프는 잎에 해당한다. 나무처럼 뿌리 → 가지 → 잎 순서를 거쳐서 잎에 도달하면 원하는 데이터 저장 위치가 기록돼 있는 형태다.

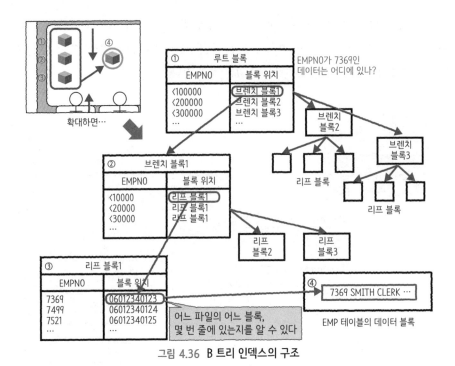

그림 4.36 B 트리 인덱스의 구조

'SELECT * FROM EMP WHERE EMPNO=7639'라는 SQL을 발행하면 ①루트 블록을 보고, ②브랜치 블록1 아래에 있다는 것을 안다. 브랜치 블록1을 보면 ③리프 블록1에 있다는 것을 안다. 리프 블록1을 보면 ④의 데이터 블록 어디에 데이터가 저장돼 있는지 알 수 있다. 이와 같은 구조로 4개의 블록만 읽으면 데이터를 찾을 수 있다.

이처럼 인덱스는 읽을 블록 수를 줄이기 위한 수단이지만, 인덱스를 사용하면 오히려 읽을 블록 수가 늘어날 수도 있다. 예를 들어, 테이블 데이터를 모두 취득해야 하는 경우 등이다. 이때는 테이블의 모든 블록뿐만 아니라 인덱스 블록까지 읽어야 하기 때문에 디스크 I/O가 증가한다.

또한, 일반적으로 DBMS는 인덱스를 사용하지 않는 풀 스캔을 하는 경우, 1회 디스크 I/O로 가능한 한 큰 크기의 데이터를 읽어서 I/O 횟수를 줄이려고 한다. 하지만 인덱스 스캔에서는 인덱스 블록을 읽으면서 테이블 블록을 하나씩 읽기 때문에 액세스 블록 수가 늘어남과 동시에 I/O 횟수도 늘어나서 풀 스캔에 비해 속도가 느려진다(자세한 내용은

8장의 순차 I/O와 랜덤 I/O를 참고하자). 책 읽는 방식으로 말하자면, DBMS의 풀 스캔은 색인을 보지 않고 책을 처음부터 읽어가는 것과 같다. 반면, 인덱스 스캔을 통한 모든 데이터 취득은 책을 처음부터 읽지만 색인을 보면서 읽어 나가는 것이다. 현실에서 이런 방식으로 읽으면 색인 페이지까지 모두 읽어야 하기 때문에 읽어야 할 페이지 수가 늘어나며, 색인 페이지와 본문을 오가면서 읽기 때문에 불필요한 시간도 늘어난다.

B 트리 인덱스가 DBMS에서 자주 사용되는 것은, 트리 구조 계층이 깊어지지 않도록 디스크 I/O를 최소한으로 제어하기 때문이다. 반대로, 메모리에 모든 데이터를 두는 인 메모리 DB에서는 디스크 I/O를 신경 쓸 필요가 없기 때문에 디스크에 데이터가 저장된 다는 것을 전제로 개발된 DBMS와는 다른 접근 방법이 필요하다. 예를 들어, 인메모리 DB에는 T 트리 인덱스라는 이진 트리의 일종을 사용하는 경우가 있다. 이진 트리는 가지가 두 개밖에 없어서 계층이 깊어지지만, 키 값 비교 횟수가 적다는 이점이 있어서 메모리의 데이터 탐색에 적합하다.

해시 테이블

B 트리는 등호 검색은 물론 범위 검색에도 강한 면모를 보이는 만능 선수이지만, 등호 검색에 큰 강점을 보이는 것으로는 해시 테이블이라는 것이 있다. 4.7절 '데이터 구조(배열과 연결 리스트)'에서 해시 테이블을 소개했지만, 여기서는 탐색에 초점을 두고 설명하겠다(그림 4.37).

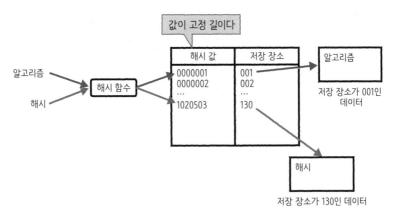

그림 4.37 **해시 테이블의 구조**

해시 테이블은 키와 값 조합으로 표를 구성한 데이터 구성이다. 키는 해시 함수를 통해 해시 값으로 변환된다. 해시 값은 고정 길이 데이터이기 때문에 조합 표의 데이터 구조가 간단해서 검색이 빠르다는 장점이 있다.

해시 테이블에서는 아무리 데이터 양이 많아진다고 해도 기본적인 등호 검색의 속도는 변하지 않는다. 등호 검색 시의 최고의 데이터 구조라고 할 수 있지만, 범위 검색이 약하다는 문제가 있다. 일부 DBMS에서는 해시를 사용한 해시 인덱스라는 것을 사용하는 경우도 있다. DBMS 인덱스 관점에서 보면, B 트리 인덱스가 만능형이라면 해시 인덱스는 전문 분야에 특화된 것이라 할 수 있다.

4.8.3 정리

등호 검색에 강한 해시 테이블을 사용한 탐색과 등호 검색은 물론, 범위 검색에도 강한 만능형 B 트리 등이 있다. 또한, 풀 스캔처럼 100건의 데이터가 있으면 100건을 모두 보는 것을 선형 탐색이라고 한다. 모든 데이터가 필요한 경우에는 선형 탐색이 적합하다. 데이터를 찾을 때 적합한 데이터 구조를 선택할 필요가 있다.

또한, HDD 같은 2차 기록 장치의 데이터 탐색에 적합한 B 트리와 메모리의 데이터 탐색에 적합한 T 트리 등이 있어서 데이터 저장 장치에 따라서도 데이터 구조가 달라진다.

데이터 구조는 데이터를 찾는 방식이나 데이터 저장 위치의 특성을 고려해서 선택할 필요가 있다. 또한 DBMS에서 인덱스를 만들면 검색은 빨라지지만, 갱신 시에 오버헤드가 걸린다는 단점도 있기 때문에 함께 고려해야 한다.

이 책에선 데이터베이스와 관련된 알고리즘만 간략하게 소개했다. 자세히 다루고 싶지만, 제대로 설명하기 시작하면 이 책 전부를 할애해도 부족하다. 알고리즘과 데이터 구조는 그 개념을 그림으로 그려 가며 생각하지 않으면 이해하기가 어렵다. 좀 더 공부하고 싶은 독자라면 《알고리즘 도감: 그림으로 공부하는 알고리즘 26》(이시다 모리테루, 미야자키 쇼이치 지음/김완섭 옮김/제이펍)을 추천한다. 알고리즘을 그림으로 쉽게 설명하고 있다[8].

또한, 알고리즘과 데이터 구조의 지식을 실제로 활용하고 싶은 독자라면, 프로그래밍 언어를 사용해서 그 구조를 구현해 보는 것도 도움이 된다. 예를 들어 이 장의 4.8절에선 탐색 알고리즘을 소개했다. 많은 프로그래밍 언어가 탐색을 위한 기능이나 라이브러리를 이미 제공하고 있지만, 그것을 사용하지 않고 탐색 구조를 직접 구현해 보므로 알고리즘을 깊이 있게 이해할 수 있다. 나는 대학 시절에 '알고리즘과 데이터 구조'라는 수업을 들었지만, 처음에는 온통 글자뿐이라 이해하기 힘들었다. 하지만 후반부로 가면서 C 언어나 자바를 사용해 다양한 알고리즘과 데이터 구조를 구현해 보므로 더 깊이 있게 이해할 수 있었다. 꼭 프로그래밍 언어를 사용한 알고리즘 구현에 도전해 보도록 하자.

8 　옮긴이 공교롭게도 해당 도서도 본 역자가 번역한 책이다.

제 5 장

인프라를 지탱하는
응용 이론

4장에 이어서 3계층형 시스템 내부를 확대해서 인프라를 이해하는 데 필요한 기본 개념과 구조에 대해 설명한다. 5장에서는 4장에 비해 구현에 초점을 둔 개념과 구조를 다룬다. 참고로, 책 맨 앞에 있는 '3계층형 시스템의 데이터 흐름과 각각을 지탱하는 기술' 그림에서는 4~5장에 소개한 기술이 3계층형 시스템의 어느 부분에서 사용되고 있는지 보여 주고 있다. 꼭 확인하도록 하자.

5.1 캐시

5.1.1 캐시란?

캐시는 cash(현금)가 아니라 cache라고 쓴다. 캐시에는 '숨기는 장소'라는 의미가 있다. 컴퓨터 세계에서 캐시는 사용 빈도가 높은 데이터를 고속으로 액세스할 수 있는 위치에 두는 것을 의미한다. CPU의 1차 캐시나 2차 캐시, 저장소 캐시, OS 페이지 캐시, 데이터베이스 버퍼 캐시 등 광범위하게 캐시 기술이 사용되고 있다. 그러면 캐시에 대해 좀 더 자세히 살펴보도록 하자.

캐시는 임시 저장소를 의미한다. '바로 사용할 테니까 일단 여기에 두자'와 같은 상황은 일상 생활에서도 많이 있을 것이다. 예를 들면, 티슈가 그렇다(그림 5.1). 하지만 아무 데나 막 놓기 시작하면 정리가 힘들어진다. 따라서 가까운 곳에는 자주 사용하는 것만 둘 것이다. 또한, 모두가 티슈를 자기 앞에 둔다면 다른 사람은 바로 사용할 수 없게 된다.

그림 5.1 게으른 사람의 행동과 캐시는 닮았다?

캐시에는 다음과 같은 특징이 있다.

- 일부 데이터를 데이터 출력 위치와 가까운 지점에 일시적으로 저장한다
- 데이터 재사용을 전제로 한다

5.1.2 어디에 사용되나?

캐시는 다양한 곳에서 이용되고 있지만, 몇 가지 구현 예를 보도록 하자.

브라우저 캐시(그림 5.2)는 웹 브라우저가 접속한 페이지를 캐시하는 것이다. 이를 통해 웹 서버 접속을 줄이고 브라우저 표시를 고속화할 수 있다.

웹 서버 자체 부하를 줄이는 다른 한 가지 방법으로 웹 서버와 클라이언트 사이에 캐시 서버를 배치하는 방법이 있다(그림 5.3). 3장에서도 다뤘지만, 요즘에는 캐시 서버를 서버 앞에 두는 대신에 CDN(Content Delivery Network)이라는 웹 서버가 아닌 다른 네트워크에 웹 콘텐츠 캐시를 배치하는 구조를 이용하기도 한다. 상용 서비스로는 아카마이(Akamai) 등이 유명하다.

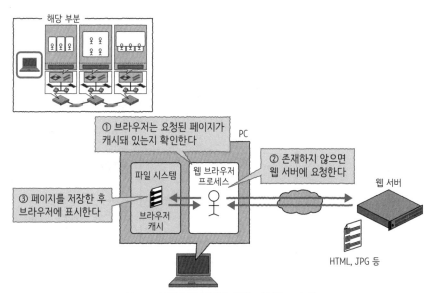

그림 5.2 브라우저 캐시로 화면 표시를 고속화

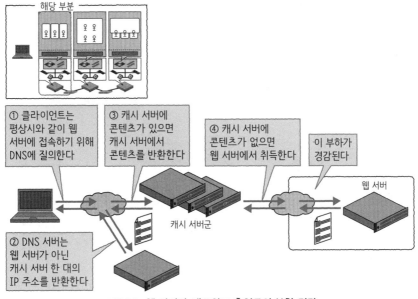

그림 5.3 **웹 서버와 네트워크 출입구의 부하 경감**

5.1.3 정리

마지막으로, 캐시의 장단점과 주의점을 정리해 보자.

캐시의 주요 장점은 다음과 같다.

- 데이터에 고속으로 액세스할 수 있다
- 실제 데이터에 대한 액세스 부하를 줄일 수 있다

일상 생활에서 아무거나 가까운 곳에 쌓아 두면 정리가 귀찮아지듯이, 캐시에도 적합한 데이터와 주의할 점이 있다. 캐시는 고속으로 액세스할 수 있지만, 데이터를 잃을 위험이 있어서 캐시 데이터가 손실돼도 괜찮은 경우에 주로 사용한다.

적합한 시스템(그림 5.4)

1. 참조 빈도가 높은 데이터

몇 번이고 같은 데이터를 참조한다면 캐시에 배치해서 고속으로 데이터에 액세스할 수 있다.

2. 캐시의 데이터가 손실돼도 문제가 없는 시스템

예를 들어, 스트리밍 데이터 등은 갱신이 없기 때문에 캐시에 장애가 발생해도 원 데이터를 다시 캐시에 배치하기만 하면 복원이 가능하다. 이런 읽기 전용 데이터에 적합하다.

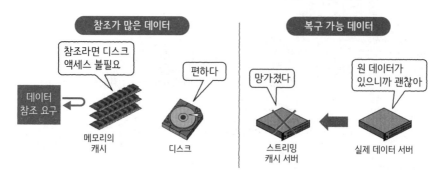

그림 5.4 **캐시는 읽기 전용 데이터에 강하다**

부적합한 시스템

1. 데이터 갱신 빈도가 높은 시스템

데이터 갱신이 빈번하게 발생하는 경우는 갱신 시마다 캐시해야 해서 바로 액세스하는 경우와 차이가 없다. 따라서 캐시에 의한 성능 향상을 기대할 수 없다. 또한, 데이터 변경이 발생하면 그 변경을 유지하기 위해 디스크 등의 영구 기록 장치에 기록할 필요가 있다. 오라클 DB는 캐시 데이터만 갱신해도 응답을 반환하기 때문에 빠르지만, 트랜잭션을 디스크에 기록하는 등 여러 가지 기술이 적용되고 있다. 또한, 저장소의 쓰기 캐시도 이중화를 통해 데이터 캐시 장애에 대비하고 있다.

2. 대량의 데이터에 액세스하는 시스템

데이터 액세스 시에 수백 GB 이상의 큰 데이터를 참조하는 경우는 캐시 크기도 커지며, 캐시에 배치하기까지도 많은 시간이 걸린다. 예를 들어, 분석 시스템에서는 캐시에 데이터를 두는 것은 적합하지 않다.

주의할 점은 다음과 같다.

- 데이터가 실제 데이터와 캐시라는 이중 구조로 저장되기 때문에 리소스 소비가 늘어난다. 설계 시에는 어떤 데이터를 캐시하는 것이 효과적인지를 검토해야 한다
- 시스템 가동 직후 등에는 캐시에 데이터가 없기 때문에 원하는 성능이 나오지 않을 수 있다
- 캐시 계층이 늘어나기 때문에 시스템 성능 문제나 데이터 불일치 문제가 발생한 경우는 문제 발생을 야기한 용의자가 늘어난다
- 캐시의 데이터가 손실되는 경우를 대비해서 복구 순서를 설계 시에 확립해야 한다
- 갱신 데이터(쓰기 데이터)를 캐시할 때 캐시가 여러 개 있으면 갱신된 최신 데이터를 서로 뺏으려는 상태가 발생하지 않도록 주의해야 한다(티슈 예를 생각하자)

5.2 끼어들기

5.2.1 끼어들기란?

어떤 원인으로 인해 지금 하고 있는 일을 중단하고 급히 다른 일을 하는 것을 끼어들기[1]라고 한다. 끼어들기라고 하면 '방해한다'라는 뉘앙스가 들 수 있지만, 급한 일을 먼저 하도록 CPU에 알리는 중요한 역할을 한다.

구체적으로는 PC에서 애플리케이션이 처리를 하고 있는 동안에도 키보드를 누르면 문자가 입력되지만, 이것은 '끼어들기' 처리에 의한 것이다. 예를 들어, 키보드로 문자를 입력했는데 화면에 곧바로 표시되지 않는다면 스트레스를 받을 것이다. 실제로는 입력하면 바로 반응하는데, 이것은 끼어들기 구조 덕분이다.

사람의 행동을 예로 들면, PC로 서류를 작성하고 있는 동안에 동료가 '고객이 전화했어'라는 얘기를 하면, 서류 작성을 일단 중지하고 전화를 받아서 고객과 대화를 한다. 전화가 끝나면 다시 서류 작업을 시작한다(그림 5.5). 서류를 작성하고 있다고 해도 누가 말을 걸거나 어깨를 치면 대부분은 반응을 하기 마련이다.

---

1 끼어들기보다는 주로 인터럽트(Interrupt)라고 많이 부르는데, 이 책에서는 '끼어들다'나 '중단'의 의미로서 끼어들기로 표기하고 있다.

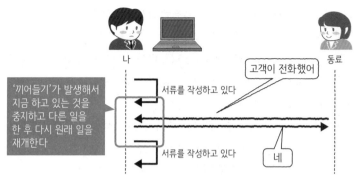

'끼어들기'가 발생해서 지금 하고 있는 것을 중지하고 다른 일을 한 후 다시 원래 일을 재개한다

고객이 전화했어

서류를 작성하고 있다

서류를 작성하고 있다

네

나

동료

그림 5.5 일하고 있는 중에 전화를 받는 것은 '끼어들기'다

5.2.2 자세히 보자

컴퓨터 세계의 끼어들기도 비슷하다. CPU에서 애플리케이션 프로세스나 스레드 처리를 하고 있더라도 키보드로 정보가 입력되면 끼어들기가 발생해서 CPU가 짧은 순간 다른 처리를 한 후 다시 원래 처리를 진행한다. 그림 5.6을 보자.

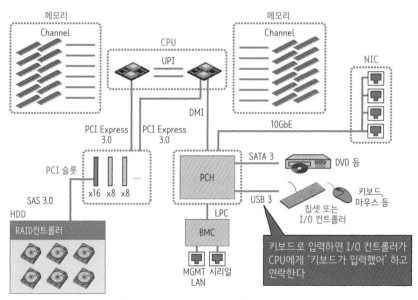

그림 5.6 키보드 입력은 I/O 컨트롤러를 통해 CPU에 전달된다

키보드로 입력하면 I/O 컨트롤러가 CPU에게 연락을 해서 키보드 입력이 처리된다. 끼어들기에는 다양한 종류가 있다. 예를 들어, 정기적으로 해야 할 일을 알려 주는 타이머 끼어들기, 데이터를 메모리에 모두 읽었다는 것을 CPU에게 알려 주는 끼어들기, 현재 동작 중인 프로그램에 중대한 에러가 발생했을 때 급하게 프로그램 프로세스를 정지시키는 예외 처리 등이 있다.

정리하면 다음과 같다.

- 끼어들기는 급한 일이 생겨서 지금 진행 중인 일을 중단하고 급한 일을 끝낸 후에 다시 원래 일을 진행하는 것이다. 일하는 동안에 전화가 와서 일을 중단하고 전화를 받은 후 다시 하던 일을 진행하는 것과 같다
- 구체적으로는 키보드 입력 등의 특정 이벤트가 발생했을 때 CPU에 이것을 알려서 해당 이벤트에 대응하는 처리를 끝낸 후 원래 하던 처리를 계속하는 것이다

5.2.3 어디에 사용되나?

그림 5.7을 보자.

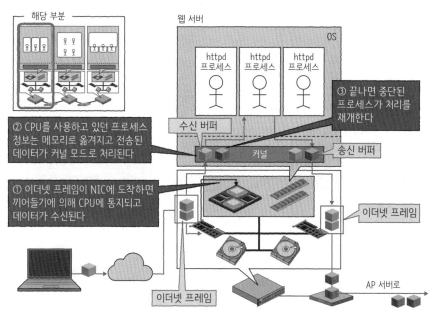

그림 5.7 네트워크에서 데이터를 수신할 때 발생하는 끼어들기

예를 들어, 브라우저가 웹 사이트에 접속하면 서버의 NIC에 이더넷 프레임이 도착한다. 이더넷 프레임이 도착하면 NIC를 통해 CPU에 끼어들기가 발생하고, CPU를 사용하고 있던 프로세스 정보가 메모리에 저장된 후 일시적으로 CPU를 빼내서 데이터를 수신한다. 끝나면 중단했던 프로세스 처리가 재개된다. 이와 같이 입출력 장치가 CPU에게 통지하는 끼어들기를 하드웨어 끼어들기라고 한다. 네트워크에 대해서는 6장에서 자세히 설명하겠다. 여기서는 네트워크 통신으로 데이터가 도착하면 끼어들기로 처리된다는 것 정도만 알면 된다.

다음은 그림 5.8을 보자. 프로세스나 스레드가 허가되지 않은 메모리 위치에 액세스하려고 하면, '조각화(Segmentation) 위반'이라 불리는 예외가 발생해서 OS에 의해 프로세스가 강제 종료된다. 이것도 끼어들기의 일종으로, '예외'나 '소프트웨어 끼어들기' 등으로 불린다.

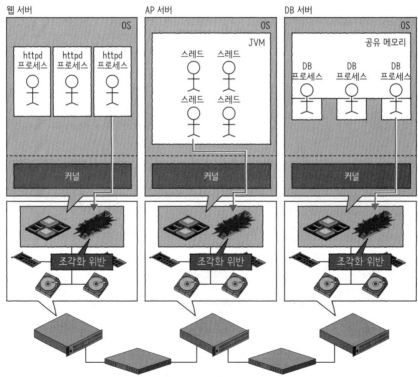

그림 5.8 **조각화(Segmentation) 위반 예외**

5.2.4 정리

끼어들기는 어떤 일이 발생하면 연락하는 '이벤트 주도' 구조다. 반면에 CPU가 정기적으로 폴링(Polling)(5.3절 '폴링' 참조)을 해서 입출력 장치 상태를 확인하는 방법도 있지만, 폴링 간격이 길면 (예를 들어) 디스크 I/O가 완료됐더라도 금방 알아차리지 못한다. 반대로, 간격을 짧게 하면 폴링을 자주 하기 때문에 CPU를 쓸데없이 많이 사용하게 된다. CPU 동작 속도에 비해 입출력 장치의 상태 갱신 빈도가 높지 않다. 따라서 폴링보다 끼어들기를 이용해서 제어하는 것이 효율적이기 때문에 끼어들기를 채택하고 있다.

조금 더 거시적인 관점에서 끼어들기와 폴링을 비교해 보자. 전화는 끼어들기이고, 정기적으로 메일 서버에서 메일을 수신하는 이메일은 폴링이다(참고로, 휴대전화의 문자는 끼어들기다). 5.3절 '폴링'을 읽으면 이 차이점을 알 수 있을 것이다.

5.3 폴링

5.3.1 폴링이란?

폴링(Polling)은 정기적으로 질의하는 것을 가리킨다. 정기적으로 질의함으로써 상대가 어떤 상태인지, 어떤 요구를 가지고 있는지 등을 알 수 있다. 예전에는 폴링이라고 하면 데이터 전송을 제어하는 것을 의미했지만, 현재는 조금 더 범용적인 의미로 사용되고 있다.

집배원의 우편 배달 업무를 예로 들어 보자. 편지를 보내는 사람은 우체통에 넣기만 하면 받는 사람에게 전달된다. 집배원은 우체통 안에 있는 편지가 있든지 없든지 일정표에 따라 우체통을 정기적으로 확인하러 간다. 편지가 있으면 일단 우체국에서 모은 후 배달한다(그림 5.9). 이 동작은 폴링과 같다.

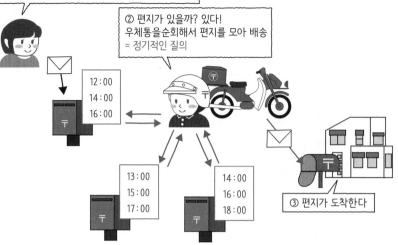

그림 5.9 **집배원의 우편 배달 업무**

폴링에는 다음과 같은 특징이 있다.

- 질의 방향이 단방향이다
- 질의는 일정 간격을 따라 정기적으로 발생한다

폴링의 주요 장점은 다음과 같다.

- 반복(루프)만 하면 되기에 프로그래밍이 쉽다
- 상대가 응답하는지 확인할 수 있다
- 모아서 일괄적으로 처리할 수 있다

폴링과 반대되는 것이 이벤트 주도 또는 끼어들기 방식이다. 이것은 요구가 있을 때만 처리하는 구조다. 각각 장단점 및 주의할 점이 있으니 시스템 특성을 고려해서 선택하도록 하자.

5.3.2 어디에 사용되나?

폴링 구조는 간단해서 다양한 처리에 구현돼 있다. 구현 예로 웹로직(WebLogic) 서버의 내부 감시 기능에 대해 살펴보자(그림 5.10).

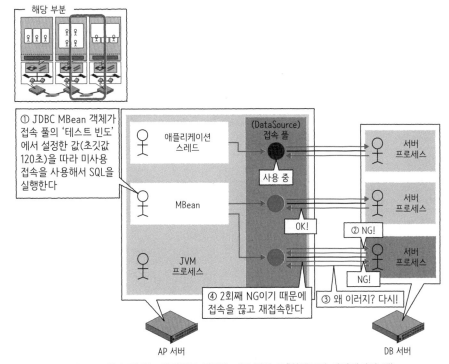

그림 5.10 **접속 감시는 정기적인 폴링을 이용해서 구현(웹로직 서버에서의 예)**

웹로직의 서버 내 감시는 **MBean**이라는 자바 객체를 이용해서 구현돼 있다. 접속 풀이란, AP 서버와 DB 서버 간 연결을 미리 생성해 두어서 애플리케이션이 쉽게 연결을 이용할 수 있게 한 구조다. 미리 생성된 연결이 정상인지를 웹로직이 정기적으로 감시한다.

다른 한 가지 구현 예를 보자. NTP(시간 동기) 처리다(그림 5.11). 시간 동기란, 정기적으로 실시해서 자신의 시간이 맞는지를 확인하는 구조다. 이것도 서버에 정기적으로 질의를 하기 때문에 폴링 구현 중 하나라고 할 수 있다.

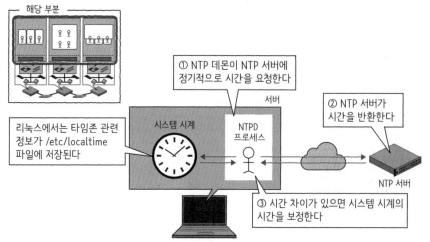

해당 부분

① NTP 데몬이 NTP 서버에 정기적으로 시간을 요청한다

서버

② NTP 서버가 시간을 반환한다

리눅스에서는 타임존 관련 정보가 /etc/localtime 파일에 저장된다

시스템 시계

NTPD 프로세스

NTP 서버

③ 시간 차이가 있으면 시스템 시계의 시간을 보정한다

그림 5.11 **시간 확인은 정기적으로 실시한다**

5.3.3 정리

마지막으로, 폴링의 장단점과 주의점을 정리하겠다.

적합한 처리(그림 5.12)

1. 일정 간격으로 처리를 실행하면 좋은 처리

예를 들어, 메일 클라이언트가 메일 수신 확인을 할 때 메일이 전송된 후 항상 확인할 필요는 없다. 또한, 메일이 오지 않았어도 수신 확인이 동작할 수 있다. 이와 같이 일련의 처리를 할 때 전처리와 후처리가 연계되지 않는 경우에 적합하다.

2. 감시

시스템 컴포넌트가 다운되거나 멈춰 있는 경우에 컴포넌트가 자발적으로 상태를 전달할 수 없다. 외부에서 정기적으로 상태를 확인해야지 컴포넌트 상태를 알 수 있다.

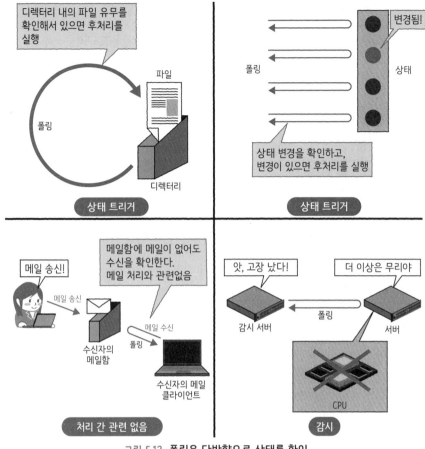

그림 5.12 폴링은 단방향으로 상태를 확인

부적합한 처리

1. 상태가 아닌 입력 내용에 따라 실행 내용을 변경하는 처리

예를 들어, 키보드는 키를 누른 '상태'에 따라 처리 내용이 달라지는 것이 아니라 입력한 내용에 따라 처리가 결정되기 때문에 폴링으로 구현하는 것은 적합하지 않다. 이 경우는 이벤트나 끼어들기를 사용한다.

2. 처리 우선순위를 정해야 하는 처리

일정 간격으로 처리가 실행되기 때문에 처리 우선순위를 정할 수는 없다.

주의 사항은 다음과 같다.

- 네트워크를 경유한 폴링일 때는 처리 지연 시간을 줄이기 위해 폴링 간격을 너무 짧게 잡으면 트래픽 양이 증가하므로 주의가 필요하다. 또한, 서버의 리소스 소비도 늘어난다

5.4 I/O 크기

5.4.1 I/O 크기란?

I/O 크기란 1회의 I/O에 필요한 사이즈, 즉 데이터를 주고 받을 때 사용되는 I/O의 크기를 의미한다. 이 I/O 크기는 인프라 설계나 성능 튜닝에 있어 중요한 개념이다.

물건을 상자에 넣어서 나를 때 적절한 크기의 상자를 사용하면 쉽게 나를 수 있다는 얘기가 있다. 상자가 너무 작으면 상자를 한번에 나를 수 있는 양이 적어져서 빠르게 운반하기가 어렵다. 상자가 너무 커도 쓸데없는 공간이 많아져 빠르게 운반할 수가 없다. 운반하는 양에 따라 적절한 크기를 정하는 것이 매우 중요하다.

그림 5.13을 보자. 3톤 트럭은 1회 운반으로 모든 짐을 옮길 수 있지만, 1톤 트럭으로는 2회로 나누어 운반해야 한다. 1톤 트럭은 약 두 배의 시간이 걸린다. 하지만 트럭 적재량이 크다고 해서 좋은 것은 아니다. 3톤 트럭으로 나를 수 있는 짐을 10톤 트럭으로 나르면 남는 공간이 많이 생기며, 비용도 필요 이상으로 든다. 이와 같이 짐을 나를 때는 적합한 크기의 상자에 넣어야 효율적으로 운반할 수 있다. 택배를 보낼 때 물건에 맞게 상자 크기를 선택하는 것과 같다.

I/O 크기의 특징을 정리하면 다음과 같다.

- 물건을 운반할 때는 상자에 넣으면 효율적으로 관리할 수 있다
- 운반하는 양에 따라 상자 크기를 선택하면 효율적으로 운반할 수 있다

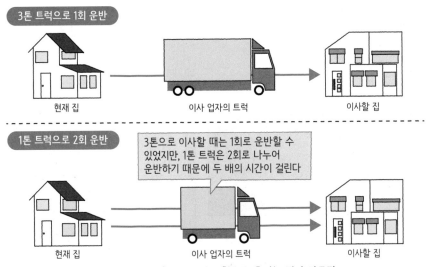

3톤 트럭으로 1회 운반

현재 집   이사 업자의 트럭   이사할 집

1톤 트럭으로 2회 운반

3톤으로 이사할 때는 1회로 운반할 수 있었지만, 1톤 트럭은 2회로 나누어 운반하기 때문에 두 배의 시간이 걸린다

현재 집   이사 업자의 트럭   이사할 집

그림 5.13 **이사할 때는 적은 횟수로 옮기는 것이 빠르다**

5.4.2 어디에 사용되나?

오라클 DB 예

그림 5.14를 보자. 오라클 DB가 데이터 파일을 읽기/쓰기하는 최소 단위를 데이터 블록이라고 하고, 그 크기를 블록 크기라고 한다. 블록 크기가 8KB라고 가정하면, 1바이트의 데이터를 읽는 경우에도 8KB를 읽는다. 블록 크기가 32KB이면 1바이트 데이터를 읽어도 32KB를 읽어야 한다. I/O 크기가 작을 때는 블록 크기를 작게, I/O 크기가 크면 블록 크기를 크게 해야 I/O 효율이 좋아진다. 양쪽 모두에 해당하는 경우에는 중간 크기를 취하면 된다.

이것은 오라클 DB에 해당하는 얘기로, 그 아래 계층도 의식할 필요가 있다. 블록 크기 8KB의 DB 파일을 ext3 파일 시스템에 저장한다고 가정해 보자. ext3 파일 시스템의 블록 크기가 4KB라고 하면 OS 계층에서는 두 개 블록으로 분할된다. 또한, 디스크는 섹터라는 단위로 읽기/쓰기를 하며, 일반적인 섹터 크기는 512바이트다. 섹터 크기는 하드웨어인 디스크의 사양이기 때문에 변경할 수 없다. 데이터 파일의 블록 크기가 8KB이면 파일 시스템의 블록 크기도 8KB로 하는 것이 효율적이다.

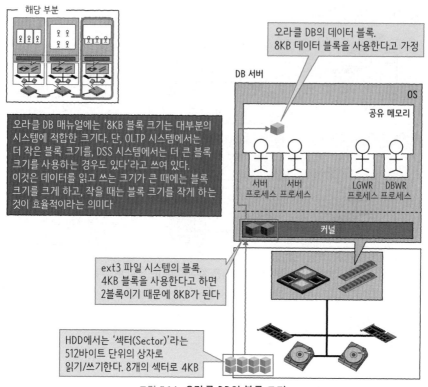

해당 부분

오라클 DB의 데이터 블록.
8KB 데이터 블록을 사용한다고 가정

DB 서버

OS

공유 메모리

오라클 DB 매뉴얼에는 '8KB 블록 크기는 대부분의
시스템에 적합한 크기다. 단, OLTP 시스템에서는
더 작은 블록 크기를, DSS 시스템에서는 더 큰 블록
크기를 사용하는 경우도 있다'라고 쓰여 있다.
이것은 데이터를 읽고 쓰는 크기가 클 때에는 블록
크기를 크게 하고, 작을 때는 블록 크기를 작게 하는
것이 효율적이라는 의미다

서버   서버   LGWR   DBWR
프로세스 프로세스   프로세스 프로세스

커널

ext3 파일 시스템의 블록.
4KB 블록을 사용한다고 하면
2블록이기 때문에 8KB가 된다

HDD에서는 '섹터(Sector)'라는
512바이트 단위의 상자로
읽기/쓰기한다. 8개의 섹터로 4KB

그림 5.14 **오라클 DB의 블록 크기**

여기서 뇌 운동을 해 보자. 〈오라클 DB 관리자 가이드 11g 릴리즈(11.2)〉에 '데이터베이스 블록 크기가 OS 블록 크기와 다르면 데이터베이스 블록 크기가 OS 블록 크기의 배수가 되는 것을 확인해 주세요'라고 쓰여 있는데, 왜 그런 걸까?

그림 5.15를 보자. 파일 시스템 블록 크기가 7KB이고 오라클 DB의 블록 크기가 8KB라고 가정하면, 오라클 DB가 1블록(8KB)을 읽으면 디스크에서 14KB(7KB×2)를 읽어서 그중 6KB는 사용하지 않는다. DB 블록 크기를 파일 시스템 블록 크기의 배수로 설정하면 꽉 채워서 사용할 수가 있다.

반대로, DB 블록 크기보다 파일 시스템 블록 크기가 큰 경우도 마찬가지다. 예를 들어, DB 블록 크기가 4KB이고 파일 시스템 블록 크기가 8KB라면, DB에서 1블록만 읽고 싶어도 8KB를 읽어야 하기 때문에 비효율적이다.

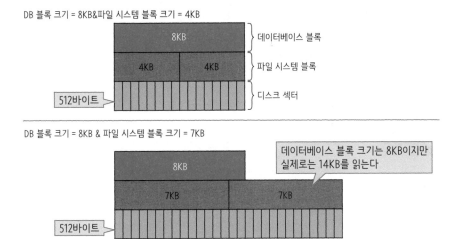

DB 블록 크기 = 8KB&파일 시스템 블록 크기 = 4KB

8KB — 데이터베이스 블록

4KB 4KB — 파일 시스템 블록

512바이트 — 디스크 섹터

DB 블록 크기 = 8KB & 파일 시스템 블록 크기 = 7KB

8KB

데이터베이스 블록 크기는 8KB이지만
실제로는 14KB를 읽는다

7KB 7KB

512바이트

그림 5.15 **데이터 블록 아래 계층을 본다**

네트워크 예

다음은 네트워크 예를 보자.

브라우저로 인터넷에 있는 웹 사이트를 볼 때 PC 내 메모리에 있는 데이터가 NIC를 통해서 밖으로 나오고, 스위치나 라우터를 경유해서 웹 서버에 도착한다. 이때 데이터는 상자에 든 채 운반된다고 생각하면 된다.

이해하기 쉽도록 단순화해서 설명하겠다. 익숙하지 않은 용어가 등장할 수도 있지만, 여기서는 '음, 그런 거야?'라고 개념만 잡고 읽어 나가도록 하자.

웹 브라우저가 데이터를 전송할 때는 OS의 소켓이라는 구조를 사용한다. 웹 브라우저는 OS에 의뢰해서 소켓을 만들어 통신한다. 소켓을 작성하면 소켓 버퍼라는 상자가 만들어진다. 소켓 버퍼에는 송신 버퍼와 수신 버퍼가 있으며, 웹 브라우저가 송신하는 경우도 송신 버퍼에 쓴다(그림 5.16). 이 버퍼가 차면 OS에 의해 TCP 세그먼트라는 상자로 분할되고, TCP 헤더, IP 헤더, MAC 헤더라는 편지 수신자 같은 정보를 붙여서 이더넷 프레임이라는 상자에 넣어 전송한다(그림 5.16, 5.17).

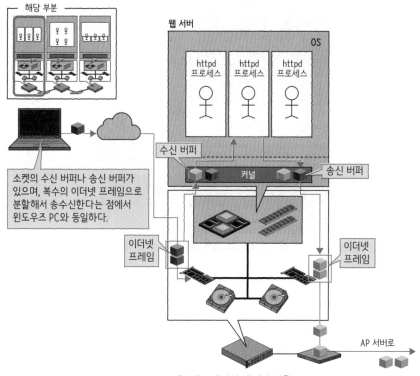

해당 부분

웹 서버

OS

httpd
프로세스

httpd
프로세스

httpd
프로세스

수신 버퍼

커널

송신 버퍼

소켓의 수신 버퍼나 송신 버퍼가
있으며, 복수의 이더넷 프레임으로
분할해서 송수신한다는 점에서
윈도우즈 PC와 동일하다.

이더넷
프레임

이더넷
프레임

AP 서버로

그림 5.16 **네트워크에서의 데이터 분할**

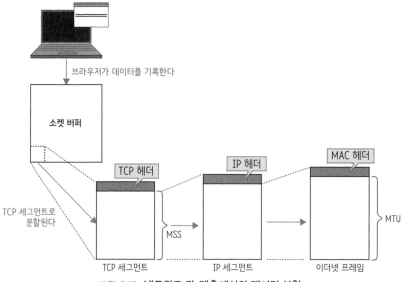

브라우저가 데이터를 기록한다

소켓 버퍼

TCP 헤더

IP 헤더

MAC 헤더

TCP 세그먼트로
분할된다

MSS

MTU

TCP 세그먼트

IP 세그먼트

이더넷 프레임

그림 5.17 **네트워크 각 계층에서의 데이터 분할**

송신 버퍼가 TCP 세그먼트로 분할될 때 MSS(Maximum Segment Size)를 초과하지 않는 범위에서 분할된다. IP 소켓의 최대 크기를 MTU(Maximum Transfer Unit)라고 한다. PC 로 인터넷을 할 때 의식할 필요는 없지만, 대량의 데이터를 고속으로 전송해야 하는 IT 시스템에서는 소켓 버퍼나 MTU 크기를 튜닝하기도 한다.

그림 5.18을 보자. 입출력 시에 MTU 크기가 같다면 그대로 송신되지만, 경로 도중에 있는 라우터의 MTU 크기가 작게 설정돼 있으면 웹 서버가 송신하는 패킷이 경로 도중 에 더 작게 분할돼서 오버헤드가 발생하고, 이는 성능 저하로 연결될 수 있다.

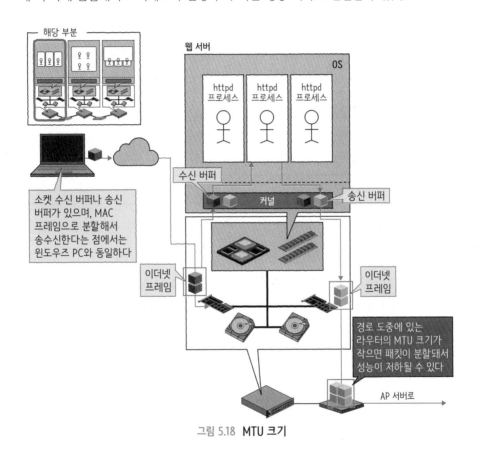

그림 5.18 **MTU 크기**

또한, 대량의 데이터를 송신하기 위해 처리량을 올리고 싶은 경우는 소켓 버퍼 크기를 크게 하거나 MTU 크기를 크게 해서 튜닝을 하기도 한다. 중요한 것은 모든 통신 경로의 파라미터를 적절하게 설정해야 한다는 것이다. 일부 설정을 변경하더라도 경로상에 있는 모든 통신이 제대로 설정돼 있지 않으면 효과를 볼 수 없다.

5.4.3 정리

정리하자면, 큰 상자는 대량의 데이터를 빠르게 운반할 수 있으며(처리량 중시), 작은 상자는 소량의 데이터를 빠르게 운반할 수 있다(지연 시간 중시)고 할 수 있다. 예를 들어, 오라클 DB에서 연속으로 대량의 데이터를 읽는 경우는 'db file scattered read'라는 1회 I/O로 대량의 데이터를 읽는 방식을 사용하고, 최소 단위 데이터만 읽고 싶으면 'db file sequential read'라는 1블록만 읽는 방식을 사용한다. 'db file scattered read'는 처리량 중시, 'db file sequential read'는 지연 시간 중시라고 볼 수 있다.

5.5 저널링

5.5.1 저널링이란?

저널(Journal)은 트랜잭션이나 매일 갱신되는 데이터의 변경 이력을 가리킨다. 저널을 남겨 두는 것을 저널링(Journaling)이라고 한다.

만약 지갑을 잃어버렸다면 어떻게 하겠는가? 그날 방문했던 장소를 다시 살펴볼 것이다. 이때 자신이 지나간 길을 모두 기록했다면 찾을 확률이 높아진다(그림 5.19). 저널링은 이와 같이 언제, 어디서, 무엇을 했는지 상세하게 기록해서 시스템 장애가 발생했을 때 어디까지 정상 처리됐는지, 그리고 어디부터 재실행하면 좋을지 알 수 있게 하는 기능이다.

저널은 다음과 같은 특징을 가지고 있다.

- 데이터 자체가 아닌 처리(트랜잭션) 내용을 기록한다
- 데이터 일관성이나 일치성이 확보되면 필요 없어진다
- 데이터 복구 시 롤백(Rollback), 롤포워드(Rollforward)(뒤에서 설명)에 이용된다

그림 5.19 **발자취를 기록해 두는 것이 저널링**

5.5.2 어디에 사용되나?

다음은 저널링 구현 예를 보여 주고 있다. 데이터를 처리하는 기능의 대부분은 저널링이 구현돼 있으며, 다른 데이터 보호 구조도 존재한다.

리눅스의 ext3 파일 시스템

ext3 파일 시스템은 저널링 기능을 갖추고 있으며, 파일 I/O도 트랜잭션으로 간주된다. 단, 오라클 DB와 달리 트랜잭션 시에 버퍼 정보를 디스크에 기록하지 않기 때문에 버퍼에 있는 최신 데이터를 잃을 수도 있다. 완전하진 않지만 가능한 한 데이터를 보호하기 때문에 최상의 선택이라고 할 수 있다.

기본 설정에서는 5초에 한번 기록되지만, 데이터 파손이 허용되지 않는 경우에는 이 간격을 짧게 설정하는 것이 좋다. 그림 5.20의 예는 ext3 파일 시스템의 저널링 구조를 보여 주고 있다. fsck라는 명령을 실행하면 저널링에 의한 복구 작업이 진행된다.

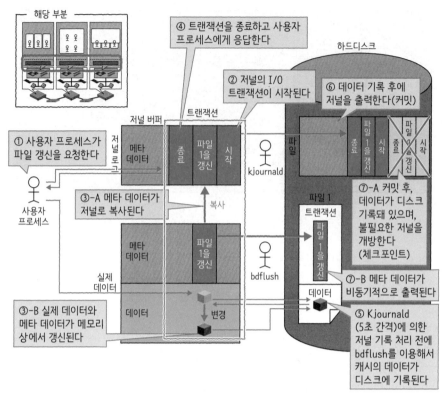

그림 5.20 **리눅스의 ext3 저널링은 최상의 선택**

오라클 DB

그림 5.21은 오라클 DB의 저널 구조를 보여 주고 있다. 오라클 DB의 저널은 REDO 로그라 불린다. 오라클 이외의 DB에서는 WAL(Write Ahead Log, 로그 선행 쓰기)이라 고 부르기도 한다. 트랜잭션 종료 시(커밋 시)에 버퍼가 디스크에 기록되지만, 기록 중 인 REDO 로그(현재 REDO 로그라고 한다)가 파손된 경우에는 데이터를 최신 상태로 복 원할 수 없다. 이 때문에 오라클 DB에서는 Redo 로그를 이중화[이중화된 로그를 멤버 (Member)라고 한다]해서 보호한다.

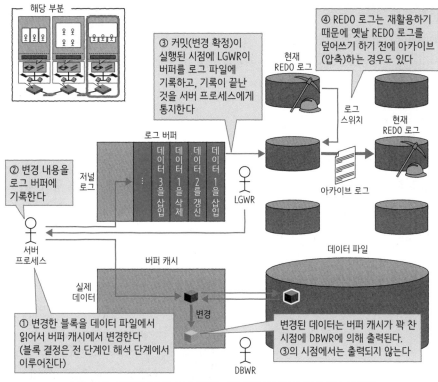

해당 부분

③ 커밋(변경 확정)이
실행된 시점에 LGWR이
버퍼를 로그 파일에
기록하고, 기록이 끝난
것을 서버 프로세스에게
통지한다

④ REDO 로그는 재활용하기
때문에 옛날 REDO 로그를
덮어쓰기 하기 전에 아카이브
(압축)하는 경우도 있다

현재
REDO 로그

로그
스위치

현재
REDO 로그

로그 버퍼

② 변경 내용을
로그 버퍼에
기록한다

저널
로그

데이터 3을 삽입 데이터 1을 삭제 데이터 2을 갱신 데이터 1을 삽입

LGWR

아카이브 로그

서버
프로세스

버퍼 캐시

데이터 파일

실제
데이터

① 변경한 블록을 데이터 파일에서
읽어서 버퍼 캐시에서 변경한다
(블록 결정은 전 단계인 해석 단계에서
이루어진다)

변경

변경된 데이터는 버퍼 캐시가 꽉 찬
시점에 DBWR에 의해 출력된다.
③의 시점에서는 출력되지 않는다

DBWR

그림 5.21 **오라클 DB의 쓰기 처리는 저널(REDO 로그)에 의해 보장된다**

5.5.3 정리

마지막으로, 저널링의 장단점과 주의점을 정리해 보자.

먼저, 장점은 다음과 같다.

- 시스템 장애 시 복구가 빠르다
- 데이터 복제보다도 적은 리소스를 소비해서 데이터를 보호할 수 있다

이와 같이 저널링은 데이터 안정성을 높이기 위한 목적으로 사용된다. 이것을 고려해서
적합 시스템과 부적합 시스템을 보면 다음과 같다.

적합한 시스템

1. 데이터 갱신이 발생하는 시스템

데이터를 갱신하는 시스템에서는 트랜잭션 내용을 기록해 둠으로써 데이터 안정성을
높일 수 있다.

부적합한 시스템

1. 데이터 안정성보다 성능을 요구하는 시스템

저널링을 하면 기록 처리 시 오버헤드가 발생하기 때문에(그림 5.22) 성능을 중시하는 시
스템이라면 이 오버헤드를 줄일 방법을 검토해야 한다. 예를 들어, 캐시 서버 등 실제
데이터가 다른 장소에 있는 서버에서는 부적합하다.

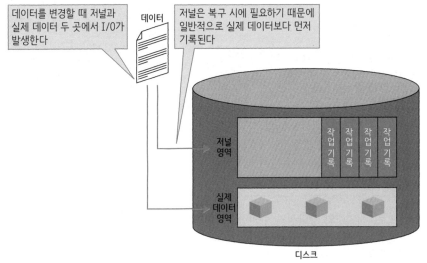

그림 5.22 **데이터 갱신 시에 저널 영역과 실제 데이터 영역 두 곳에서 I/O가 발생한다**

그러면 저널을 사용한 복구는 어떤 식으로 진행될까? 여기서 복구 방식인 롤백, 롤포워
드에 대해 설명하겠다. 그림 5.23을 보자.

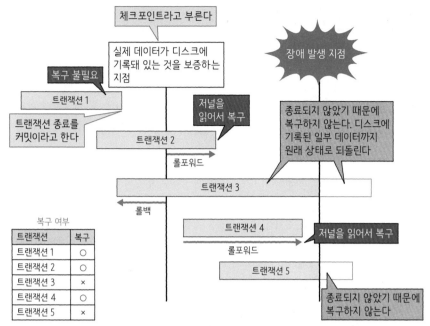

그림 5.23 **저널을 사용한 복구는 두 가지 방식이 있다**

롤백은 저널을 읽어서 실제 데이터 정보를 과거를 되돌리는 처리이고, 롤포워드는 저널을 읽어서 실제 데이터 정보를 앞으로 진행시키는 처리다. 이 처리는 트랜잭션 단위로 실행된다.

저널링의 주의점은 다음과 같다.

- 저널 데이터는 메모리의 버퍼에 일단 저장된다. 이 정보가 디스크에 기록되지 않으면 장애 시에 잃을 수 있다. 이 때문에 시스템 요건에 따라 버퍼의 디스크 기록 시점을 검토, 조정해야 한다. 하지만 기록 빈도가 많으면 오버헤드도 높아지기 때문에 절충해서 검토해야 한다

- 저널은 트랜잭션 단위로 일치성을 보증하기 때문에 트랜잭션 도중에 장애가 발생하면 종료되지 않은 트랜잭션은 파괴된다. 하나의 트랜잭션 단위가 크면 트랜잭션 도중에 장애가 발생할 가능성이 높다. 따라서 트랜잭션이 길어지지 않도록 설계해야 한다

파일 시스템에서 주의가 필요한 것은 하드웨어 장애 시의 동작이다. 예를 들어, 파일을 기록하고 있는 중에 서버가 다운되면 해당 파일은 어떻게 될까? 기록이 끝나지 않은 상태의 내용이 그대로 노출되면 다른 프로세스는 해당 파일이 기록 도중에 실패한 것인지, 아니면 기록이 끝난 파일인지를 판단할 수 없어서 불일치가 발생할 수 있다.

이것을 보증하기 위한 구조로 두 가지가 있다. 하나는 저널링으로, 이미 앞에서 설명한 것이다. 다른 한 가지는 섀도우 페이징(Shadow Paging) 구조다.

저널링은 데이터와 변경 정보로 나누어 기록해서 성능은 물론 장애 발생 시 대처 능력도 확보할 수 있다.

한편, 섀도우 페이징은 저널링처럼 변경 정보를 작성하지 않고 파일 갱신은 모두 '신규 영역'에서 한다. 그리고 이것이 모두 완료된 시점에 파일이 참조할 위치를 이전 영역에서 신규 영역으로 순식간에 교체하는 방식이다(그림 5.A).

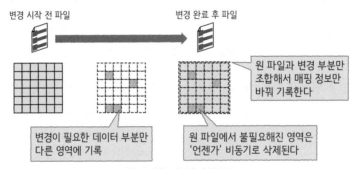

그림 A **섀도우 페이징 구조**

이 방식의 장점은 데이터 변경 중에 장애가 발생해도 갱신이 진행됐다는 것을 다른 사람이 알 수 없다는 것이다. 즉, 순식간에 'All or Nothing'(모두 처리하거나 아니면 아무 처리도 발생하지 않음) 변경을 진행한다.

이것은 DB 세계에서 말하는 원자성(Atomicity)과 같은 것이다.

5.6 복제

5.6.1 복제란?

복제(Replication)는 DB나 저장소 등에서 자주 사용되는 기술이다. IT 시스템에서는 각종 재해에 대비해서 멀리 떨어진 장소에 데이터 센터를 구축해서 예비 시스템에 데이터를 복제하는 경우가 있다. 또한, 대규모 웹 서비스에서는 대량의 사용자 접속에 대비해서 동일 데이터를 여러 서버에 복제해서 부하분산을 하기도 한다. 복제 목적은 다양하며, 구조도 여러 가지가 있다. 그러면 복제에 대해 좀 더 자세히 살펴보자.

복제는 복사본을 만드는 것을 의미한다. 복사본이 있으면 원래 데이터가 없어져도 다른 것으로 대체할 수 있다(데이터 보호). 또한, 복사본을 활용해서 부하를 분산할 수도 있다. 한 부만 있는 자료를 여러 사람이 읽으려면 복사를 해서 각자에게 자료를 제공하는 것이 좋다(그림 5.24).

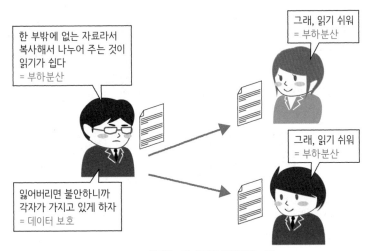

그림 5.24 **복제는 데이터를 복사하는 것**

복제의 주요 특징으로 다음 두 가지를 들 수 있다.

- 장애 시 데이터 손실을 예방할 수 있다
- 복제를 이용한 부하분산이 가능하다

이런 특징에 의해 다음과 같은 장점을 얻을 수 있다.

- 사용자가 데이터에 액세스할 때 복제한 것이라는 것을 의식할 필요가 없다
- 복제 데이터를 캐시처럼 사용할 수 있다

5.6.2 어디에 사용되나?

저장소 복제를 구체적인 예로 들어 설명하겠다. 그림 5.25를 보자.

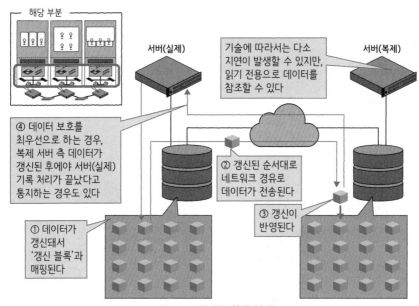

그림 5.25 **데이트 블록 복제**

저장소 제조사별로 조금씩 구조가 다르지만, 기본 개념은 그림 5.25와 같다. 블록 단위로 증감 데이터만 복제 위치에 반영해서 데이터 전송량을 줄인다. 복제 전송량은 실제 갱신 데이터 양에 비례한다. 또한, 데이터 보호를 최우선으로 할 때는 쓰기 처리 시 데이터가 복제되기까지 기다리는 모드가 있다. 4장의 4.2절 '동기/비동기'에서도 설명했지만, 기다리는 것이 동기, 기다리지 않는 것이 비동기다.

조금 더 상위 계층의 복제 예로 MySQL 복제를 보도록 하자(그림 5.26).

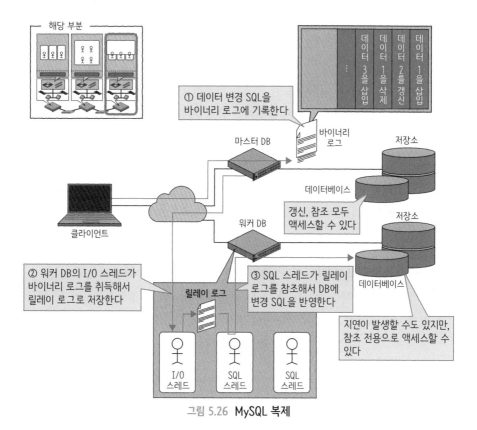

그림 5.26 **MySQL 복제**

MySQL 복제는 데이터 '추가, 갱신, 삭제' 등의 변경 처리(즉, 트랜잭션)를 복제 측으로 보낸다. 실제 데이터 블록을 전송하는 것이 아니기 때문에 복제 데이터 전송량을 줄일 수 있다. 복제 전송량은 트랜잭션 수와 비례한다.

복제를 통해 데이터의 최종 복사본이 다른 곳에 생성되며, 이 복사본을 캐시처럼 사용할 수도 있다. 두 곳에 동일한 데이터가 존재하므로 클라이언트는 가까운 곳에 있는 복사본을 읽을 수 있으며, 한쪽 서버의 부하가 높다면 다른 쪽에 있는 부하가 낮은 서버에서 복사본을 읽는 방식도 고려할 수 있다.

5.6.3 정리

마지막으로, 복제의 장단점을 고려한 적합/부적합 시스템 및 주의할 점에 대해 알아보도록 한다.

데이터 손실 예방이라는 이점만 보면 복제는 무조건 해야 하는 좋은 기술이라 생각할수 있지만, 역시 부적합한 시스템이나 주의할 점이 존재한다.

적합한 시스템(그림 5.27)

1. 데이터 손실을 허용하지 않고 장애 시 복구 속도가 빨라야 하는 시스템

실제 데이터에 장애가 발생한 경우에 바로 복제 위치로 변경해서 서비스를 계속해야 하는 시스템.

2. 데이터 참조와 갱신 부분이 나뉘어져 있으며, 참조가 많은 시스템

예를 들어, 데이터 갱신용 서버가 한 대 있고 복제 위치 서버는 참조용으로만 사용하는경우, 복제 위치 서버를 여러 대 구축해서 부하를 분산하고 확장성을 향상시킬 수 있다.

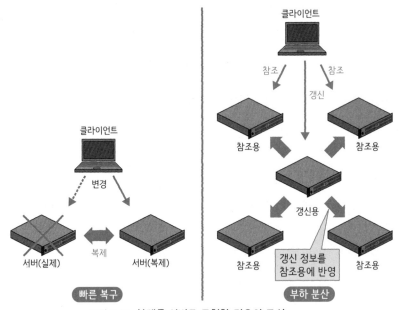

그림 5.27 **복제를 서버로 구현한 경우의 구성**

물론 서버 간 관계에서뿐만 아니라 서버 내부에도 복제 기술이 다수 탑재돼 있다. 이번 예는 간략화해서 설명하고 있다고 생각하면 된다.

부적합한 시스템

1. 데이터 갱신이 많은 시스템

데이터 갱신이 많은 시스템에 적용하면 복제 대상 데이터가 많아지기 때문에 오버헤드가 높아진다. 또한, 경합 위험을 줄이기 위해 갱신은 한곳에서 하는 것이 바람직하다. 이 때문에 갱신 처리의 부하분산에는 적합하지 않다.

이용 시에는 다음과 같은 주의 사항이 있다.

- 복제 위치가 많으면 갱신이 많은 시스템과 같이 복제 오버헤드가 높아진다
- 실제 데이터와 복제 데이터를 완전히 일치시키고 싶으면 복제 데이터의 쓰기 완료 처리를 보장해야 한다. 이 경우 시스템 응답이 악화될 수 있다
- 시스템 유지관리나 장애 시에는 복제 데이터도 고려해야 하므로 설계나 운용 난이도가 높아질 수 있다
- 복제 데이터와 실제 데이터의 차이가 커지면 그 차이를 채우기 위한 시간이나 성능도 고려해야 한다

5.7 마스터-워커

5.7.1 마스터-워커란?

마스터-워커(Master-Worker)는 주종 관계를 가리킨다. 약간 심하게 말하자면, 명령하는 쪽과 명령을 받는 쪽의 관계라 할 수 있다[2]. 이 구조에서는 한 명이 관리자가 돼서 다른 모든 것을 제어하게 된다. 반대로, 상호 관리라는 의미에서는 피어 투 피어(Peer-to-Peer, P2P) 관계도 성립한다.

---

2   예전에는 마스터-워커로 표현하는 경우가 많았지만, 노예라는 부정적 의미로 인해 최근에는 워커처럼 다른 용어로 대체되고 있다.

예를 들어, 한 가족의 가계를 관리할 때 한 명이 관리하는 것과 가족 모두가 관리하는 것 중 효율적인 방식은 어떤 것일까? 그림 5.28에서는 관리 대상은 '돈'이며, 이것을 가족 모두가 공유한다. 즉, 단일 '리소스'이자 유한한 '리소스'가 돈이다. 이것을 여러 사람이 관리할 때는 자신이 얼마 정도 사용했는지는 알아도 다른 사람이 사용한 금액은 파악할 수 없다. 누군가 간신히 적자가 나지 않도록 관리하더라도 다른 가족이 얼마나 사용하고 있는지 모르기 때문에 이미 적자 상태에 있을 가능성도 있다.

이렇게 유한한 리소스를 관리할 때는 어떤 한 사람이 관리하는 것이 효율적이다. 세상의 많은 아버지들이 '용돈'을 받아 쓰는 것도 이런 효율적인 측면을 고려했기 때문이리라.

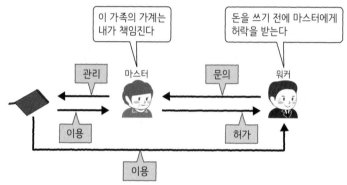

그림 5.28 **가족 내에서의 마스터-워커 관계**

같은 리소스를 여러 사람이 분담해서 관리할 때는 '누가', '어디까지' 감시하고 있는가에 대한 정보를 알 필요가 있다. 이 정보는 구체적으로 어디에 배치해야 할까? 관리 정보를 매번 상호 통신으로 교환하면 부하가 높아져서 비효율적이다.

단, 관리 대상 리소스를 공유하고 있지 않은 경우는 어떨까? 예를 들어, 각자가 개별적으로 지갑을 가지고 있으면 마스터가 필요 없고 피어 투 피어 관리가 효율적이다(그림 5.29). 리소스를 공유하고 있는 경우이지만, 리소스가 무한대로 있으면 어떨까? 현실 세계에서는 무한한 것은 없지만, 여기서는 '어느 범위 내에서는 무한하다'라고 가정해 보자. 이때는 각자가 마음대로 관리해도 문제가 없기 때문에 피어 투 피어라도 괜찮다.

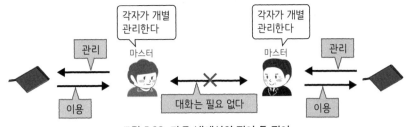

그림 5.29 **가족 내에서의 피어 투 피어**

마스터-워커 특징을 정리하면 다음과 같다.

- 마스터-워커는 상호 접속 관계의 일종으로, 한 사람이 관리자가 돼서 모든 것을 제어한다
- 마스터-워커의 반대가 피어 투 피어다

5.7.2 어디에 사용되나?

시스템 세계에서는 앞 절(5.6절)에서 소개한 복제가 좋은 예가 될 수 있다. 실제 데이터가 마스터로, 어떤 정보를 언제 전파할지는 마스터가 결정하며, 어디까지 전파됐는지도 관리한다. 단, 이 구조에서는 하나의 마스터에 대해 다수의 워커가 있는 경우 등 마스터 측 부하가 높아지는 것은 피할 수 없다.

오라클 Real Application Clusters(RAC)

현실 세계에서는 마스터-워커와 피어 투 피어의 장점만 조합해서 이용하는 경우도 있다. 구체적인 예로, 오라클 Real Application Clusters(RAC)의 마스터-워커 구성을 살펴보도록 하자. RAC에서는 여러 대의 물리 서버가 클러스터 구성으로 연결돼 있다. 특정 서버가 마스터가 되는 것이 아니라, 모두가 대등한 관계라서 특정 서버가 다운돼도 데이터베이스 전체 가용성에는 영향을 주지 않는다.

구체적으로는 그림 5.30과 같이 데이터베이스의 데이터를 하나의 물리 서버가 모두 관리하는 것이 아니라, 리소스 단위로 관리 마스터가 달라진다. 만약 물리 서버가 다운된다면 해당 서버가 마스터로 관리하고 있던 리소스는 다른 마스터 서버가 관리하게 된다. 하나의 물리 서버가 관리하고 있다면 이런 문제가 발생했을 시에 작업 인계 시간이

오래 걸려 위험하지만, RAC에서는 분담해서 관리하고 있으므로 다른 서버로의 작업 인계가 단시간 내에 가능하다.

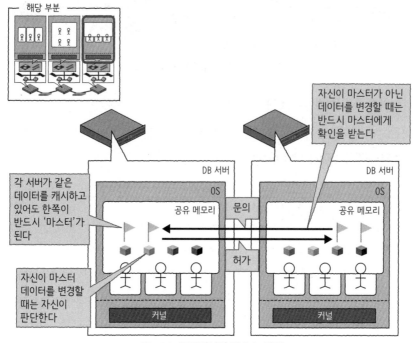

해당 부분

각 서버가 같은
데이터를 캐시하고
있어도 한쪽이
반드시 '마스터'가
된다

자신이 마스터
데이터를 변경할
때는 자신이
판단한다

자신이 마스터가 아닌
데이터를 변경할 때는
반드시 마스터에게
확인을 받는다

DB 서버
OS
공유 메모리
문의
허가
커널

DB 서버
OS
공유 메모리
커널

그림 5.30 RAC에서의 리소스 관리

5.7.3 정리

마지막으로, 마스터-워커의 장단점을 정리해 보자.

마스터-워커의 장점
- 관리자가 한 명이기 때문에 구현이 쉽다
- 워커 간 처리를 동기화할 필요가 없기 때문에 통신량이 줄어든다

마스터-워커의 단점
- 마스터가 없어지면 관리를 할 수 없다(작업 인계 구조가 필요)
- 마스터의 부하가 높아진다

5.8 압축

5.8.1 압축이란?

디지털 데이터는 '압축'을 할 수 있다. 많은 사람들이 'zip 파일'을 익숙하게 사용하고 있을 것이다. 사실 압축 기술은 이미지 파일이나 음악 파일, 그리고 대부분의 통신 기술 등 거의 모든 곳에서 사용되고 있다. 여기서는 어떻게 데이터 압축이 가능한지, 어떤 특징을 가지고 있는지를 알아보자.

먼저, 컴퓨터 얘기를 잠시 접어두고 주변에 있는 압축에 대해 생각해 보자. 일상 생활 중에 어떤 것을 압축할 수 있을까? 예를 들어, 스웨터나 이불 등을 장롱에 넣을 때 압축을 한다. 평상시 사용할 때는 이불에 많은 공기가 들어가 있다. 물론, 잘 때는 그 공기 덕분에 따뜻하지만 수납해야 할 때는 공기가 오히려 부피를 차지해서 불편하다. 즉, 수납 시에는 '쓸데없다'고 할 수 있다. 이런 낭비된 공간을 제거함으로써 이불을 압축할 수 있다(그림 5.31).

실은 디지털 데이터도 이런 쓸데없는 공간을 줄이기 위해 압축을 사용하고 있다.

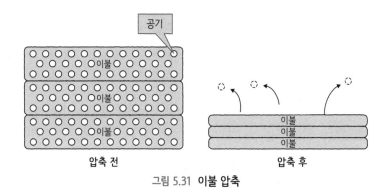

그림 5.31 **이불 압축**

5.8.2 자세히 보자

그러면 디지털 데이터의 '낭비'라는 어떤 것일까? 디지털 데이터에서 교환하는 것은 '정보'다. 즉, 정보의 낭비를 막으면 압축을 할 수 있다.

그러면 낭비되는 정보란 무엇일까? 어떤 것을 생각할 수 있을까? '자신에게 필요 없는 정보'나 '이미 알고 있는 정보'를 들었을 때 의미 없는 정보라고 생각할 것이다.

좀 더 구체적으로 생각해 보자. 예를 들어, '퍼스널 컴퓨터'가 'PC'가 되고, '휴대전화'는 '휴대폰'이 되는 등 말이 점점 짧아지고 있다. 이것도 일종의 정보 압축이라 할 수 있다.

아래 문장을 보자. Central Processing Unit을 CPU라고 처음부터 선언해 두면, 매번 Central Processing Unit이라 쓰지 않아도 돼서 정보가 압축된다.

Central Processing Unit(이하 CPU)는 컴퓨터의 핵심적인 연산 회로다. CPU는 보통 버스라 불리는 신호선을 거쳐서… 대부분의 CPU는… 고성능 CPU나 비타이머형 CPU, 이미지 처리 CPU는 동시에 여러 명령을…

이와 같이 디지털 데이터 압축의 기본은 '중복 패턴 인식'과 그것을 '변경'하는 것이다. 개략적인 예이지만 그림 5.32를 보자. 어떤 파일이 압축 전에는 7가지 패턴으로 구성돼 있다고 하자. 이것을 압축해 보자. 앞의 'CPU' 문장 예와 마찬가지로 먼저 원본 단어를 하나씩 남겨 두고, 각 단어가 어떤 순서로 나열되는지 표로 만들어서 동일 데이터를 표현할 수 있다.

최종적으로는 디지털 데이터는 이진수라는 공통 단위로 표현되기 때문에 그것이 이미지이든 문자열이든 동일한 방법으로 압축할 수 있다.

zip 파일로 압축할 때 어떤 파일은 크기가 작아지지만 어떤 파일은 그대로인 것을 보면서 신기하게 생각한 적이 있을 것이다. 이것은 같은 패턴이 어느 정도 있느냐에 따라 압축률이 달라지기 때문이다. 같은 패턴이 많을수록 압축률이 높아진다(파일 크기가 작아진다)는 것을 의미한다. JPEG 등의 이미지 파일은 이미 압축돼 있어서 중복 패턴이 거의 없는 상태로 압축해도 크기에 변화가 없다.

압축에는 약간이지만 사전 준비를 위한 처리 시간이 필요하다. 특히 zip 압축처럼 빈도가 높은 패턴을 우선적으로 찾아서 변경하는 방식에서는 데이터 전체를 한번 읽어야 해서 시간이 걸린다.

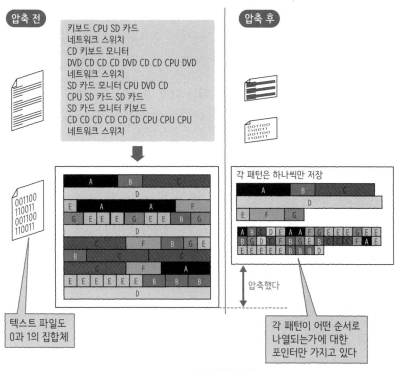

압축 전

키보드 CPU SD 카드
네트워크 스위치
CD 키보드 모니터
DVD CD CD CD DVD CD CD CPU DVD
네트워크 스위치
SD 카드 모니터 CPU DVD CD
CPU SD 카드 SD 카드
SD 카드 모니터 키보드
CD CD CD CD CD CD CPU CPU CPU
네트워크 스위치

압축 후

001100
110011
001100
110011

각 패턴은 하나씩만 저장

001100
110011
001100
110011

텍스트 파일도
0과 1의 집합체

압축했다

각 패턴이 어떤 순서로
나열되는가에 대한
포인터만 가지고 있다

그림 5.32 **중복 패턴 제거**

압축을 하는 장점은 데이터 크기를 줄이는 것이고, 단점은 처리 시간이 걸린다는 것이다. 즉, 데이터 크기와 시간이 상충되는 것이다. 이런 이유로 자주 변경되지 않는 데이터에 효과적이다. 또한, 네트워크 경유의 데이터 전송 등 I/O 속도가 느린 환경에서는 미리 압축해서 전송하면 전체적인 처리 시간을 줄일 수 있다.

가역 압축과 비가역 압축

압축한 데이터를 실제 사용할 때는 원래 상태로 되돌려야 한다. 압축한 이불이 원래 상태로 돌아가지 않고 뻣뻣한 상태 그대로이면 곤란하다. 대부분의 압축 기술에서는 이와 같이 원래 상태로 복구할 수 있는 가역 압축을 이용하지만, 비가역 압축이라는 것도 있어서 원래 상태로 복구할 수 없는 대신에 압축률이 높은 방식이 있다.

예를 들어, 이미지나 음성 데이터에는 사람이 눈으로 식별할 수 없는 세밀한 부분이나 귀로 들을 수 없는 종류의 음성 정보 등 용도에 따라 필요하지 않은 정보도 포함돼 있다. 휴대전화 음성을 생각해 보자. 음질은 좋지만 상대방에게 음성이 도달하기까지 10초가 걸리는 전화와 음질이 나빠서 알아듣기는 힘들지만 음성이 실시간으로 상대방에게 도달하는 전화 중 어떤 것이 실용적일까?'

가역 압축은 '이미 알고 있는 정보'를 제거하는 압축 방식이고, 비가역 압축은 '자신에게 필요 없는 정보'를 제거, 즉 최소 필요 정보만 남겨 두는 압축 방식이다.

압축 기술의 특징을 정리하면 다음과 같다.

- 압축의 기본은 '중복 패턴 인식'과 그것을 '변경'하는 것
- 압축의 장점은 크기를 줄이는 것, 단점은 처리 시간이 걸린다는 것
- 압축한 데이터를 원래대로 복원할 수 있는 가역 압축과 이미지나 음성 데이터 등에 있는 사람이 인식할 수 없는 부분을 생략하는 비가역 압축이 있다

5.8.3 어디에 사용되나?

압축은 이번 절 서두에서 언급한 것처럼 거의 모든 곳에서 사용되고 있는 기술이다. 하지만 데이터 압축은 압축률을 높이면 높일수록 처리 시간이 오래 걸리기 때문에 사용 위치에 따라서 적절한 압축 방법을 선택해야 한다.

여러분이 접해 본 적이 있어서 이해하기 쉬운 것이 zip이라는 파일 압축이다. 서버 내 파일도 필요에 따라 zip 형식 등으로 압축돼 있는 경우가 있다. 대표적인 것이 자바의 jar나 war 파일인데, 실제로는 zip 형식 압축 파일이다. 지금 jar 파일이 있다면 확장자를 zip으로 변경해 보자. 일반 zip 파일처럼 압축 해제가 가능한 것을 알 수 있다.

예를 들어, jar[3] 자체는 자바의 클래스 파일로 구성되지만, 클래스 파일은 해당 애플리케이션 가동 시에 메모리로 읽어서 클래스 인스턴스를 생성한다. 항상 읽는 파일이 아니기 때문에 가동 시에 압축된 클래스 파일을 해제하는 시간은 애플리케이션 속도에 영향을 주지 않는다.

3　압축이라기보다는 하나의 파일로 모은다는 의미가 강하다.

서버와는 관계가 없지만, 여러분이 사용하는 마이크로소프트의 워드(Word)나 파워포인트(Powerpoint) 파일(docx나 pptx 확장자) 형식도 역시 zip으로 압축돼 있다(jar와 같이 zip으로 확장자를 바꾼 후 해제할 수 있다)[4].

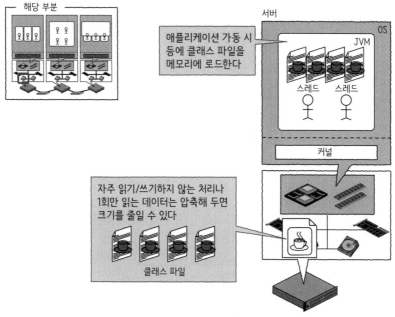

그림 5.33 **jar 파일도 압축돼 있다**

데이터를 최종적으로 저장하는 데이터베이스나 저장 위치인 저장소 서버에서도 압축이 사용된다. 하지만 압축에 시간이 걸려서 쓰기 속도가 떨어지면 곤란하기 때문에 비교적 간단한 압축 구조를 사용하는 경우가 많다. 자주 사용되는 것으로 중복 제거(Deduplication, 디듀플리케이션)라 불리는 것이 있다(그림 5.34). 이것은 기록할 데이터를 일정 단위 블록으로 처리해서 중복된 것을 제거하는 기능이다. 데이터를 기록할 때는 블록의 해시 값을 계산해서 아직 기록되지 않은 블록을 저장하고 기록된 것은 저장하지 않는다. 결과적으로 같은 파일은 당연히 같은 블록으로 구성되기 때문에 몇 개를 저장해도 실제로는 한 개분의 디스크 공간만 차지한다.

---

4 옮긴이 개인적으로도 처음 안 사실이다. 실제로 docx(또는 pptx) 파일을 zip으로 바꾼 후 압축 프로그램으로 열어 보자. 재미있는(?) 파일들이 내부에 들어 있다.

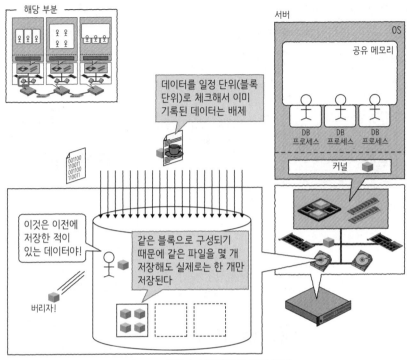

그림 5.34 **저장소 서버에서의 중복 제거**

5.8.4 정리

정리하자면, 압축은 불필요한 공간을 제거해서 데이터 크기를 줄이는 기술을 가리킨다. 크기를 작게 해서 데이터 처리나 교환 시 오버헤드를 줄일 수 있다는 장점이 있지만, 압축/해제 처리로 인해 리소스 부하가 높아지거나 처리 시간이 증가한다는 단점도 있다.

5.9 오류 검출

5.9.1 오류 검출이란?

컴퓨터 세계에서는 다양한 곳에서 데이터 교환이 발생한다. 인터넷에서 누군가의 블로그를 읽을 때도 데이터 교환이 발생한다. 하지만 컴퓨터 세계에서도 완전한 것은 없다. 의도하지 않은 때에 데이터가 망가질 수도 있다. 이것을 방지하기 위해 오류 검출이라 불리는 구조가 있다.

전달 게임을 생각해 보자. 어떤 문장을 떨어져 있는 사람에게 구두로 전달하는 게임이다. 이 전달 게임에서는 최초 문장이 여러 사람을 통해 전달되는 과정에서 의미가 바뀌고, 최종적으로는 원래 의미와 전혀 다른 문장이 전달되는 경우가 많다. 그림 5.35를 보자.

그림 5.35 전달 게임에서의 오류

네 명이 전달 게임을 하고 있다. 오른쪽 끝에 있는 사람에게 도착하기까지 문장이 많이 바뀌었다. 이 예에서 제대로 전달되지 않는 이유는 사람의 기억력이 완벽하지 않거나 주변의 방해가 있기 때문이다.

5.9.2 자세히 보자

전달 게임에서 문장이 제대로 전달되지 않은 것처럼 컴퓨터 세계에서도 비슷한 현상이 발생한다. 디지털 데이터에 오류가 생기는 이유에는 여러 가지가 있지만, 전달 게임에서 발생하는 이유와 비슷한 원인 두 가지를 소개하겠다(그림 5.36).

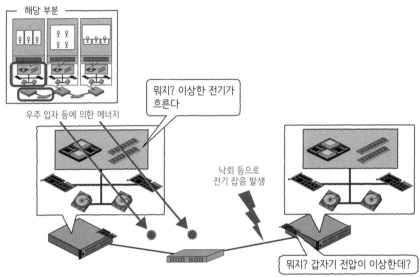

그림 5.36 **디지털 데이터에서는 의도하지 않은 파손이 생길 수 있다**

1. 통신 중에 데이터 파손

예를 들어, 대부분의 통신 방식에서는 전기 신호를 이용해서 데이터를 교환하고 있다. 경로 도중에 낙뢰로 전기적인 잡음 등이 발생하면 데이터가 파손될 수 있다. 전달 게임에서는 주변이 시끄럽다(잡음 발생)는 이유로 정보를 듣지 못한 이유와 같다.

2. 칩(chip)에서의 데이터 파손

메모리의 데이터도 전기적으로 저장된다. 이 때문에 통신 중인 데이터 파손처럼 전기적인 영향으로 값이 바뀌는 경우가 있다. 예를 들어, 지구에는 우주에서 내려온 눈에 보이지 않는 높은 에너지의 입자(우주 입자)가 날아다니고 있다. 이것이 재수없게 메모리나 CPU 같은 실리콘 칩에 닿으면 전자가 발생한다. 또, 이것이 회로 내에 침입하면 의도하지 않은 전기 흐름으로 데이터가 변경될 수 있다.

5.9.3 오류를 검출하려면

이렇게 발생한 의도하지 않은 오류는 어떻게 검출하면 좋을까? 앞서 소개한 전달 게임을 생각해 보자. 마지막으로 문장을 전달받은 사람은 받은 문장이 정상인지 판단할 수 있을까? 정답을 보기까지 알 수 없다. 즉, 어떤 추가 정보가 없는 한 그것이 맞는지 틀린지 알 수 없다. 틀렸다는 것을 확인하려면 전송된 데이터와는 별도로 추가 정보가 필요하다.

오류 검출

오류 검출에는 몇 가지 방법이 있으며, 간단한 방법으로 패리티 비트(Parity Bit)라는 이중화 비트를 부여하는 패리티 체크 방식이 있다. 비트에서는 반드시 1이라는 수가 짝수 개 또는 홀수 개가 되도록 1비트만 추가한다. 그림 5.37에서는 1이 홀수 개가 되도록 하고 있다. 이렇게 함으로써 패리티 비트를 설정한 단위의 1비트까지 데이터가 바뀌어도 1이 짝수 개인지 홀수 개인지 확인해서 오류를 검출할 수 있다. 단, 동시에 2비트를 바꿔버리면 짝수가 반환되기 때문에 오류를 인지할 수 없다.

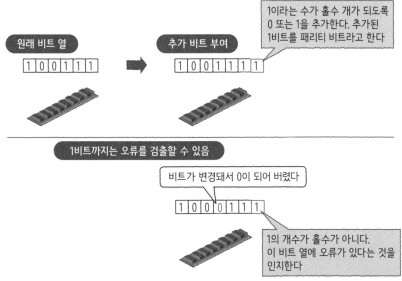

그림 5.37 **패리티 비트를 이용한 1비트 오류 검출**

오류 검출의 장점은 명칭 그대로 오류를 알 수 있다는 것이다. 예를 들어, 돈을 계산할 때 잘못된 데이터를 가지고 계산하면 큰일이다. 이 때문에 수정까지 하지 않더라도 오류를 검출하는 작업까지는 진행한다. 단점으로는 추가 데이터를 부여해야 하므로 데이터 양이 증가하며, 오류 여부를 알기 위한 계산이 필요해서 처리에 오버헤드가 발생한다는 것이다. 여기선 패리티 체크라는 오류 검출 구조를 소개했지만, 이외에도 체크섬(Checksum)이나 CRC 등 다양한 기법이 존재한다. 자세한 설명은 이 책의 범위를 벗어나므로 생략하겠다.

또한, 검출뿐만 아니라 파손된 데이터를 바로 수정할 수 있는 '오류 수정'이라는 구조도 있다. 오류 수정에선 검출 때보다 많은 추가 데이터를 부여해야 한다.

5.9.4 어디에 사용되나?

CPU나 메모리 내부에서는 오류 검출 및 수정 기능을 가지고 있다. 특히 메모리는 여러 개가 있어서 컴퓨터 내부에서도 비교적 에너지 입자의 영향을 받기 쉬운 하드웨어다.

개인용 컴퓨터의 메모리에는 없지만, 서버용 메모리에는 오류 수정 기능이 있는 'ECC 메모리'라는 것이 있다(그림 5.38). 이 메모리에서는 쓰기 처리 시에 패리티 비트 계산을 해서 패리티 정보도 함께 기록한다. 그리고 읽을 때는 다시 패리티 계산을 해서 오류가 없는지 검사한다. 만약 오류가 있으면 수정 가능한 경우에는 수정을, 불가능한 경우에는(보통은 2비트 오류[5]) 오류만 검출해서 반환한다.

네트워크 통신에서는 프로토콜에 따라 각 계층의 오류 검출용 구조를 갖추고 있다. 예를 들어, 가장 많이 사용되는 프로토콜인 TCP/IP 및 이더넷은 계층별로 체크섬이나 CRC 오류를 검출하는 구조를 도입하고 있다. 이 때문에 수신 측에서는 해당 프레임이나 패킷에 오류가 있다는 것을 감지하면 해당 데이터를 제외한다. TCP를 사용하고 있다면 자동적으로 TCP가 빠진 패킷을 재전송하도록 요구한다.

---

5 신뢰성을 중시하는 서버에서는 2비트 오류 수정이 가능한 것도 존재한다.

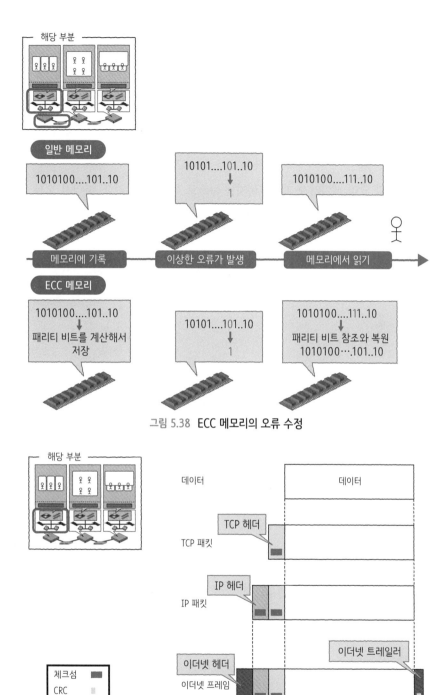

그림 5.38 ECC 메모리의 오류 수정

그림 5.39 네트워크 프로토콜에서의 오류 검출

5.9.5 정리

오류 검출이란 데이터의 파손 여부를 확인하는 기법으로, 파손된 경우에는 데이터를 다시 읽어 재처리할 수 있다. 또한, 검출과 동시에 파손된 데이터를 복구하는 기법도 있다. 검출 및 수정 방법에는 이외에도 다양한 기법이 있지만, 이 책에서는 자세히 다루지 않는다.

물리적인 것과 달리 데이터가 파손됐는지는 눈으로 확인할 수 없다. 따라서 오류 검출은 데이터를 다루는 시스템 여러 곳에서 사용되고 있다.

제 6 장

시스템을 연결하는
네트워크 구조

3장에서는 시스템에서의 '데이터' 흐름에 대해 설명했다. 이 데이터는 네트워크를 통해서 교환된다는 것을 알고 있을 것이다. 하지만 구체적으로 어떤 구조로 데이터가 전송되고 있는지 머릿속에 그려 보려고 하면 힘들다는 것을 알게 된다. 이번 장에서는 한발 더 나아가 데이터가 운반되는 과정을 구체적인 '네트워크 구조'와 연관 지어 설명하겠다.

6.1 네트워크

서로 다른 장비 간 데이터를 교환할 때 기본적으로는 네트워크를 경유해서 데이터를 송수신할 필요가 있다. 시스템이 한 대만으로 구성되는 경우는 드물기 때문에 '반드시'라고 할 수 있을 만큼 데이터는 네트워크를 경유해서 전달된다. 이와 같이 네트워크는 시스템 내에서도 중요한 요소 중 하나다.

여기서 독자들에게 한 가지 질문을 하고 싶다. '어떤 웹 페이지에 브라우저를 사용해서 접속하는 경우의 통신 흐름을 가능한 한 상세히 설명해 주세요'라고 한다면, 구조를 어느 정도 상세하게 그릴 수 있는가? 네트워크를 사용해서 데이터를 교환할 수 있다는 것은 알고 있어도 실제 네트워크 구조를 구체적으로 도식화하는 것은 어려울 것이다.

도식화가 왜 어려운 것일까? 그 이유 중 하나로, 현재 네트워크 자체가 그 구조를 알지 못해도 사용할 수 있도록 돼 있기 때문이다. 브라우저에 URL을 입력하면 웹 페이지가 보이는 것처럼, 통신하고 싶은 상대 주소만 지정하면 간단히 통신할 수 있는 것이 현재의 네트워크다. 하지만 간단하기 때문에 오히려 외부에서 볼 수 없는 블랙박스 부분이 많으며, 네트워크에서 문제가 발생하면 인프라 엔지니어가 고생을 하게 된다.

네트워크에서 발생하는 데이터 처리나 교환에는 다양한 구조가 존재한다. 하지만 인터넷 통신 구조를 포함해 이 책에서 소개하고 있는 3계층형 시스템 등을 구성하는 경우는 대부분 TCP/IP라는 구조를 사용한다. 이 TCP/IP는 다양한 통신 환경에서 데이터를 잘 전달해 주는 우수한 구조다. 그리고 OS(주로 커널)가 이 TCP/IP를 사용해서 간단히 통신할 수 있는 구조를 제공한다.

네트워크에 대해서 그림을 그려 가며 상세히 설명하고 싶지만, 아쉽게도 이번 장만으로 네트워크에 대해 모두 설명하기엔 지면이 부족하다. 네트워크 관련 서적이 많이 존재하는 것에서 알 수 있듯이, 모든 것을 설명하려면 책 한 권을 모두 사용해도 페이지가 부족하다. 이런 이유로 이번 장에서는 네트워크를 배울 때 기본이 되는 계층 구조와 프로토콜에 대해 먼저 설명하고, 다음으로 OS가 내부에서 처리하고 있는 부분을 중심으로 TCP나 IP, 이더넷 같은 주요 기술을 설명하겠다. 이 이상의 설명은 다른 네트워크 전문서를 참고하도록 하자.

계층 구조

컴퓨터 세계에서는 많은 부분에서 계층 구조(계층 모델)라는 개념을 적용하고 있다. 계층 구조란 말을 들으면 어떤 것이 생각나는가? 아파트나 피라미드 같은 구조물이 생각나지 않는가? 이번에는 계층 구조와 그 역할에 대해 살펴보자.

6.2.1 회사를 계층 구조에 비유

계층 구조의 예로 회사를 떠올려 보자. 대부분의 회사는 업무에 따라 부서가 나누어져 있다. 이 때문에 영업부는 영업에 전념할 수 있고, 인사부는 인재 채용 등에 전념할 수 있다.

예를 들어, 회사 외부로 편지를 보낼 때는 어떤 흐름이 될까? 그림 6.1에서는 영업부는 A사에 보낼 영업 자료를, 인사부는 채용 모집 안내서를 보내려고 한다. 각 부서는 문서를 만든 후에 'OO에게 보내주세요'라며 총무부에 의뢰한다. 총무부는 편지에 주소를 기입한 후 우편실에 의뢰한다. 우편실은 편지를 우체통에 넣고 편지 전달을 완료한다.

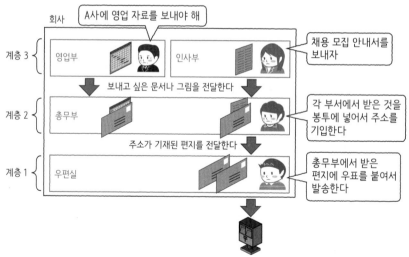

그림 6.1 **회사 부서를 예로 든 계층 구조**

6.2.2 계층 구조는 역할 분담

계층 구조에서는 데이터나 기능 호출 흐름에 따라 계층 간 역할이 나누어진다는 특징이 있다. 역할이 나누어져 있기 때문에 각 층은 자신이 담당하는 일만 책임을 지며, 다른 일은 다른 계층이 책임을 진다. 상호 연결돼 있는 계층들에서는 교환 방법, 즉 인터페이스만 정해 두면 된다.

그림 6.2를 보자. 여기서는 세 개의 계층으로 나누어져 있다. 기능 C는 자신의 일이 끝나면 그 결과를 기능 B에 전달하고 있다. 각 층은 상호 간에 어떤 일을 하는지(어떤 기능을 가지고 있는지) 알고 있지만, 구체적으로 어떤 방식으로 처리하고 있는지는 알지 못한다. 즉, 은폐되어 있다.

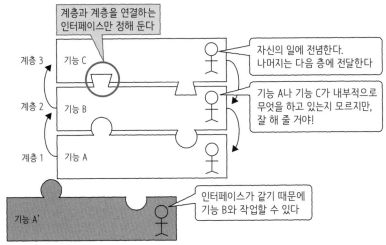

그림 6.2 상호 간에 연결되는 계층은 공통의 인터페이스를 가진다

또한, 계층 구조로 나눔으로써 계층 간에 서로 영향을 주지 않고 독립적으로 동작할 수 있다. 상호 간에 내부 처리를 은폐하고 있기 때문에 인터페이스만 바꾸지 않으면 각 계층이 내부적인 처리를 마음대로 바꾸어도 문제 없다. 그림 6.2의 기능 A처럼 새로운 기능과 교환하는 것도 수월해진다.

반면, 단점으로는 작업 효율을 희생해야 한다는 점을 들 수 있다. 컴퓨터에서의 작업 효율은 성능을 의미한다. 하나의 일을 한 명이 하는 경우와 두 명이 교대로 하는 경우를 생각해 보자. 교대할 때는 작업 인계를 위한 오버헤드가 발생한다.

6.2.3 계층 모델의 대표적인 예 — OSI 7계층 모델

컴퓨터에서 계층 구조를 다룰 때 피해갈 수 없는 것이 OSI 참조 모델이다(그림 6.3). 'OSI 7계층 모델'이라고 하는 경우도 있다. 이것은 예전에 OSI(Open Systems Interconnection)라는 통신 규격을 만들 때 고안된 것으로, OSI 통신 기능을 7개의 계층으로 나눈 것이다. OSI 자체는 현재 사용되고 있지 않지만, 이 계층 구조 개념은 다양한 분야에서 공통적으로 참조할 수 있는 '참조 모델'로서 현재도 사용되고 있다. 또한, 참조 모델이 되면서 엔지니어가 서로 공용할 수 있는 일종의 공통 언어 역할도 하고 있다.

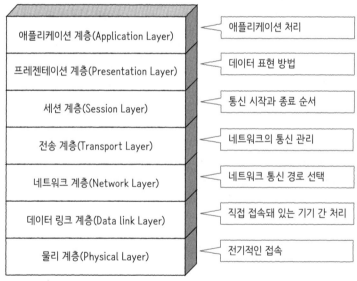

그림 6.3 **계층 구조 참고 예: 'OSI 참조 모델'**

6.2.4 계층 구조는 네트워크 외에도 존재

이 책에서 다루고 있는 3계층형 시스템도 계층 구조다. 시스템 규모가 커질수록 역할별로 계층화하지 않으면 전체 구조가 복잡해져서 개발이 힘들어진다.

그리고 시스템을 구성하는 서버 한 대의 내부를 살펴봐도 역시 계층 구조로 되어 있음을 알 수 있다. 애플리케이션이나 OS, 하드웨어 조합도 계층 구조라고 할 수 있다. 그림 6.4는 일반적인 서버 애플리케이션의 전체 구조다. 이와 같은 구조로 돼 있기 때문에 'OS는 리눅스를 사용하자', '하드웨어는 어떤 제조사 제품을 선택하자' 등 용도에 맞게 부분별로 선택할 수 있다. 그림 6.4에서 하나의 상자로 표시하고 있는 애플리케이션이나 커널 등도 사실은 더 세분화된 계층으로 나뉜다. 여기서 계층은 레이어(Layer)라고도 불린다.

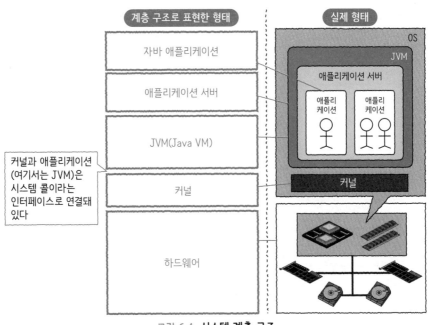

그림 6.4 **시스템 계층 구조**

프로토콜

네트워크에 대해 언급할 때 빠트릴 수 없는 또 다른 한 가지가 프로토콜이다. 프로토콜(Protocol)이라는 영어로는 사전에 정해 놓은 순서를 의미한다. 컴퓨터 용어로는 특히 '통신 프로토콜'이라는 이름으로 자주 등장하며, 컴퓨터가 서로 소통하기 위해 정한 규약을 가리킨다.

6.3.1 사람끼리의 의사소통도 프로토콜

통신 프로토콜은 어떤 것일까? 먼저, 흔한 예로 사람이 하는 대화를 생각해 보자. 영어나 한국어 같은 언어도 사람끼리의 통신을 위한 프로토콜이라 생각할 수 있다.

그림 6.5를 보자. 사람끼리도 대화에 사용하는 언어(프로토콜)가 일치하지 않으면 의미가 통하지 않는다. 태어난 나라가 다른 두 사람이 대화할 때 사용하는 언어가 다르기 때문에 서로 어떤 공통 언어를 사용하지 않는 한 의사소통이 이루어지지 않는다.

그림 6.5 **사람이 사용하는 언어도 프로토콜**

또한, 통신 시에 이용하는 매체도 프로토콜이라 볼 수 있다. 대화를 할 때 소리(음성)를 사용하는 경우가 많은데, 이것은 음성이라는 통신 프로토콜 위에 한국어라는 통신 프로토콜을 올려 놓은 것과 같다.

의미를 전달하는 부분인 언어 프로토콜이 일치한다고 해도 그것을 전달하는 프로토콜이 다르면 통신이 불가능하다. 그림 6.6은 음성이 아닌 '문자'나 '깃발 신호'를 이용해서 대화하고 있는 모습이다. 전달하고 있는 내용은 모두 한국어다. 문자로 인사를 한 사람은 의사소통이 된 것 같지만, 깃발 신호로 인사한 사람은 상대방이 신호를 모르기 때문에 의사소통이 되지 않는다.

그림 6.6 **통신 매체 프로토콜이 다르면 통신이 불가능하다**

6.3.2 컴퓨터에서는 프로토콜이 필수 불가결

컴퓨터의 거의 모든 곳에 프로토콜이 사용된다. 떨어진 곳에 있는 두 개의 장비는 사전에 절차를 정해 두지 않으면 서로 통신할 수 없다. 그래서 네트워크와 프로토콜은 뗄래야 뗄 수 없는 관계다.

컴퓨터 통신 프로토콜도 앞서 본 예처럼 통신 매체와 그 위에 흐르는 의미 부분을 나누어 생각할 수 있다. 그림 6.7을 보자. 예를 들어, 브라우저로 웹 페이지를 볼 때 HTTP

라고 불리는 프로토콜을 사용해서 서버에게 웹 페이지를 달라고 요청한다. 또한, 이 통신은 전기 신호나 전파를 이용해서 전달된다. 즉, 앞 절의 계층 구조를 함께 생각하면 프로토콜은 같은 계층 간의 약속이라고 할 수 있다.

컴퓨터도 만들어진 제조사(사람의 출생 국가와 같은 것)가 다르면 서로 대화하는 언어를 일치시켜야 통신이 가능하다. 다른 제조사에서 만들어진 컴퓨터가 서로 통신하기 위해서는 프로토콜을 일치시켜야 한다. 이 때문에 네트워크 업계에서는 공통 프로토콜 선정을 위한 IEEE(Institute of Electronics Engineers)나 IETF(Internet Engineering Task Force) 같은 표준화 단체가 존재한다.

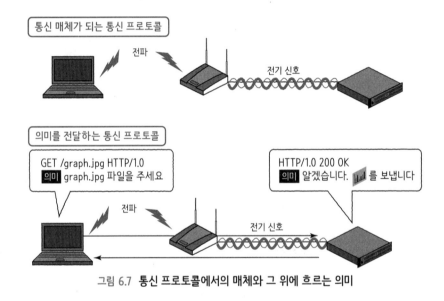

그림 6.7 **통신 프로토콜에서의 매체와 그 위에 흐르는 의미**

IEEE는 전기 전자 기술자 협회이지만, 전기 통신을 사용한 프로토콜 표준화 활동도 하고 있다. 그중 우리가 자주 접하는 것이 무선 LAN 프로토콜이다. 'IEEE 802.11a/b/g/n/ac 대응'과 같이 IEEE802.11로 시작하는 무선 LAN 공유기를 본 적이 있을 것이다. 이것은 IEEE가 표준화한 규격 중 하나다.

IETF는 인터넷에서 사용되는 다양한 기술을 표준화하는 단체다. 이 단체는 꽤 열려 있는 단체로, 다양한 제조사나 대학 관계자는 물론 통신 전문가들도 참여하고 있으며, 이들이 협의를 거쳐서 표준 규격을 정하고 있다.

IETF에서 정해진 것은 RFC라는 이름의 문서로 나와 있다. 이것은 Request for Comment(의견 모집)의 약자로, 인터넷 기술이 대중에게 얼마나 공개돼 있는지 알 수 있다. 예를 들어, 인터넷 프로토콜의 기본적인 부분은 RFC 791에서 정하고 있다. 4월1일(만우절)이 되면 조크(Joke) RFC라고 해서 실제 사용하는 것이 아니라 농담식으로 RFC를 낼 정도로 공개화돼 있다.

표준화된 것 중에는 이미 다른 규격이 보급돼 있어서 더는 사용되지 않는 것도 있다. 대표적인 예가 6.2.3절에서 소개한 OSI다. OSI는 ISO 및 ITU-U라는 단체가 표준화한 것이다. 하지만 그 동안에 TCP/IP가 폭넓게 보급되면서 '사실상 표준'이 돼 버렸다. 다른 예로는 이더넷이 있다. 이더넷은 IEEE가 IEEE 802.3 표준이라는 것을 만들었지만, 실제 사용되고 있는 것은 이더넷 2(Ethernet II)라는 것으로서 IEEE 802.3과는 약간 다르다. 이더넷 2는 이 사양을 만든 DEC, 인텔(Intel), 제록스(Xerox)의 앞 글자를 따서 DIX라고도 부른다.

6.3.3 프로토콜은 서버 내부에도 존재

프로토콜이라고 하면 TCP/IP 프로토콜을 주로 떠올릴 텐데, 어떤 장비라도 서로 통신을 하기 위해서는 프로토콜이 필요하다.

예를 들어, 마우스를 PC에 연결할 때 사용하는 USB가 있다. 이것도 USB 프로토콜이 존재한다. 또한, 서버에 빠질 수 없는 저장소도 그렇다. 저장소에서 데이터를 꺼낼 때도 프로토콜이 정해져 있다. 대표적인 것으로 SCSI 프로토콜이 있다. 실제로는 저장소용 장비 드라이버가 SCSI 등의 프로토콜을 사용해서 데이터 교환을 하고 있다. 그리고 CPU 안에도 프로토콜이 존재한다. 최근에는 멀티 코어 CPU가 당연시되고 있는데, 이 코어들이 서로 통신을 하기 위한 프로토콜도 있다.

TCP/IP를 이용하고 있는 현재의 네트워크

지금까지 네트워크의 기본적인 개념에 대해 설명했다. OSI 7계층 모델이 있다는 것, 네트워크에서는 프로토콜이 필수 요소이며 무수히 많은 프로토콜이 존재한다는 것 등을 설명했다. 하지만 인터넷을 포함해서 현재 네트워크를 지탱하는 것은 TCP/IP 및 관련 프로토콜이다. 이들 프로토콜 집합을 모아서 TCP/IP 프로토콜 스위트(Protocol Suite)라고 한다. 참고로 프로토콜 스위트란 프로토콜 집합이란 의미다. 네트워크 인프라를 이해하는 데 있어서 이 TCP/IP 프로토콜 스위트는 피해갈 수 없는 개념이다.

6.4.1 인터넷의 발전과 TCP/IP 프로토콜

TCP/IP 개념을 이해하기 위해서는 그 배경이 되는 인터넷 발전 역사에 대해 알고 있어야 한다.

인터넷의 시초는 1969년에 미국 국방성의 연구로부터 시작된다. 이때 구축된 실험 네트워크는 ARPANET(아르파넷)이라 불리는 것이다. 대학 등의 연구 기관들이 이 실험 네트워크에 접속돼 있었다. 아직 수십 kbps 정도의 통신 속도로 TCP나 IP 같은 프로토콜이 탄생하기 이전의 이야기다. 아르파넷은 점점 접속 거점을 늘려서 커지기 시작했다.

1980년대까지는 아르파넷 외에도 다른 네트워크도 운용되고 있었으며, 이들이 상호 간에 접속할 수 있게 됐다. 이 시기에는 네트워크 제조사별로 수많은 독자 프로토콜을 사용하고 있어서 상호 접속에 문제가 있었다. 이런 이유로 국제 규격의 프로토콜을 만들자는 움직임이 시작됐다. 이것이 1982년에 제정된 OSI라는 프로토콜이다. 하지만 이때는 이미 1970년대에 고안된 TCP나 IP 프로토콜이 보급되고 있었으며, OSI 자체도 복잡한 사양 때문에 상호 접속성에 문제가 있었다. 국제 규격으로 OSI 사용을 권장했지만, 결국 OSI는 사장되고 말았다. 최종적으로는 TCP/IP 프로토콜 스위트를 이용하는 네트워크가 대다수가 됐고, TCP/IP가 인터넷의 사실상 표준이 된 것이다.

일본에서는 1984년에 JUNET이라 불리는 네트워크가 만들어졌다. 처음에는 게이오기주쿠 대학교, 도쿄공업 대학교, 도쿄 대학교 등 세 개 대학을 서로 연결한 것이 다였지만, JUNET 외에 다른 대학이나 연구 기관이 접속하기 시작했으며, 미국 CSNET에도 접속됐다. 그리고 JUNET을 세운 연구원들을 중심으로 연구 프로젝트가 발족되면서 일본 인터넷이 발달하기 시작했다[1].

이와 같이 다양한 네트워크가 상호 간에 협력하면서 인터넷이 발전했고, 그 가운데 TCP/IP가 발전돼 온 것이다.

6.4.2 TCP/IP 계층 구조

이제 TCP/IP에 대해 본격적으로 다루도록 하겠다. TCP/IP 프로토콜 스위트는 명칭 그 대로 TCP와 IP의 두 가지 프로토콜을 주축으로 한 프로토콜 집합이다. 주축이라고 하지만 TCP와 IP라는 두 개의 프로토콜 외에도 다양한 프로토콜이 등장한다.

앞에서 계층 구조와 함께 OSI 참조 모델을 소개했다. 네트워크 역할 분담을 계층화한 모델이었다. OSI 참조 모델에서는 7계층으로 분할했지만, TCP/IP에서는 반드시 이 7계층이 분명하게 나누어지는 것은 아니다. TCP/IP 4계층 모델[2] 등으로 불리며, OSI 7계층의 1~2 계층을 모아서 링크 계층, 5~7계층을 모아서 애플리케이션 계층으로 취급하기도 한다.

TCP/IP 4계층 모델과 시스템 대응 관계

TCP/IP가 가지고 있는 계층 구조가 실제 서버에서 어떤 식으로 나누어져 있는지 보도록 하자. 그림 6.8은 웹 서버에서 HTTP라고 하는 프로토콜을 사용할 때의 계층 구조를 시스템의 실제 담당 위치와 대비시킨 그림이다. HTTP는 애플리케이션 프로토콜이기 때문에 그림의 httpd 프로세스를 사용한다. HTTP 통신 데이터를 상대방에게 보내기 위해서 TCP에 데이터를 건네지만, 여기부터 이더넷 계층까지는 OS 커널이 담당한다. 커널 내에서 TCP, IP, 이더넷을 담당하는 기능이 필요한 정보를 데이터에 부여해서 최종적으로 이더넷 프레임이 생성된다. 이것이 NIC에 전달돼서 이더넷 케이블 등을 통해 인접 노드를 경유해서 최종 위치까지 전달된다. 네트워크에 연결된 컴퓨터 등은

---

1   옮긴이 참고로, 우리나라는 1982년에 서울대와 KIET가 국내 최초의 SDN 망을 구축했다. 그리고 1988년에 국가기간 전산망인 교육망과 연구 전산망이 구축됐고, 1990년 한국통신의 하나망이 하와이 대학과 연결됐다. 1994년에는 상용 망인 코넷(KORNET)이 개통됐고, 1995년에 PC 통신 서비스인 하이텔, 천리안, 나우콤 등이 서비스를 시작했다.

2   링크 계층을 두 개로 나누어 5계층으로 보는 경우도 있다. 실제로는 이 4계층(또는 5계층)이 OSI 7계층에 대응하고 있는 것이 아니라서 대략 4개 정도로 나누어진다고 생각하면 된다. 4계층이라는 개념은 RFC1122에서 언급되어 있다.

'호스트'라고 부르기도 한다[3].

계층 구조로 나누어져 있어서 통신하고 싶은 애플리케이션은 독자적으로 통신 구조를 만들 필요 없이 TCP/IP에게 위임할 수 있다. 또한, 각 계층을 담당하고 있는 것도 쉽게 변경할 수 있다. 예를 들어, TCP 대신에 신뢰성이 낮지만 간단하게 데이터를 송수신할 수 있는 UDP를 사용하거나, 유선이 아닌 무선으로 통신을 하는 등 용도에 맞게 변경할 수 있는 점도 계층 구조의 장점이다.

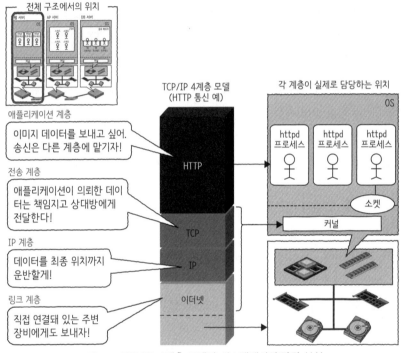

그림 6.8 TCP/IP 4계층 모델과 시스템에서의 담당 부분

---

3   메인프레임을 호스트라고 부르기도 하지만, 여기서 호스트는 네트워크 용어로, 다른 의미다.

TCP/IP 각 계층의 명칭

TCP/IP는 4계층이라고 하지만, 실제 현장에서 계층을 숫자로 부를 때는 OSI 참조 모델의 7계층 방식으로 부르는 경우가 많다. 링크 계층, 즉 이더넷 계층을 레이어 2나 L2[4]로, IP 계층을 레이어 3나 L3, 전송 계층(TCP 계층)을 레이어 4나 L4라고 부른다. 각 계층별 처리를 하는 네트워크 스위치를 레이어 2 스위치(L2 스위치)나 레이어 3 스위치(L3 스위치)라고 부르는 것도 이 때문이다. 애플리케이션 계층은 그대로 애플리케이션 레이어로 부르거나 L7라고 부르는 경우도 있다. 'L5와 L6는 왜 없지?'라고 생각할 수 있는데, L5, L6, L7을 모아서 애플리케이션 계층으로 취급하기 때문에 TCP/IP 이야기를 할 때는 거의 등장하지 않는다.

6.5 [레이어 7] 애플리케이션 계층의 프로토콜 HTTP

여기서부터는 TCP/IP의 4계층 모델과 대표적인 프로토콜인 TCP, IP, 이더넷을 이용한 통신에 대해 서로 비교해 가며 설명하겠다. 참고로, 여기서는 애플리케이션 프로토콜로 HTTP를 예로 소개하겠다.

6.5.1 HTTP의 처리 흐름

애플리케이션이 없으면 통신이 시작되지 않는다. 애플리케이션이 사용하는 프로토콜을 모두 애플리케이션 계층 프로토콜이라 부른다. 애플리케이션 계층 프로토콜은 자신이 통신을 하는 것이 아니라 통신 자체는 모두 OS, 즉 TCP/IP에 맡긴다. 먼저, 웹 시스템에서 가장 중요한 애플리케이션 계층 프로토콜인 HTTP에 대해 살펴보도록 하자. HTTP 사양은 RFC2616에서 정하고 있다. HTTP의 처리 흐름은 그림 6.9와 같다[5].

---

4   L2로 줄여서 부르는 경우가 많은데, 이 'L2'를 어떻게 읽으면 좋을까? '엘이, 엘투, 레이어투' 등 여러 가지 방법이 있다. 물론, OSI 7계층 관점에선 '데이터 링크 계층'이라고 부를 수도 있고, 단순하게 '링크 층'이라고 부르기도 한다.

5   [옮긴이] 개인적으로는 6.5절의 내용을 확실히 이해하고 넘어가길 권한다. 구글 면접에서 실제 나온 질문이 'HTTP 흐름에 대해 설명하시오'였다. 그러므로 다른 회사 기술 면접에서도 출제될 가능성이 높다.

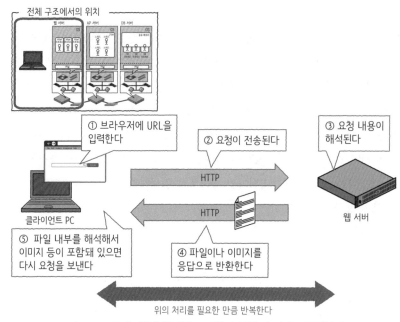

그림 6.9 HTTP는 화면 하나를 표시하기 위해 몇 번이고 왕복한다

브라우저에 URL을 입력해서 요청이 웹 서버에 도달하면 응답으로 HTML 파일이 반환된다. 브라우저는 이 파일을 해석해서 파일 내에 추가 이미지나 스크립트 등이 포함돼 있으면 웹 서버에 이들을 다시 요청한다. 이와 같이 클라이언트와 웹 서버는 HTTP를 통해서 몇 번이고 요청과 응답을 주고받는다.

6.5.2 요청과 응답의 구체적인 내용

HTTP 요청(Request)과 응답(Response)에는 어떤 내용이 포함되는 것일까? 그림 6.10은 요청 내용이다.

요청 시 중요한 것은 서버에 던지는 명령이다. 예를 들어, GET은 파일 요구이고, POST는 데이터를 전송한다는 의미다. 헤더 부분에는 다양한 부가 정보가 들어가며 세밀한 제어를 위해 사용한다. 예를 들어, User-Agent는 브라우저 식별 정보(버전이나 IE 등의 브라우저 이름)를 가지고 있으며, Cookie는 세션 식별자로 사용된다.

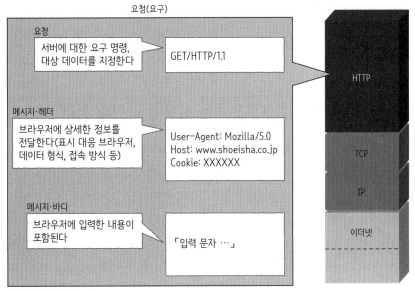

그림 6.10 **요청은 명령으로 구성된다**

반면, 응답(그림 6.11)은 요청에 대한 결과와 그에 대한 상태 정보를 가지고 있다. 또한, 메시지 바디에 실제 데이터를 저장한다.

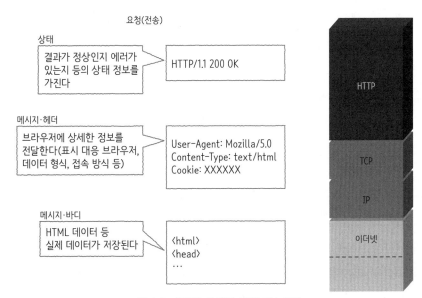

그림 6.11 **응답은 상태와 함께 전송된다**

HTTP가 그 하위 계층인 IP나 유선을 통해 명령을 보내거나 통신 제어를 하지는 않는다. 이 때문에 HTTP 요청은 여러 가지 명령만으로 구성돼서 매우 간단한 구조라는 것을 알 수 있다.

6.5.3 애플리케이션 프로토콜은 사용자 공간을 처리

그림 6.12를 보자. 그림에서는 클라이언트 프로세스와 httpd 프로세스를 통해서 애플리케이션 계층 프로토콜인 HTTP 요청(데이터)이 통신하는 모습을 보여 주고 있다. 이 그림에서는 요청을 보내는 애플리케이션이 구멍에 데이터를 넣고 있다. 이 구멍을 '소켓(Socket)'이라고 한다. 소켓에 기록된 데이터는 다른 한쪽의 소켓으로 전달된다. 이와 같이 애플리케이션 자체가 통신 구조를 가지지 않고서도 원격지에 있는 서버 애플리케이션과 통신할 수 있다. 애플리케이션 프로토콜은 기본적으로 애플리케이션 프로세스 내부에서 모두 구현된다.

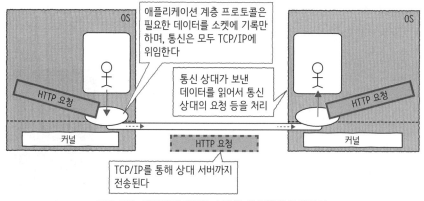

그림 6.12 **애플리케이션은 소켓을 사용해서 통신한다**

6.5.4 소켓 이하는 커널 공간에서 처리

그러면 이런 편리한 소켓은 어떻게 만들어진 것일까? 애플리케이션 프로세스가 네트워크 통신을 하는 경우, 커널에 'TCP/IP로 통신하고 싶으니까 상대방 애플리케이션과 통신할 수 있는 회선을 열어줘'라고 의뢰한다. 물론, 의뢰 방법은 시스템 콜이다. 이때 접속 대상 서버의 'IP 주소'와 'TCP 포트'의 두 가지 정보가 필요하다. 이 두 가지 정보는 각각 IP 도착 위치와 TCP 도착 위치다. 뒤에서 상세히 설명하겠다.

의뢰를 받은 커널은 소켓을 만들어 준다(그림 6.13 ①). 소켓을 만든 것뿐으로 데이터를 보내기 위해 구멍을 연 것이다. 이번에는 TCP를 사용하기 때문에 TCP를 사용한다는 것과 IP 주소 및 포트 번호 정보를 시스템 콜 경유로 커널에 전달하면, 접속 대상 서버와의 연결이 생성된다. 이때 상대방 서버에서도 소켓이 만들어지며, 상대 서버와의 사이에 가상 경로(버추얼 서킷)가 생성된다. 실제 데이터는 물리적인 통신 케이블을 통해 긴 여정을 거쳐서 겨우 상대방에게 전달되는 것이지만, 프로세스 관점에서는 소켓이라는 구멍에 넣은(기록한) 데이터가 가상 경로를 통해서 상대 통신 소켓 구멍으로 나오는 것이다(그림 6.13 ②). 매우 간단한 것 같지만, 커널이 열심히 여러 처리를 해 주고 있다.

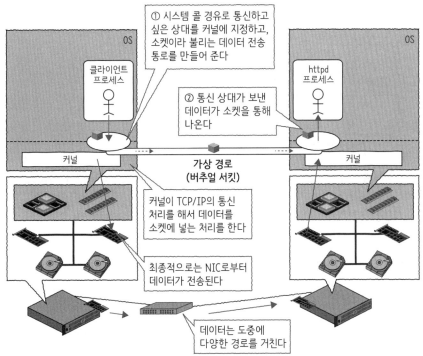

그림 6.13 **소켓이 기록된 데이터는 TCP/IP를 통해 전달된다**

가상 경로가 생성되고 소켓이 열렸다. 이제 데이터를 기록하기만 하면 된다. 다음은 소켓에 기록된 데이터가 실제로 어떻게 처리되고 TCP/IP를 통해 어떻게 전송되는지 보도록 하자.

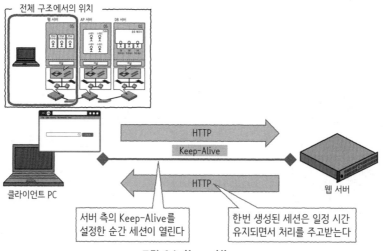

6.6 [레이어 4] 전송 계층 프로토콜 TCP

소켓에 기록된 애플리케이션 데이터는 커널 내에서 통신 대상에게 전달하기 위한 준비를 시작한다. 제일 먼저 임무를 수행하는 것이 전송 계층 프로토콜인 TCP다. TCP(Transmission Control Protocol)는 명칭 그대로 전송을 제어하는 프로토콜로, 신뢰도가 높은 데이터 전송을 가능케 한다.

6.6.1 TCP의 역할

TCP의 역할을 간단히 말하면, '애플리케이션이 보낸 데이터를 그 형태 그대로 상대방에게 확실하게 전달하는 것이다. 단, 가능한 한 주변에는 민폐를 끼치지 않는다'라고 할 수 있다. 원래 '신뢰도가 낮은 인터넷'에서 사용하기 위해 만들어졌기 때문에 이런 역할이 주어졌다고 할 수 있다.

TCP가 담당하는 것은 어디까지나 서버가 송신할 때와 서버가 수신한 후 애플리케이션에게 전달할 때로, 상대 서버까지 전송하는 부분은 하위 계층인 IP에 모두 위임한다. 물론, TCP에 의존하지 않고 IP만으로도 통신할 수 있지만, IP에는 데이터가 상대방에게 확실히 전달됐는지 확인하는 기능이나 도착한 순서를 확인하는 기능 등이 없다.

현실 세계의 예를 들어 보자. 예를 들어, 여러분이 우편으로 100장의 자료를 상대방에게 보낸다고 가정해 보자. 안타깝게도 100장 전부를 봉투 하나에 담을 수 없어서 10장씩 나누어 10개의 봉투에 넣어서 보내기로 한다. 그러면 상대방은 이것을 어떤 식으로 받게 될까?

상대방은 10개 중 9개의 봉투만 받을 수도 있지만, 전부 도착했는지나 도착하지 않은 자료가 어떤 것인지 확인할 수 없다. 또한, 봉투 순서도 제 각각이어서 자료의 원래 순서도 알 수 없게 된다. 이와 같이 '전송한 데이터를 그 형태 그대로 전달'하기 위해서는 IP 기능만으로는 어렵다.

TCP는 이것을 모두 자동으로 해 주기 때문에 통신 프로그램을 만들 때 프로그래머가 확인 기능을 열심히 만들어 둘 필요가 없다. 우편물 발송 예로 비유하자면, 100장의 자료를 그대로 우체국에 전달하기만 하면 알아서 봉투를 나누어 넣어 주고 상대방에게 모든 봉투가 전달됐는지도 확인해 준다. 그리고 100장의 자료를 그 순서 그대로 유지한 상태로 상대방에게 전달해 준다. 편리하지 않은가?!

이와 같이 TCP가 하는 기능이 많지만, 그중에서도 중요한 기능(서비스)만 정리해 보면 다음과 같다.

- 포트 번호를 이용해서 데이터 전송
- 연결 생성
- 데이터 보증과 재전송 제어
- 흐름 제어와 폭주 제어[6]

COLUMN **인터넷의 주인은 누구?**

이번 절에서 '신뢰도가 낮은 인터넷'이라고 표현했는데, 왜일까?

6.4.1절에서도 다뤘지만, 다양한 기관이 관리하는 네트워크가 서로 연결되면서 현재는 대규모 인터넷을 구성하고 있다. 자신이 관리하고 있는 네트워크 내에서만 데이터를 교환하면 통신 품질을 어느 정도 파악할 수 있다. 하지만 자신이 관리하지 않는 네트워크를 사용해서 상대방과 통신하는 이상 이를 파악하기는 쉽지 않다. 사실, 보낸 소켓이 인터넷 경로 어딘가에서 행방불명이 되는 경우도 자주 있다. 설정 부족, 장비 고장, 혼잡도에 의한 패킷 훼손 등 원인은 다양하며, 이런 이유로 인터넷에서는 양자 간(End-to-End) 신뢰성을 담보할 TCP 같은 구조가 필요하다.

또한, 인터넷은 모두가 공유하는 것으로 '공평성'도 매우 중요하다. 통신이 자신만 생각해서 전속력으로 통신하면 도중에 있는 네트워크에서는 통신 혼잡이 발생해서 제대로 된 통신이 되지 않는다. 이 때문에 TCP 폭주 제어 기능에서는 다른 통신에게 가능한 한 민폐를 끼치지 않는 구조를 가지고 있다. 예를 들어, 통신 정체가 발생하면 TCP가 통신 속도를 자동으로 내린다.

인터넷은 자신만 사용하는 것이 아니다. 그러므로 인터넷 자체에 신뢰성을 요구하는 것이 어려우며, 공평성이 결여된 통신은 바람직하지 못하다. 내가 대학원에서 네트워크 관련 연구를 했을 때, 어느 연구 발표회 중에 '이 연구는 공평성을 고려하고 있는가?'라는 질문을 자주 받은 적이 있다. 아무리 고성능의 통신 구조를 생각했다고 해도 주변 통신에 민폐를 끼치는 방법이라면 환영받지 못한다.

---

6   네트워크상에서 접속 폭주(한 곳에 집중되는 것)를 방지하는 것

이와 같은 인터넷에 대한 생각은 RFC에도 등장하고 있다. 예를 들면, RFC3271에 'The Internet is for Everyone'이라는 제목의 RFC가 있다. 이 RFC에서는 '인터넷의 주인이 누군 가?'라든가 인터넷은 모두의 것이기 때문에 어떤 식으로 접근해야 하는지에 대해 쓰여 있 다. 이외에도 RFC1958 'Architectural Principles of the Internet'에서도 "Be strict when sending and tolerant when receiving(송신 시에는 엄격하게, 수신 시에는 참을성 있게)"라고 언 급하고 있다. 즉, 공평성과 공평성에 대한 정신을 강조하고 있는 것이다.

6.6.2 커널 공간의 TCP 처리 흐름

앞 절에서 애플리케이션에 의해 기록된 데이터가 어떻게 됐는지는 살펴보도록 하자.

그림 6.14에 커널 내 TCP 처리 흐름을 정리했다. 소켓에 기록된 애플리케이션 데이터 는 소켓의 큐(4장 4.3절 참조)를 경유해서 소켓 버퍼라 불리는 메모리 영역에서 처리된다. 소켓 버퍼는 소켓별로 준비된 전용 메모리 영역으로, 이후 계속되는 IP나 이더넷까지의 일련의 처리도 소켓 버퍼 내에서 이루어진다[7].

TCP는 데이터를 세그먼트(Segment)라고 하는 단위[8]로 관리하고 있다. 이 때문에 애플 리케이션 데이터에 TCP 헤더를 붙여서 TCP 세그먼트를 작성한다. 헤더에는 도착 지 점 포트 번호를 포함해서 TCP 기능을 표현하기 위한 수많은 정보가 기록된다. 하나 의 TCP 세그먼트로 전송할 수 있는 최대 데이터 크기를 MSS(Maximum Segment Size) 라고 한다. 최종적으로 링크 계층을 사용해서 데이터를 전송하기 때문에 MSS는 링 크 계층에서 전송할 수 있는 최대 크기에 의존하며, 환경이나 설정에 따라 달라진 다. 6.8절에서 다시 소개하겠지만, 링크 계층에서 전송할 수 있는 최대 데이터 크기를 MTU(Maximum Transfer Unit)라고 한다.

---

7   어느 계층이라도 데이터에는 기본적으로 헤더를 추가한다. 때문에 같은 메모리 공간 내에서 처리하면 데이터를 복사하 지 않고 처리할 수 있어서 속도가 빠르다.
8   TCP 패킷이라 불리는 경우도 있지만 정의상 적합하지 않다

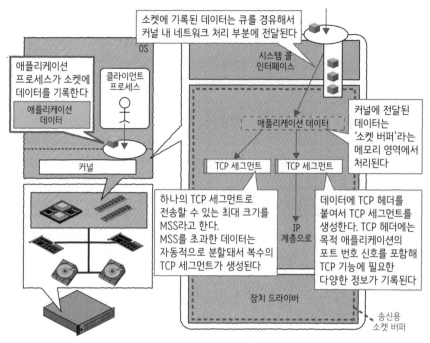

그림 6.14 **커널 내 TCP 처리**

이 세그먼트 분할에 대해 살펴보도록 하자. 그림 6.15는 애플리케이션 데이터가 복수의 TCP 세그먼트로 분할되는 모습을 보여 주고 있다.

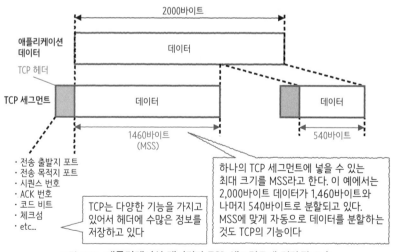

그림 6.15 **애플리케이션 데이터가 TCP 세그먼트에 저장된 모습**

예를 들어, 2000바이트의 데이터가 애플리케이션에 의해 소켓에 기록됐다고 하자. 이유는 뒤에 설명하겠지만, 대부분의 환경에서는 MSS가 1460바이트이기 때문에 이 예에서도 MSS를 1460바이트라고 가정한다. 그러면 당연히 2000바이트의 데이터는 들어가지 않기 때문에 1460바이트와 540바이트의 데이터로 분할해야 한다. 각각에 TCP 헤더가 붙어서 두 개의 TCP 세그먼트가 만들어진다.

6.6.3 포트 번호를 이용한 데이터 전송

상대 서버에 데이터가 도착했다고 해도 어떤 애플리케이션용 데이터인지 알 수 없다. TCP에서는 포트 번호를 사용해서 어떤 애플리케이션에 데이터를 전달할지 판단한다. TCP 포트 번호는 0~65535까지의 숫자를 이용한다. 그림 6.16과 같이 포트 번호를 이용해서 같은 서버에 도착한 수많은 데이터를 적합한 애플리케이션에 할당한다.

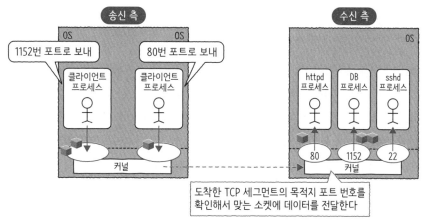

그림 6.16 **포트 번호를 이용해서 데이터를 어느 애플리케이션에 할당할지 구별한다**

6.6.4 연결 생성

앞 절에서 이미 소켓이 생성된 후의 얘기를 했지만, TCP는 소켓을 생성할 때도 중요한 역할을 한다. 약간 뒤로 돌아가서 연결(Connection) 생성 얘기를 다시 해 보자.

TCP는 연결형 프로토콜로, 연결이라 불리는 가상 경로(버추얼 서킷)를 생성한다. 이것은

TCP가 통신을 시작하면서 통신 상대에게 '지금부터 통신한다'라고 연락한 후 'OK' 사인을 받으면 그때 처음 생성된다. 물론, 통신을 받으려면 통신을 받는 애플리케이션 측(서버)이 미리 통신 준비를 하고 있어야 한다. 서버 프로세스는 OS에게 '포트 번호 ○○에게 통신 의뢰가 오면 나에게 연결해'라고 부탁한다. 이렇게 서버 측 소켓은 자신이 지정한 포트 번호에 통신이 오는지를 기다렸다가 받는다. 이 상태를 '포트를 리슨(LISTEN)'하고 있다고 한다.

이제 드디어 통신이 시작된다. 상대방 프로세스는 포트를 리슨하고 있기 때문에 통신을 시작하라고 말을 건다. 그림 6.17을 보자. 통신을 시작하고 싶은 프로세스(클라이언트)는 커널에게 통신 개시를 의뢰한다. 이 커널은 가상 경로를 생성하기 위해 상대방과 대화를 시작한다. 먼저, 통신 상대인 서버 측 OS에게 가상 경로를 열도록 의뢰한다(그림 6.17 ①). 서버 측에서는 리슨하고 있는 포트 번호로 통신 요구가 온다. 서버는 문제가 없으면 열어도 된다는 응답을 한다(그림 6.17 ②). 클라이언트 측도 확인했다는 메시지를 보내며, 이때 처음으로 통신용 가상 경로가 열린다(그림 6.17 ③). 이 세 번의 대화를 TCP/IP의 3-way handshaking이라고 한다.

이 연결은 애플리케이션, 즉 두 개의 소켓 사이에 전용 회선이 있는 것처럼 통신한다. 구체적으로는 어떤 동작을 할까? TCP 통신을 시작할 때 상대 서버에 포트 번호와 연결을 열어 달라고 부탁만 할 뿐 다른 특별한 일은 하지 않는다. 데이터 전송 자체도 IP에 위임하기 때문에 실제 물리적인 경로가 막히거나 통신 상대 서버가 갑작스런 장애로 전원이 꺼져도 가상적인 경로인 TCP 연결이 끊어지진 않는다. 이런 상태에서는 데이터가 전달되진 않지만, 기본적으로 애플리케이션이 OS에게 연결 절단 의뢰를 하거나 통신 대상이 에러를 보내오지 않는 이상 TCP 연결 자체가 유지되기 때문에 주의가 필요하다[9].

참고로, 통신을 받는 서버 측은 미리 지정한 포트 번호(그림 6.17에서는 80번)를 리슨하지만, 통신을 시작하는 클라이언트 측에서는 보통 자신이 사용하기 위한 포트 번호(그림 6.17에서는 42152번)를 지정할 수 없다. 이때는 OS에 의해 클라이언트 측에서 사용하지 않는 포트 번호가 자동으로 할당된다.

---

9 TCP에는 Keep Alive 타이머라는 설정이 있어서 여기서 설정한 시간(대부분은 3600초) 동안 통신이 없으면 통신 상대가 존재하는지 확인하는 데이터를 여러 번 전송한다. 반응이 있으면 연결을 유지하지만, 반응이 전혀 없는 경우에는 통신 상대가 존재하지 않는다고 판단해서 연결을 닫아 버린다.

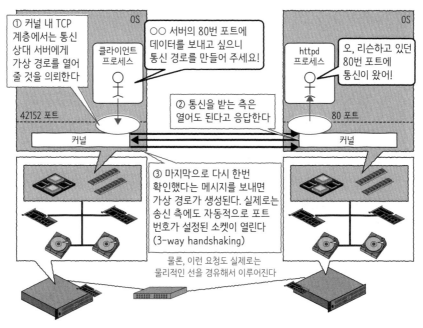

그림 6.17 **TCP 연결 생성**

6.6.5 데이터 보증과 재전송 제어

연결이 생성된 후에야 데이터 송수신이 시작된다. 한편, TCP에는 데이터가 확실히 전달되도록 보증하는 기능이 있다. 어떤 식으로 동작하는지 보자.

데이터 손실을 방지하는 구조

이것은 확인 응답과 재전송에 의해 구현된다. 수신 측에 TCP 세그먼트가 도착하면 수신 측은 송신 측에게 도착했다는 것을 알린다. 이때 반환하는 것을 ACK라고 하며, TCP 헤더에 ACK 관련 정보를 넣은 TCP 세그먼트를 반환한다[10]. 송신 측은 ACK가 돌아오는 것을 보고 전송한 세그먼트가 무사히 도착했다는 것을 알 수 있다. ACK가 오지 않으면 전송한 TCP 세그먼트가 어떤 이유로 사라졌을 가능성이 있다. 이 때문에

---

10 즉, 하나의 TCP 세그먼트로 데이터 전송과 함께 앞서 도착한 데이터의 ACK를 동시에 반환한다. 왕복 횟수를 줄일 수 있을 것이다(5장에서 소개한 I/O 크기).

언제든지 재전송이 가능하도록 전송이 끝난 TCP 세그먼트라도 ACK가 돌아오기까지는 소켓 버퍼에 남겨 둘 필요가 있다.

데이터 순서를 보증하는 구조

이것은 각 TCP 세그먼트에 시퀀스(Sequence) 번호라고 하는 숫자를 붙여서 구현한다. 시퀀스 번호도 TCP 헤더에 기록되며, 해당 TCP 세그먼트가 가지고 있는 데이터가 전송 데이터 전체 중 몇 바이트째부터 시작하는 부분인지를 가리키고 있다. 예를 들어, 3000바이트의 데이터를 보낼 때 1460바이트, 1460바이트, 80바이트의 세 가지 TCP 세그먼트로 분할했다고 하자. 첫 번째 세그먼트의 시퀀스 번호를 1, 두 번째를 1461, 세 번째를 2921이라고 한다. 수신 측은 이 시퀀스 번호를 사용해서 원래 순서대로 데이터를 조립한다.

TCP 재전송 제어

이런 순차적 조합을 위해 수신 측은 ACK를 반환할 때 다음에 필요한 TCP 세그먼트의 시퀀스 번호도 ACK 번호로 전달한다. 예를 들어, 앞의 3000바이트 예를 사용하면 두 번째 세그먼트까지 수신을 완료한 경우, 다음에 필요한 것은 세 번째 세그먼트이기 때문에 '다음 시퀀스 번호는 2291부터 보내(2920바이트까지의 데이터는 모두 도착했어)'라는 내용으로 응답한다.

ACK가 오지 않으면 재전송한다고 말했지만, 어느 시점에 재전송을 하는 것일까? 첫 번째는 타임아웃이다. 일정 시간 내에 ACK가 돌아오지 않으면 재전송한다. 또 다른 기준이 있을까? 그림 6.18을 보자. 그림에서는 시퀀스 번호 2921의 TCP 세그먼트가 경로 도중에서 사라졌다. 수신 측에는 그 다음 TCP 세그먼트가 도착하지만, 도중에 사라진 세그먼트를 계속 요구하기 때문에 ACK에서는 시퀀스 번호 2921을 보내 달라고 계속 응답한다. 그리고 송신 측에는 같은 ACK가 계속 돌아오지만, 한번 받은 ACK 번호와 같은 것이 3회 중복돼서 도착한 경우 그 번호에 해당하는 TCP 세그먼트가 도착하지 않았다고 간주하고 재전송한다. 이것을 중복 ACK(Duplicate ACK)라고 한다. 1회 중복 ACK로 바로 재전송하지 않고 3회까지 기다리는 것은 가끔 해당 세그먼트만 경로 도중에 지연돼서 도착 순서가 바뀔 수 있기 때문이다.

또한, TCP에는 SACK(Selective ACK)라 불리는 옵션도 있는데, 이 옵션을 사용하면 더 상세한 ACK를 반환할 수 있다. 그림 6.18에서는 시퀀스 번호 2921 뒤의 세 개의 세그먼트가 도착해 있지만, SACK 옵션에서는 이미 도착했다는 것을 정보로 전달할 수 있다. 이를 통해 송신 측은 도착하지 않은 TCP 세그먼트만 선택해서 재전송할 수 있게 된다.

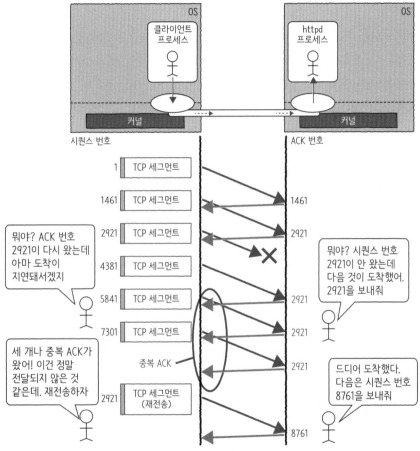

그림 6.18 시퀀스 번호와 중복 ACK를 이용한 TCP 재전송 제어

6.6.6 흐름 제어와 폭주 제어

이렇게 데이터 보증을 편리하게 하는 것이 시퀀스 번호와 ACK이지만, 데이터를 보내고 ACK를 기다리는 처리를 반복하다 보면 시간이 많이 걸린다. 이와 같이 주고받는 식의 처리는 4장에서 소개한 동기 처리에 해당한다.

흐름 제어

동기로 통신을 하면 효율이 나쁘기 때문에 ACK를 기다리지 않고 전송하는 것이 좋다. 앞의 그림 6.18을 보고 눈치 챈 독자도 있겠지만, 잘 보면 ACK 번호 1461이 돌아오기 전에 이미 시퀀스 번호 1461을 전송하고 있다. TCP는 어느 정도의 세그먼트 수라면 ACK를 기다리지 않고 전송하는 윈도우라는 개념을 가지고 있으며, ACK를 기다리지 않고 전송 가능한 데이터 크기를 윈도우 크기라고 한다.

그림 6.19를 보자. 윈도우에는 수신 측의 수신 윈도우와 송신 측의 폭주(송신) 윈도우, 두 가지가 있다. 기본적으로는 수신 측이 폭주 윈도우 크기를 조정해서 폭주 윈도우와 수신 윈도우 중 작은 쪽을 송신 윈도우로 채택하며, 이 범위 내에서는 ACK를 기다리지 않고 전송한다. ACK가 오면 해당 TCP 세그먼트는 재전송할 필요가 없기 때문에 송신용 소켓 버퍼에서 삭제하고 송신 윈도우를 다음으로 이동한다. 이와 같이 윈도우를 이동해 가는 방식을 슬라이딩 윈도우(Sliding Window)라고 한다. 수신 측은 수신용 소켓 버퍼가 넘쳐서 더 이상 수신이 불가능하게 되면 수신 윈도우 크기를 작게 만들고 이 사실을 송신 측에 알린다. 송신 측은 수신 윈도우 크기 이상의 데이터는 ACK 없이 보낼 수 없게 된다. 이것이 TCP 흐름 제어(유량 제어)다.

폭주 제어

그런데 송신 측 윈도우를 왜 폭주 윈도우라고 부르는 걸까? 이 송신 측 윈도우 크기는 네트워크 폭주 상태(혼잡 상태)에 맞추어 변경시키기 때문이다. 네트워크가 혼잡하면 폭주 윈도우 크기를 작게 해서 전송 데이터 양을 줄인다. 이것이 폭주 제어다. TCP는 주변에 영향을 주지 않도록 자중하는 프로토콜이다.

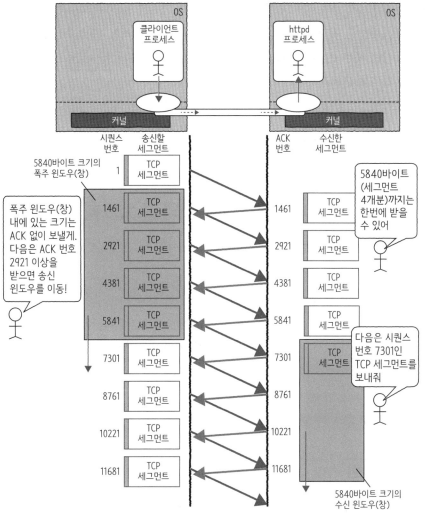

그림 6.19 윈도우를 이용한 TCP 흐름 제어

폭주 윈도우 크기는 통신 시작 시 1세그먼트에 설정된다. 통신이 문제 없이 시작돼서 수신 측에 도착하면 ACK 반환 시마다 폭주 윈도우 크기를 2세그먼트, 4세그먼트 식으로 지수 함수적으로 늘려나간다. 이 방식을 슬로우 스타트(Slow Start)[11]라고 한다. 어느

---

11 지수 함수 형태로 크기를 늘리기 때문에 단시간에 엄청난 크기가 된다. 아무리 처음 크기가 1이라고 해도 실제로는 슬로우 스타트처럼 느껴지지 않을 수도 있다.

정도의 크기까지 증가하면 그 이후는 1세그먼트씩 크기를 늘려나간다. 송신 중인 세그먼트가 실패하면, 즉 폭주를 감지하면 폭주 윈도우 크기를 작게 해서 송신량을 줄인다. 그리고 다시 폭주 윈도우 크기를 크게 만든다. 이 변화를 반복함으로써 주변에 민폐를 끼치지 않고 자신의 전송 속도가 최대가 되도록 조정할 수 있다.

송신 측은 받은 수신 윈도우 크기와 폭주 윈도우 크기 중 작은 쪽에 맞추어 전송량을 제어한다. 이와 같은 형식으로 흐름 제어와 폭주 제어가 이루어진다.

6.7 [레이어 3] **네트워크 계층의 프로토콜 IP**

TCP 세그먼트가 만들어지면 다음은 IP 처리가 시작된다.

IP는 Internet Protocol의 약자로, 명칭 그대로 오늘날 인터넷에서 사용되고 있는 가장 중요한 프로토콜이다. IP에는 프로토콜 종류에 따라 다른 버전이 있으며, 현재 폭넓게 사용되고 있는 것은 IPv4라 불리는 것이다. 최근에는 새로운 버전인 IPv6도 사용되고 있지만, 기업형 시스템 등에서는 대부분 IPv4를 사용하고 있다. IPv4와 IPv6는 명칭은 비슷하지만 기본적으로 상호 호환성이 없으면 전혀 다른 종류의 프로토콜이라 보는 것이 맞다. 이후로는 IPv6 중요성도 커질 것으로 예상되지만, 이 책에서 소개하는 IP는 특별한 언급이 없는 한 IPv4다.

6.7.1 IP의 역할

IP의 역할을 간단히 말하자면, '지정한 대상 서버까지 전달받은 데이터를 전해 주는 것'이라 할 수 있다. 간단하지만 TCP/IP 중에서도 가장 중요한 기능이다. 단, IP에서는 반드시 전달된다고 보장하지 않는다. IP가 담당하는 기능은 중요하지만 종류는 그다지 많지 않다. 중요한 기능을 열거하면 다음과 같다.

• IP 주소를 이용해서 최종 목적지에 데이터 전송
• 라우팅(Routing)

6.7.2 커널 공간의 IP 처리 흐름

이어서 IP 계층에 전달된 TCP 세그먼트가 어떻게 처리되는지 살펴보도록 하자.

그림 6.20은 커널 내에서 이루어지는 IP 처리 흐름을 보여 준다. 생성된 TCP 세그먼트는 그대로 IP 처리에 돌입한다. IP 계층에서는 최종 목적지가 적힌 IP 헤더를 TCP 세그먼트에 추가해서 IP 패킷[12]을 생성한다.

헤더에는 목적지 IP 주소 외에 저장하고 있는 데이터 길이, 프로토콜 종류(TCP 등), 헤더 체크섬 등이 기록된다.

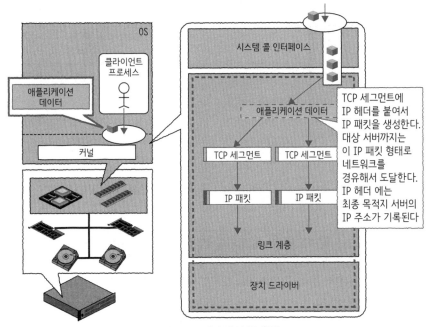

그림 6.20 **커널 내의 IP 처리**

그림 6.21에서는 TCP 세그먼트가 IP 패킷이 되는 흐름을 보여 주고 있다. 기본적으로 IP 패킷은 TCP에 의해 링크 계층에서 최대 전송 크기로 분할돼 있기 때문에 여기에 IP

---

12 IP 사양을 정하고 있는 RFC791에서는 IP 패킷이 아닌 IP 데이터그램(Datagram)이라는 명칭으로 정의하고 있다. 일반적으로 IP 패킷이라 부르는 경우가 많기 때문에 이 책에서도 IP 패킷이라 기재하고 있다.

헤더만 추가한 것이다[13]. 참고로, TCP 헤더는 20바이트이고, IP 헤더(IPv4 헤더)도 기본적으로 20바이트이기 때문에 이 시점에 첫 번째 IP 패킷은 실제로는 1460+20+20으로 1500바이트가 된다. 마찬가지로 두 번째 IP 패킷은 540+20+20으로 580바이트가 된다.

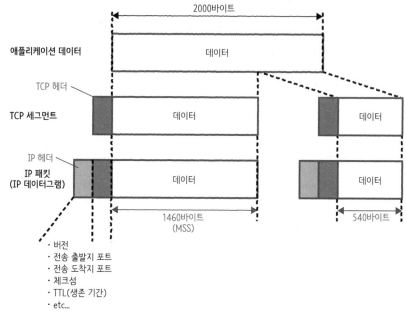

그림 6.21 **TCP 세그먼트가 IP 패킷에 저장되는 모습**

6.7.3 IP 주소를 이용한 최종 목적지로의 데이터 전송

IP에서는 최종 목적지 서버까지 복수의 네트워크를 경유해서 데이터를 전송한다. 이때 이용되는 것이 대상 서버를 나타내는 IP 주소다.

IP 주소는 32비트로 표현된 숫자 집합이다. 컴퓨터에서 처리하는 숫자이기 때문에 원래는 이진수를 써야 하지만, 사람이 읽기 쉽도록 192.168.0.1과 같이 8비트 단위로 마침표를 찍어서 표현하는 것을 자주 볼 수 있다.

---

13 사실은 TCP 세그먼트 분할 기능처럼 IP에도 패킷 분할 기능이 있다. IP에 의한 패킷 분할과 재결합 기능을 각각 IP 조각화(Fragmentation) 및 재결합(Reassemble)이라고 한다.

IP 주소는 네트워크부와 호스트부로 나뉜다. 네트워크부는 어떤 네트워크인지를 가리키고, 호스트부는 해당 네트워크 내에 있는 컴퓨터(소유자)를 가리킨다. 즉, IP 주소로 '어디의', '누구'인지를 알 수 있는 것이다. IP 주소에서 어디까지가 네트워크부인지 표시하기 위해서 '/24'와 같은 CIDR(사이더) 표기를 사용한다. 또는 서브넷 마스크(Subnet Mask)라고 해서 255.255.255.0과 같이 표현하기도 한다[14]. 같은 네트워크 내 컴퓨터의 IP 주소는 네트워크부를 동일 값으로 설정해야 한다. 그림 6.22를 통해 구체적인 예를 보자. 십진수 표기로는 알기 어렵지만 이진수로 바꾸면 의미를 알 수 있다. 그림에서는 같은 네트워크에 소속된 두 개의 서버가 있다. 두 서버의 IP 주소를 보면 네트워크부가 같다는 것을 알 수 있다.

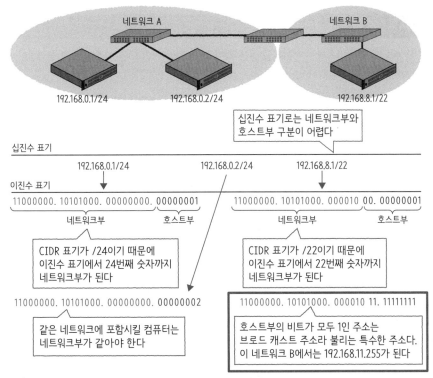

그림 6.22 IP 주소 범위와 CIDR

---

14 /24를 서브넷 마스크 방식으로 생각하면, 좌측부터 24개가 1이고 나머지는 0이라는 의미가 된다. /24와 같은 의미인 255.255.255.0을 이진수로 바꾸면, 11111111.11111111.11111111.00000000으로 좌측부터 1이 24개가 연속되는 것을 알 수 있다.

IP 주소를 일상 생활에 비유하자면 전화번호와 같다. 예를 들어, 서울 전화번호라면 02-XXXX-XXXX처럼 동일한 시외 번호를 이용한다. 네트워크도 마찬가지다. 같은 네트워크 내에 있다면 동일한 네트워크 주소가 사용된다. 서브넷 마스크는 몇 번째 자리까지가 네트워크 주소(시외 번호)인지를 구별하기 위한 표시다.

IP 주소 중 호스트부의 비트가 모두 0인 것을 네트워크 주소, 모두 1인 것을 브로드캐스트(Broadcast) 주소라고 한다. 이것은 호스트에 할당해서는 안 되는 특별한 IP 주소다. 그림 6.22에 있는 네트워크 B에서는 192.168.8.0이 네트워크 주소, 192.168.11.255는 브로드캐스트 주소가 된다. 참고로, 브로드캐스트 주소로 보낸 패킷은 같은 네트워크의 모든 호스트에 전달된다.

COLUMN IP 주소 고갈과 IPv6

'IP 주소가 고갈된다'라는 이야기를 들은 적이 있을 것이다. 2010년 이후부터 그 심각성이 부각되면서 다양한 대책이 논의됐다.

현재 사용되고 있는 IP는 IPv4인데, 주소를 32비트로 표현하고 있다. 이 경우 약 43억 개의 IP 주소를 만들 수 있지만, 인터넷의 폭발적인 보급과 함께 43억 개의 주소가 거의 고갈돼 가고 있다. 이것을 보완하기 위한 간단한 방법은 IP 주소 자릿수를 늘리는 것이다. 휴대 전화의 번호가 10자리에서 11자리가 됐듯이 IP 주소도 32비트에서 128비트로 늘어나게 됐다. 이것이 IPv6다. 이진수이기 때문에 알기 어렵지만, 이진수로 32자리가 128자리가 된 것이다.

하지만 이 IPv6는 6.7절에서도 언급했듯이 IPv4와 호환성을 가지고 있지 않다. IPv4를 전제로 한 네트워크 장비나 애플리케이션은 IPv6를 사용할 수 없다. 또한, 상호 통신을 하기 위해서는 기본적으로 웹 서비스 제공 측과 이용 측 쌍방이 IPv6에 대응하는 네트워크 장비와 애플리케이션을 사용해야 한다. 2000년 전후로 사양 및 구현 방법이 소개된 IPv6는 조금씩 IPv6 대응 환경으로 바뀌어서 이제는 IPv6를 사용할 준비가 거의 끝났다고 할 수 있다.

2012년 6월6일에 'World IPv6 Launch'라 불리는 세계적인 대회가 개최됐다. 이것은 인터넷 서비스를 IPv6로 이동시키기 위한 서비스로, 이벤트 참가자(참가 기업이나 단체)는 이 날을 기점으로 자신의 서비스를 IPv6로 완전히 전환했다. 이를 통해 주요 웹 사이트, 인터넷 서비스 제공사가 IPv6에 대응하고 있다. 기업형 시스템의 네트워크에서는 잘 사용되지 않는 IPv6이지만, 인터넷 세계에서는 범위가 확대되는 중이다.

참고로, IPv4와 IPv6가 호환성이 없다고 말했는데, TCP 및 그 윗 단계의 HTTP는 양쪽 버전을 모두 지원하기 때문에 사용자는 IPv4로 통신을 하고 있는지 IPv6로 통신하고 있는지 의식할 필요가 없다. 이것도 계층 구조의 장점이라 할 수 있다. 실은 이미 IPv6를 사용해서 인터넷에 접속하고 있을 수도 있다.

6.7.4 사설 네트워크와 IP 주소

앞서 언급한 192.168.0.1 등의 IP 주소는 왜 192.168로 시작하는 것일까? IP 주소란 목적지를 식별하기 위한 것이다. 만약 다른 곳에 위치한 두 대의 컴퓨터가 동일한 IP 주소를 사용한다면, 패킷을 어느 컴퓨터에 전달해야 할지 알 수 없는 상태가 된다. 원래는 모든 컴퓨터에 고유한 IP 주소를 할당해야 하지만, 사용할 수 있는 IP 주소가 무한대로 있는 것이 아니다. 또한, 인터넷에서 사용되는 IP는 '이 범위의 IP 주소는 ○○ 조직이 사용한다'와 같이 지정되어 있으며, 'IP 주소 1.2.3.4를 사용하고 싶으니 설정하자'처럼 원하는 대로 할 수 있는 것이 아니다.

가정이나 회사 내에서 사용하는 네트워크, 즉 사설(Private) 네트워크라면 개인적인 영역이므로 원하는 대로 IP를 설정해도 될 거라 생각할 수 있다. 하지만 이런 사설 네트워크에서 사용할 수 있는 주소도 사실 RFC 1918에서 정하고 있다. 이에 해당하는 것이 다음 세 종류의 범위다.

- 10.0.0.0/8(10.0.0.0~10.255.255.255 범위)
- 172.16.0.0/12(172.16.0.0~172.31.255.255 범위)
- 192.168.0.0/16(192.168.0.0~192.168.255.255 범위)

이 범위를 사설 주소라고도 부른다. 특히 192.168로 시작하는 것은 가정 내 네트워크에서 자주 볼 수 있다. 실제로는 네트워크 범위를 더 작게 나누거나 192.168.0.0/24로 사용하는 경우가 많다. 참고로 사설 주소의 반대되는 개념으로, 인터넷상에서 통신이 가능한 IP 주소를 공공(Public) IP 주소라고 한다.

사설 주소는 자유롭게 사용할 수 있어서 편리하지만, 인터넷상의 호스트 등과 통신이 불가능하다. 즉, 여러분의 컴퓨터가 사설 주소밖에 가지고 있지 않다면, 브라우저로 웹 사이트를 열람할 수 없는 것이다. 이를 해결하기 위해 공공 주소와 사설 주소가 모두 할당된 호스트를 준비하고, 사설 주소만 있는 호스트는 해당 호스트를 경유해서 인터 넷 세상과 통신하도록 한다[15].

6.7.5 라우팅

송신 및 수신 시에 서버 내에서만 처리되는 TCP와 달리 IP는 경로 도중에 다양한 처리 가 이루어진다. 라우팅(Routing)도 그중 하나다.

IP 주소를 이용해 대상 서버를 지정할 수 있다. 하지만 대상 서버가 항상 같은 네트워크 내에 있는 것은 아니다. 다른 네트워크에 있는 경우는 어떻게 될까? 이 경우는 최종 목 적지에 도착할 때까지 목적지를 알고 있는 라우터에 전송을 부탁하는 것이다.

IP 패킷을 받은 라우터는 해당 IP 패킷의 헤더에서 목적지를 확인해서 어디로 보내야 할지를 확인한다. 이때 사용되는 것이 라우팅 테이블(경로표)이라는 것이다. 서버나 라 우터는 자신이 알고 있는 목적지 정보를 라우팅 테이블이라 하는 형태로 목록화한다. 라우팅 테이블은 사람이 직접 입력한 경로 정보나 자신의 서버에 설정된 IP 주소로 파 악할 수 있는 정보 등 다양한 정보를 이용해서 구성된다.

외부와 접속하는 네트워크는 보통 기본 게이트웨이(Default Gateway)라는 라우터가 설치 돼 있다.

그림 6.23을 보자. 여기서는 네트워크 A와 네트워크 B의 두 네트워크에 소속된 서버가 IP 패킷을 보내려고 하고 있다. IP 주소를 보고 목적지가 네트워크 E라는 것을 알 수 있 지만, 자신의 라우팅 테이블에는 목적지가 남아 있지 않기 때문에 네트워크 E라는 것 을 알 수 없다. 이 경우 기본 게이트웨이라 불리는 목적지에 패킷을 보낸다. 기본 게이 트웨이는 외부 네트워크에 접속돼 있어서 외부 세계에 패킷을 보낼 수 있다. 참고로, 외 부 세계에 연결돼 있지 않은 라우터를 기본 게이트웨이로 지정해도 당연히 패킷을 전송 할 수 없기 때문에 의미가 없다. 어쨌든 기본 게이트웨이의 라우터가 목적지인 네트워 크 E에 패킷을 제대로 전송해 주고 있다.

---

15   이때는 NAT나 HTTP 프록시 등이 사용되지만, 이 책에서는 자세히 다루지 않는다.

IP를 이용한 전송은 주변을 신뢰해야만 성립되는 것이다. 특히 인터넷 통신에서는 자신이 관리하지 않는 네트워크를 다수 경유해야지만 패킷이 상대 서버에 도달한다. 각 라우터는 라우팅 테이블을 기반으로 패킷을 전송하기 때문에 도중에 있는 라우터가 잘못된 라우팅 테이블을 가지고 있다면 목적지가 바뀔 수 있다.

예를 들어, 네트워크 C와 네트워크 F 경계에 있는 라우팅 테이블에 오류가 있어서 네트워크 E에 가기 위해서는 네트워크 A를 경유해야 한다고 기술돼 있다면 어떻게 될까? 당연히 이 라우터는 네트워크 A와 C의 경계에 있는 라우터에게 패킷을 던진다. 이 패킷을 받은 라우터는 다시 패킷을 되돌린다. 이 두 개의 라우터 간에 패킷이 몇 번이고 왕복을 하게 되는 것이다. 이러면 되면 네트워크에서 패킷이 계속 순회하게 돼서 곤란한 상태에 이르게 된다. 이런 상태를 방지하기 위해 IP 헤더는 TTL(Time To Live)이라는 생존 시간 정보를 가지고 있다.

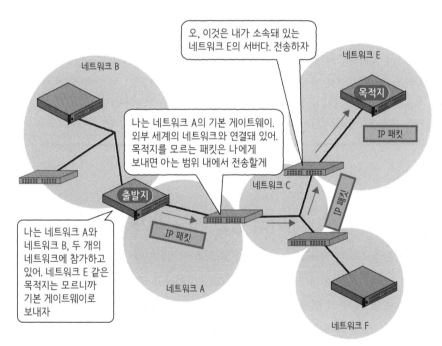

그림 6.23 **IP 패킷의 라우팅**

예를 들어, TTL = 64부터 시작한다고 하면 라우터를 하나 경유할 때마다 라우터가 IP 헤더 TTL을 1씩 줄여서 전송한다. 계속 전송되면 64, 63, 62, ··· 2, 1, 0처럼 TTL이 줄어서 언젠가 0이 된다. 이 시점에 패킷 생존 시간이 끝나기 때문에 라우터가 패킷을 파기한다. 정상적으로 전송된 경우는 이렇게 64개나 라우터를 경유할 이유가 없기 때문에 정상 패킷이 파기되는 경우는 없다. TTL을 이용해서 패킷이 좀비가 되어 배회하는 것을 방지할 수 있는 것이다. 참고로, 정해진 TTL 값은 없으며 기본값은 OS마다 다르다.

COLUMN   IP 헤더에서 체크섬이 사라진 날

IPv4와 IPv6의 가장 큰 차이는 주소 공간이지만, 이외에도 몇 가지 차이가 있다. 그중 하나가 체크섬 유무다(5장 5.9.3절).

IPv4 헤더에는 헤더 체크섬을 저장하는 장소가 있다. 이를 통해 헤더 정보가 파괴됐는지 여부를 확인할 수 있지만, 헤더 정보에 변경이 있으면 체크섬을 재계산해야 한다. 헤더 내에서 변경이 발생하는 부분이 있을까? TTL이 그렇다. TTL은 라우터를 경유할 때마다 1씩 줄어든다. 이것은 라우터를 경유할 때마다 체크섬을 재계산해야 한다는 것을 의미한다.

본래 TCP 헤더에도 체크섬이 있으며, 이 체크섬 계산으로 IP 주소 부분을 포함한 일치성을 확인하고 있다. 이 때문에 IPv6부터는 체크섬이 깔끔하게 제외됐다. 이외에도 가변 길이가 허용됐던 IPv4와 달리 IPv6 헤더는 40바이트 고정 길이를 사용하는 등 라우터가 처리해야 할 부분을 줄이고 있다.

6.8 [레이어 2] 데이터 링크 계층의 프로토콜 이더넷

IP 패킷이 만들어지면 계속해서 링크 계층의 처리가 시작된다. 링크 계층에서 사용되는 대표적인 프로토콜은 이더넷(Ethernet)이다. '대표적'이라고 말한 것은 이더넷 외에 다른 프로토콜이 몇 가지 더 있기 때문이다. 예를 들어, 무선 랜 프로토콜은 이더넷이 아니다. 이번에는 유선 랜에서 사용되는 링크 계층 프로토콜인 이더넷을 소개하지만, 다른 링크 계층 프로토콜에도 공통적으로 적용되는 내용을 설명하겠다.

6.8.1 이더넷의 역할

이더넷을 포함한 링크 계층 프로토콜의 역할을 간단히 말하자면, '동일 네트워크 내의 네트워크 장비까지 전달받은 데이터를 운반한다'고 할 수 있겠다. TCP/IP 4계층 모델에서는 물리 계층과 함께 하나의 계층으로 취급되듯이, 이더넷이란 링크 계층 프로토콜은 이른바 OSI 7계층 모델의 물리 계층과 밀접한 관계가 있다.

이더넷은 케이블 통신에서 사용되기 때문에 이더넷 프레임은 전기 신호로 전송된다. 이 때문에 이더넷 프로토콜에는 전기 신호의 특성과 관련된 제어 기능 등 다양한 기능이 포함돼 있다. 이들 구조 중에는 복잡한 것도 있지만, 중요한 것은 많지 않기 때문에 자세한 내용은 다른 전문 서적을 참고하도록 하자.

여기서는 전송 기능 중에서 다음과 같은 기능을 다루도록 한다.

* 동일 네트워크 내(링크 내) 데이터 전송

IP는 IP 주소를 사용해서 여러 네트워크를 거쳐 데이터를 전송할 수 있지만, 이더넷은 동일 네트워크 내, 즉 자신이 포함된 링크 내에서만 데이터를 전송할 수 있다. 이때 사용되는 주소가 MAC(맥) 주소다.

6.8.2 커널 공간의 이더넷 처리 흐름

그러면 이더넷에서 IP 패킷이 어떻게 처리되는지 살펴보도록 하자. 그림 6.24에 커널 내 이더넷 처리를 정리했다. IP 계층에서 라우팅 테이블을 확인하기 때문에 어떤 링크 (NIC)가 패킷을 보낼지는 정해져 있다. 최종적인 통신 상태가 동일 네트워크 내에 있으면 해당 서버에 직접 전송하지만, 다른 네트워크에 있으면 기본 게이트웨이에 패킷을 보내야 한다. 여기서는 MAC 주소라 불리는 링크 계층 주소를 사용해서 첫 번째 목적지로 보낸다.

이더넷 헤더에는 이 MAC 주소를 목적지로 기입한다. 단, 여기에 적히는 것은 동일 링크 내에 있는 장비의 MAC 주소다. IP 주소에 라우팅 테이블이 있었던 것처럼 MAC 주소에는 ARP 테이블(MAC 테이블)이라 불리는 표가 있다. 동일 링크 내의 노드에 대해서 'IP

주소 A에 대응하는 것은 MAC 주소 B다'와 같은 형식으로 IP 주소와 MAC 주소의 대응 관계를 기록한 표다. 이렇게 인접한 장비의 MAC 주소를 헤더에 기록한 후 최종적으로는 OS가 버스를 통해 NIC에게 전달한다. NIC는 이것을 다시 네트워크에 전송한다.

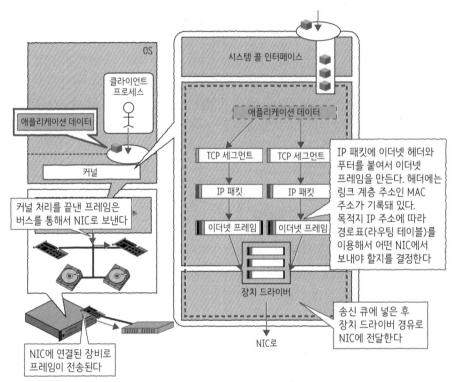

그림 6.24 **커널 내의 이더넷 처리**

IP 패킷이 이더넷 프레임에 저장되는 모습

그림 6.25에서는 애플리케이션 데이터가 최종적으로 이더넷 프레임에 저장되는 모습을 보여 주고 있다. 이더넷 등 해당 링크 층에서 하나의 프레임으로 전송할 수 있는 최대 크기를 MTU(Maximum Transfer Unit)라고 한다. 이것은 링크 종류나 설정에 따라 달라지지만, 일반적인 이더넷에서는 1500바이트로 설정돼 있다. TCP의 MSS를 떠올려 보자. MSS는 링크 계층의 크기에 따라 변동된다고 했는데, 바로 이 MTU 크기에 의해 변동되는 것이다. MTU에서 IP 및 TCP 헤더 크기를 뺀 것이 TCP의 MSS다.

IP 패킷의 최대 크기는 'IP 헤더 + TCP 헤더 + MSS'이지만, 어째서 IP 패킷의 최대 크기를 MSS를 조절해서 맞추는 것일까?

먼저, IP 패킷의 최대 크기가 MTU보다 작은 경우를 생각해 보자. 이 경우 하나의 패킷으로 전달할 수 있는 데이터 크기가 작기 때문에 큰 데이터를 전달하기 위해 통신 횟수가 늘어나 버린다. 5장의 I/O 크기에서 소개한 것처럼 교환하는 횟수가 늘어나면 통신이 느려진다.

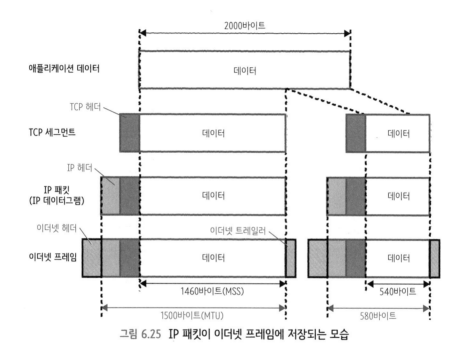

그림 6.25 IP 패킷이 이더넷 프레임에 저장되는 모습

다음은 IP 패킷의 최대 크기가 MTU보다 큰 경우를 생각해 보자. 즉, MTU에 담을 수 없는 IP 패킷을 전송하려고 하는 경우다. 6.7.2절에서 잠깐 다뤘지만, IP에도 분할 기능이 있어서 MTU에 담을 수 없는 패킷은 IP 계층에서 패킷 분할을 한다. 즉, TCP 계층에서 여러 세그먼트로 분할된 후 다시 IP 계층에서도 분할이 이루어진다. 이것은 이중 작업으로 불필요한 처리 시간이 늘어난다.

또한, MTU는 네트워크상의 모든 경로에서 동일한 것이 아니다. 경로 도중에 MTU가 작아서 1패킷이 MTU에 들어가지 않으면 필요에 따라 경로 도중에 네트워크 장비에서 패킷이 분할된다. 경로 도중에서의 패킷 분할은 설정이나 환경에 따라서는 실시되지 않는 경우도 있는데, 이 경우에는 안타깝게도 패킷이 파기된다. 이와 같은 사태를 방지하기 위해 송신 측이 'Path MTU Discovery'라는 방법을 이용해서 송신 전에 경로상의 최소 MTU를 조사해서 미리 세그먼트 크기를 조정할 수 있다. 참고로, 경로에서 패킷 분할을 하는 것은 IPv4의 기능으로, IPv6에서는 경로상의 패킷 분할 기능이 폐지됐다.

6.8.3 동일 네트워크 내의 데이터 전송

MAC 주소는 IP 주소와 어떻게 다를까? MAC 주소는 네트워크 통신을 하는 하드웨어에 할당된 주소로, 원칙적으로는 세상에 있는 모든 장비가 고유한(중복되지 않는)[16] 물리 주소를 가지고 있다. IPv4 주소는 32비트로 표현했지만, MAC 주소는 48비트로 표현한다. 보통은 16진수로 02:46:8A:CE:00:FF나 02-46-8A-CE-00-FF와 같이 표기한다.

서버 등이 보낸 이더넷 프레임이 L2 스위치에 도착하면 프레임을 받은 L2 스위치는 MAC 주소를 보면서 적절한 포트에서 프레임을 꺼낸다. 하지만 다른 네트워크(L3 스위치나 라우터)를 거치는 경우는 MAC 주소를 사용한 통신이 불가능하다.

또한, IP를 이용한 브로드캐스트 주소 통신은 이더넷상에서의 브로드캐스트 통신으로 전송된다. MAC 주소 FF-FF-FF-FF-FF-FF가 이더넷의 브로드캐스트에 해당한다. 물론, 브로드캐스트를 이용한 통신도 다른 네트워크를 거쳐서 전송할 수 없기 때문에 하나의 네트워크를 브로드캐스트 도메인이라고도 부른다.

그림 6.26에서는 전송 출발지 1이 브로드캐스트이고 출발지 2가 유니캐스트로 전송하고 있다. 어떤 흐름인지 살펴보도록 하자.

---

[16] 실제로는 중복된 MAC 주소가 존재하며, MAC 주소를 변경 가능한 네크워크 장비도 있다. 하지만 MAC 주소를 사용해서 통신을 하는 동일 링크 내에서는 고의적으로 설정을 변경하지 않는 이상 MAC 주소가 서로 충돌하는 경우는 없다.

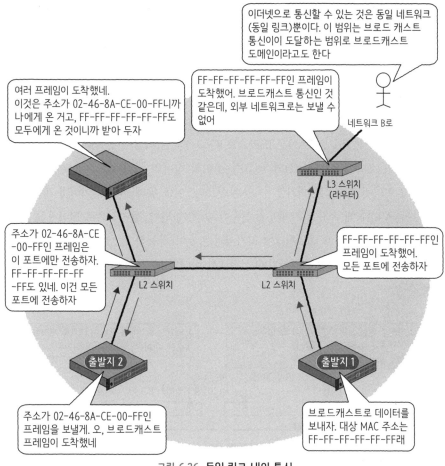

그림 6.26 **동일 링크 내의 통신**

6.8.4 VLAN

네트워크를 구축할 때는 통신이 도달하는 범위를 생각해야 한다. 특히, 브로드캐스트 통신 등 전체에 데이터를 전송하는 경우는 불필요한 트래픽을 증가시킨다. 즉, 브로드 캐스트 도메인을 고려해서 네트워크를 적절하게 분할하는 것이 필요하다. 하지만 6.8.3 절에서 설명했듯이, 네트워크 범위는 네트워크 스위치의 물리 구성에 의해 크게 좌우되기 때문에 유연하게 구성하기가 어렵다. 따라서 물리 구성에 좌우되지 않고 설정만으로 네트워크를 나눌 수 있는 구조가 필요하다. 네트워크를 유연하게 구축하는 구조에는 몇 가지가 있지만, 여기서는 실제 자주 사용되는 VLAN(Virtual LAN)에 대해 설명한다.

VLAN은 물리 구성에 의존하지 않고 가상적인 네트워크를 나누는 구조다. 가상적으로 나눈 네트워크는 VLAN ID라 불리는 숫자로 관리한다. VLAN에는 몇 가지 종류가 있지만 자주 사용되는 것은 태그 VLAN이다.

그림 6.27을 보자. 태그 VLAN은 IEEE802.1Q로 정의된 사양이다. 이더넷 프레임에 해당 프레임이 소속된 VLAN ID의 '태그'를 붙여서 하나의 물리 링크 내에서도 복수의 네트워크 이더넷 프레임을 처리할 수 있는 구조다. 이를 통해 하나의 이더넷 케이블 내에서 다른 VLAN에 속하는 프레임을 전송할 수 있게 되어, 물리적으로 떨어져 있는 네트워크 스위치라도 동일 네트워크에 참가시키는 것이 가능하다. 네트워크 스위치의 포트별로 어떤 VLAN ID와 연결할지를 설정해서 하나의 L2 스위치라도 여러 네트워크를 다룰 수 있다.

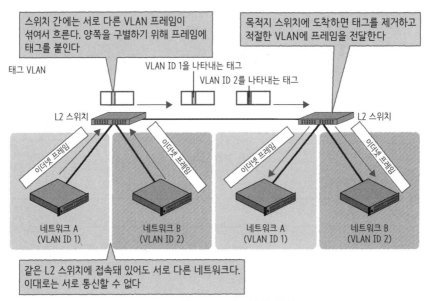

그림 6.27 **태그 VLAN을 이용한 통신**

태그 VLAN이 설정된 스위치는 다른 스위치에 프레임을 전송할 때 해당 프레임이 속한 VLAN을 가리키는 태그를 붙여서(Tag) 전송한다. 목적지 네트워크에 도착하면 태그를 제거한 후(Untag) 목적지 컴퓨터로 보낸다.

참고로, 설령 같은 L2 스위치에 접속된 컴퓨터들이라도 각각 다른 VLAN ID에 설정된 포트를 사용하고 있는 경우는 별도의 L3 스위치나 라우터 없이는 서로 통신할 수 없다. 같은 L2 스위치에 접속돼 있음에도 불구하고 통신할 수 없다는 것이 이상하게 여겨질 수도 있는데, IP와 이더넷 구조를 생각하면 당연한 원리다.

6.9 TCP/IP를 이용한 통신 이후

앞 절까지 계층별 전송 처리에 대해 소개했다. 이더넷 프레임으로 NIC까지 전송된 프레임은 이후에 어떻게 처리되는 것일까? 이번 절에서는 이후의 중계 처리와 수신 처리에 대해 소개한다.

6.9.1 네트워크 스위치 중계 처리

먼저, 네트워크 스위치의 상태를 보자.

그림 6.28을 보면 서버 사이에 L2 스위치가 하나만 연결돼 있다. 전송된 이더넷 프레임은 제일 먼저 서버와 인접하고 있는 L2 스위치에 도착한다. L2 스위치는 명칭 그대로 레이어 2에서 처리하는 스위치다. 레이어 2는 이더넷 계층이기 때문에 이더넷 헤더를 보고서 대상 MAC 주소를 확인한 후 적절한 포트를 통해 프레임을 전송한다.

OS에서는 커널 내에서 프레임을 처리하고 있지만, L2 스위치에서는 어떻게 처리할까? L2 스위치도 컴퓨터이기 때문에 내부에는 스위치용 OS가 동작하고 있다. 그러면 이 OS가 프레임을 처리하는 걸까? 사실은 좀 다르다. 이런 네트워크 스위치는 일반 서버와 달리 프레임이나 패킷 처리에 특화된 ASIC라 하는 회로를 가지고 있어서 하드웨어 처리만으로 프레임이나 빠르게 패킷을 전송할 수 있다.

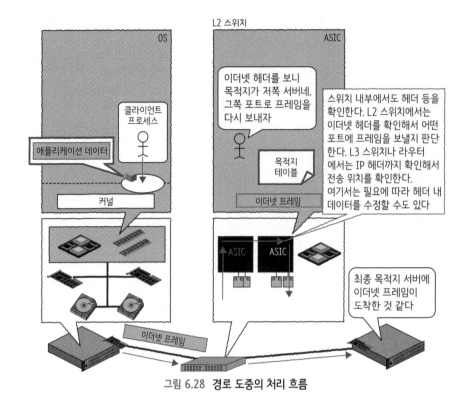

그림 6.28 경로 도중의 처리 흐름

여기서는 최종 목적지가 동일 네트워크 서버이기 때문에 사이에 L2 스위치가 하나만 있지만, 다른 네트워크에 전송하는 경우는 L3 스위치나 라우터가 있을 수 있다.

L2 스위치에서는 이더넷 헤더를 보고 목적지를 정하지만, L3 스위치나 라우터에서는 IP 헤더까지 확인해서 목적지를 결정한다. 이것을 도식화한 것이 그림 6.29다.

서버 A가 IP 패킷을 보내려고 하고 있다(그림 6.29 ①). 서버 A와 서버 B는 동일 링크 내에 있다. 이 때문에 서버 A가 서버 B로 전송할 때 IP 패킷을 서버 B를 대상으로 하는 이더넷 프레임에 넣어서 전달한다.

다음은 서버 A가 서버 C로 IP 패킷을 보내는 경우를 보자(그림 6.29 ②). 서버 C는 다른 네트워크 서버이기 때문에 먼저 기본 게이트웨이로 보내서 IP 라우팅을 이용해서 패킷을 전달해야 한다. 이 세 개의 네트워크(링크)를 경유하게 되지만, IP 패킷은 각각 다른 이더넷 프레임에 저장돼서 전달된다.

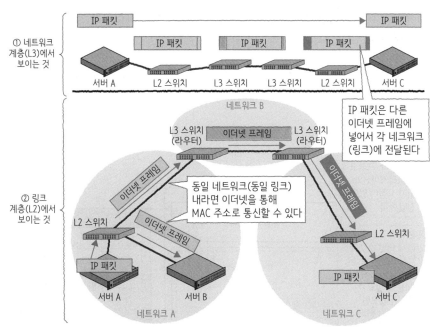

① 네트워크
계층(L3)에서
보이는 것

IP 패킷 ────────────────────────────────→ IP 패킷

IP 패킷   IP 패킷   IP 패킷

서버 A   L2 스위치   L3 스위치   L3 스위치   L2 스위치   서버 C

IP 패킷은 다른
이더넷 프레임에
넣어서 각 네크워크
(링크)에 전달된다

네트워크 B

L3 스위치
(라우터)   이더넷 프레임   L3 스위치
(라우터)

이더넷 프레임

② 링크
계층(L2)에서
보이는 것

동일 네트워크(동일 링크)
내라면 이더넷을 통해
MAC 주소로 통신할 수 있다

L2 스위치   이더넷 프레임

이더넷 프레임

이더넷 프레임

L2 스위치

IP 패킷

IP 패킷

서버 A   서버 B   서버 C

네트워크 A   네트워크 C

그림 6.29 패킷 전송 시의 네트워크 계층(L3)과 링크 계층(L2)의 차이

6.9.2 최종 목적지의 수신 확인

L2 스위치나 L3 스위치를 경유해서 최종 목적지인 서버에 이더넷 프레임이 도착한다. 그림 6.30은 도착 후의 수신 처리를 보여 주고 있다. 송신 처리는 하나하나 개별 그림으로 설명했지만, 이번에는 한 장의 그림에 모두 정리했다.

NIC로 프레임이 도착하면 일단은 NIC 수신 큐(4장 4.3절)에 저장해서 OS 끼어들기나 OS 폴링(5장 5.3절)을 이용해서 커널 내에 프레임을 복사한다. 그리고 이더넷 헤더와 푸터를 제거하고 IP 패킷을 꺼낸다. 여기서 IP 주소를 확인해서 자신에게 보낸 패킷이 맞는지 확인한다. 자신에게 보낸 패킷이 맞다면 IP 헤더를 제거하고 TCP 세그먼트를 꺼낸다.

TCP 포트 번호를 확인해서 포트 번호에 대응하는 소켓에 데이터를 전달한다. TCP는 데이터 보증을 하기 때문에 없어진 세그먼트가 있어서도 안 되고 순서가 틀려도 안 된다. 이 때문에 데이터 재구성을 위해 필요한 세그먼트가 모두 도착하기까지 버퍼 내에서 기다리는 경우가 있다.

6.9 TCP/IP를 이용한 통신 이후   223

마지막으로 TCP 헤더를 제거하고 안에 있는 애플리케이션 데이터를 재구성하여, 이것을 소켓을 통해 애플리케이션에게 전달한다.

이처럼 TCP/IP를 통해 소켓에 기록한 데이터가 그 형태 그대로 상대 서버의 소켓을 통해 나오는 것이다.

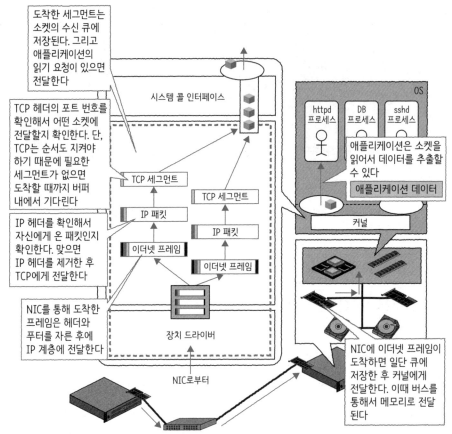

그림 6.30 **최종 목적지 서버에 도착한 후의 처리**

이더넷의 속도 향상과 점보 프레임

6장의 6.2.8절에서 일반적인 이더넷의 MTU 즉, 1프레임으로 전송할 수 있는 최대 크기가 1500바이트라고 소개했다. 가정이나 직장에서 인터넷을 경유해서 통신할 때는 교환하는 데이터 크기가 비교적 적어서 1500바이트로 문제가 발생하지는 않는다.

하지만 이 책에서 다루고 있는 인프라 시스템은 어떨까? 시스템에서 사용하는 네트워크 대역이 점점 커져서 현재는 10Gbps의 이더넷 접속이 보편화됐지만, 스위치 간 접속에선 40Gbps나 100Gbps를 사용하는 경우도 늘었다. 즉, 전송하는 데이터 양이 그만큼 커졌지만 '프레임 크기가 정말 1500바이트로도 괜찮을까' 하는 의문이 생긴다. 이 MTU에 대한 얘기는 5.4절에서도 소개했지만, MTU를 변경하지 않고 데이터 크기만 늘어나면 전송 횟수가 늘어나서 효율이 떨어진다.

10Gbps 등 큰 대역을 가진 네트워크에서 데이터를 효율적으로 전송할 수 있도록 MTU를 1500바이트 이상으로 조정하는 것을 '점보 프레임(Jumbo Frame)'이라고 한다. 집필 시점에는 9000 정도의 프레임 크기가 주로 사용되고 있다.

제 7 장

무정지를 위한
인프라 구조

상용 시스템을 장애로부터 보호하기 위해서 빠트릴 수 없는 구조가 있다. 그것은 바로
안정성과 이중화. 이 구조에는 지금까지 설명한 기본적인 이론이 다수 적용돼 있다.

7.1 안정성 및 이중화

7.1.1 안정성이란?

지금까지 웹 시스템 인프라의 일련의 데이터 흐름과 사용 알고리즘, 기술 등에 대해 설명했다. 이제부터는 좀 더 구체적으로 실제 시스템 이야기를 해 보도록 하겠다. 상용 시스템에서는 시스템 인프라가 '업무 기능의 토대'가 되지만 요구되는 몇 가지가 있다. 그 중 하나가 안정성이다. 고가용성이라고도 한다.

안정성, 고가용성이란, 시스템 서비스가 가능한 한 멈추지 않도록 하는 것을 말한다. 구체적으로는 그림 7.1과 같은 것을 의미하며, 그림의 왼쪽에 있는 목표를 오른쪽에 있는 방법으로 실현한다.

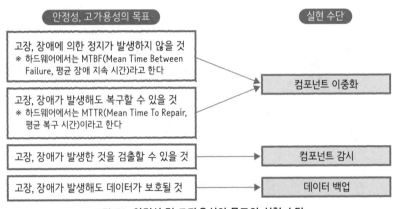

그림 7.1 **안정성 및 고가용성의 목표와 실현 수단**

상용 웹 시스템에서는 미들웨어 기능이나 구조로 이중화, 감시, 백업의 세 가지 수단을 구현해서 목표를 실현하고 있다. 또한, 이중화에는 안정성 확보 이외에도 다른 용도가 있는데, 이에 대해서는 뒤에서 설명하겠다.

구체적인 구현은 4장, 5장에서 소개한 것과 같은 기초적인 기술들을 조합해서 이루어진다. 이후부터는 이들 수단에 대해 설명하겠다.

7.1.2 이중화란?

이중화란 무엇일까? 간단히 말하면 하나의 기능을 병렬로 여러 개 나열해서 하나에 장애가 발생해도 다른 것을 이용해서 서비스를 계속할 수 있는 것을 가리킨다. 하나의 기능이 병렬로 가동되기 때문에 이런 고가용성에 대한 의미뿐만 아니라 확장성이나 부하 분산 같은 성능에 대한 의미도 가진다. 이것을 그림으로 표현한 것이 그림 7.2다.

그림 7.2 **한 사람이 넘어져도 여유가 있는 것이 이중화**

이중화되지 않으면 아래에 있는 사람으로만 받치기가 힘겨워 보인다. 한 사람이 넘어지면 위에 타고 있는 스모 선수가 떨어질 것이다. 반대로, 이중화되어 있으면 한 사람이 넘어져도 괜찮다. 또한, 이중화에서는 보충 요원을 준비하는 경우도 있다.

시스템에서 스모 선수는 시스템 서비스에 해당한다. 시스템 서비스를 지속적으로 제공하기 위해 기능을 이중화하는 것이다. 상용 시스템에서는 모든 컴포넌트를 이중화한다.

이중화를 할 때는 구체적으로 어떤 구조가 필요할까? 그림 7.2의 예를 가지고 설명하면 다음과 같다.

- 모두가 균등하게 가마를 들 수 있는 구조(부하분산)
- 넘어진 사람이 있는지 정기적으로 확인하는 구조(내부적 생존 감시)
- (보충 요원이 있는 경우) 스모 선수를 운반하는 사람이 누구인지 판단하는 구조(마스터 결정)
- (보충 요원이 없는 경우) 안전하게 요원을 교체할 수 있는 구조(페일오버)

이중화 기능은 반드시 이런 구조를 갖추고 있다. 그러면 이런 구조가 어떻게 적용되는지, 그리고 4장, 5장에서 소개한 이론이 어떻게 사용되는지에 대해 컴포넌트 단위로 자세히 보도록 하자. 각 항목의 그림에는 색 말풍선()으로 앞에서 소개한 개념들의 명칭을 넣었다.

COLUMN   아빠는 이중화 때문에 고민이다

"아빠! 이 시스템은 위치를 이중화해야 해?"

이런 질문을 받고 당황한 아버지 독자들이 있을 것이다. 이중화에 의한 안정성은 다양한 계층에서 실현할 수 있다.

1. H/W 컴포넌트 계층

전원이나 네트워크, 하드디스크 이중화다. 신뢰도가 비교적 낮은 부분과 데이터 보호를 목적으로 한다. 일반적인 서버에선 CPU와 메모리를 여러 개 가지고 있지만, 어디까지나 처리 성능을 향상시키는 것이 목적이다. '동일 처리를 병렬로 실행한다', '데이터를 복제한다' 등은 하지 않는다. 즉, 특정 CPU가 실행하고 있던 처리를 해당 CPU가 고장 났다고 다른 CPU로 인계할 수 없다.

이런 기능을 가진 서버가 존재하긴 하지만 가격이 높은 편이어서 수요가 많지 않다. 왜 수요가 없는지에 대해선 이 칼럼 마지막 부분에 답이 있다.

2. 시스템 계층

여러 서버에서 동일한 처리를 실행하는 서버 이중화다. 특정 서버의 처리가 중단돼도 다른 서버에서 처리를 지속해서 사용자에게는 영향을 주지 않는 것이 목적이다. 이 방식은 매우 자주 사용된다.

3. 물리적 위치 계층

시스템을 서로 다른 위치(데이터 센터나 클라우드)에서 운영하는 이중화다. 데이터 센터의 정전이나 대규모 장애가 발생한 경우에도 시스템을 유지하는 것이 목적이다. 비용이 들지만 중요한 시스템을 위해서 많은 기업들이 채택하고 있는 방식이다.

인프라에서 중요한 것은 사용자에게 영향을 주지 않는 것이다. 물리적 위치 계층에서 완전히 보호되고 있어서 장애 발생 시에 위치를 빠르게 바꿀 수 있다면, 극단적인 이야기지만 H/W나 시스템 계층의 이중화를 갖출 필요가 없다. 하지만 이런 예가 적은 이유는 서로 다른 위치에 있는 시스템을 빠르게 교체하려면 많은 비용이 들기 때문이다[1].

'아, 그러면 비용과 신뢰도는 상호 의존 관계에 있는 거네?'라고 생각했다면 날카로운 독자다. CPU 이중화의 수요가 없는 것이 바로 이런 이유다. CPU에 돈을 들이는 것보다 시스템 이중화가 더 싸고 효과적이다. 즉, 감시에 있어 중요한 것은 단일 호스트의 장애 인지보다 시스템 서비스의 장애를 인지하는 것이다.

얼마나 비용을 아껴서 시스템의 신뢰도를 높이는가가 뛰어난 인프라 엔지니어를 가리는 기준이라고 할 수 있다.

아버지들에게 도움이 됐는지 모르겠다.

7.2 서버 내 이중화

7.2.1 전원, 장치 등의 이중화

일반적인 서버 내부 컴포넌트에서는 2장에서 설명한 것처럼 전원, 팬 등이 이중화돼 있다. 이들 중 하나가 망가져도 서버가 정상 가동하도록 설계돼 있다.

랙(Rack) 뒤쪽의 양 끝에는 전원 탭이 붙어 있다. 양 끝에 있는 이유는 이중화 때문이다. 그림 7.3과 같이 각각의 전원 탭에 접속한다. 서버 설치 시에 이와 같이 설치해 두면 장애를 예방할 수 있다. 또한, 대규모 데이터 센터에서는 각 전원 탭이 별도 분전반이나 UPS(정전 시에 이용하는 대규모 충전지)에 접속돼 있어서 전원 장애에 대비하고 있다.

안정성을 고려할 때 중요한 것은 양쪽 전원 탭의 전력 합계를 최대로 사용하는 것이 아니라, 한쪽 전원 탭 전력만으로 서버가 가동될 수 있도록 소비 전력 합계를 낮추는 것

---

1   옮긴이 실제 은행들이 이 방식을 거의 필수로 채택하고 있다. 어떤 시스템을 구축하든 반드시 서로 다른 데이터 센터에 동일한 시스템을 두 개 이상 구축한다. 그래서 자연 재해 등이 발생해서 한 곳의 데이터 센터가 운영이 불가능해지면 빠르게 재해 복구 전용 센터에 있는 서버로 서비스를 대체한다.

이다. 한쪽 전원이 모두 공급되지 않아도 다른 한쪽의 전원만으로 시스템을 가동할 수 있기 때문이다. 참고로, 서버의 소비 전력은 서버 사양서에 기록돼 있다.

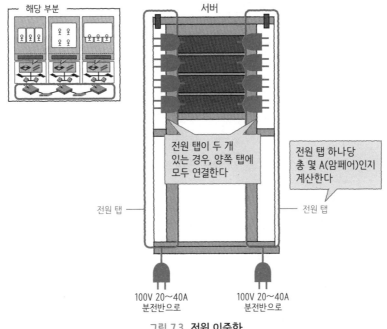

그림 7.3 **전원 이중화**

7.2.2 네트워크 인터페이스 이중화

PCI 슬롯에 꽂은 카드도 이중화가 가능하다. 네트워크 인터페이스나 파이버 채널(FC) 포트(케이블 꽂는 곳)에는 이중화 기능이나 이중화를 실현하는 소프트웨어가 있다. 이 기능들을 전제로 그림 7.4와 같이 카드 이중화 및 포트 이중화를 할 수 있다. 여러 개의 카드에 복수의 포트가 탑재되는 것이다. 이런 구성을 통해 카드 장애 및 포트 장애에 대응할 수 있다.

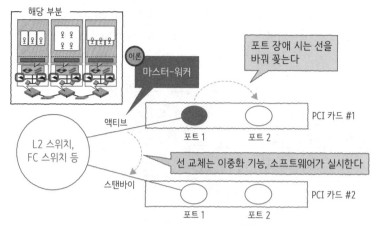

그림 7.4 **카드 및 포트 이중화**

네트워크 인터페이스가 여러 개 있으면 이중화 소프트웨어나 기능을 이용해서 가용성
과 성능을 향상시킬 수 있다. 그림 7.5는 2장에서 소개한 서버 예다. 네트워크 인터페이
스가 온보드에 존재해서 네트워크 컨트롤러와 버스가 두 개가 있음을 알 수 있다.

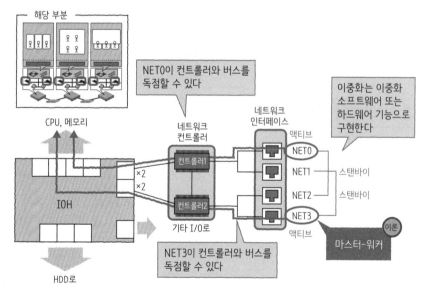

그림 7.5 **컨트롤러 이중화의 장점**

이 예에서는 이들을 효과적으로 사용하고 있다. NET0/2, NET1/3으로 액티브-스탠바이 구성을 하고 있다. 그리고 평상시에 NET0과 NET3을 액티브 인터페이스로 하면 컨트롤러와 버스를 각 인터페이스가 점유할 수 있어서 하드웨어 리소스를 효율적으로 사용할 수 있다. 이런 개념은 PCI 슬롯에 꽂는 인터페이스도 마찬가지다. 사용할 서버의 컨트롤러나 버스가 어떻게 배치돼 있는지 파악해서 효율적으로 사용할 수 있도록 배치하자.

장애가 발생하면 어떻게 하나?

네트워크 인터페이스 이중화는 하드웨어 또는 OS로 구현한다. 일반적으로는 액티브-스탠바이 구성이다. 액티브-스탠바이 구성은 5장에서 소개한 마스터-워커 개념에 기반한 것으로, 스탠바이 측은 보통 서비스를 제공하지 않는다. 액티브 측에 어떤 문제가 발생하면 스탠바이 장비로 교체돼서 스탠바이가 액티브로 변경된다. 이렇게 교체하는 것을 '페일오버(Failover)'라고 한다. 이후 설명에도 계속 등장하니 꼭 기억해 두자.

여기서는 실제 예로, 네트워크 인터페이스 이중화의 대표적인 구현 방법 중 하나인 리눅스 OS의 본딩(Bonding)이라는 구조를 소개한다. 본딩에는 몇 가지 모드가 있는데, 그중 하나인 액티브-스탠바이 구성은 '액티브-백업'이라고 한다. 어떤 인터페이스가 마스터가 되는지는 설정에서 지정할 수 있다.

본딩이 이중화된 인터페이스를 감시하는 방식에는 두 가지가 있다. 'MII 감시'와 'ARP 감시'다. MII 감시는 MII(Media Independent Interface) 규격에 준거한 인터페이스의 링크 감시로, 현재 주류로 자리 잡고 있는 감시 방식이다. MII 감시에서는 링크업(인터페이스가 가동되는 것)이 동작하고 있다면 정상이라고 판단한다. 한편, ARP 감시는 특정 IP 주소로 ARP 요청을 보내서 돌아오는 응답 유무에 따라 정상적인지를 확인하는 방법이다.

MII 감시가 선호되는(주류로 자리 잡은) 주된 이유는 다음과 같다.

- 불필요한 폴링 패킷이 전송되지 않는다
- 폴링 위치로 지정한 IP 주소를 가진 장비에 대해서는 유지관리나 장애를 의식하지 않아도 된다

하지만 ARP 감시로만 인지할 수 있는 장애도 있다. 먼저, ARP 감시 구조를 그린 그림 7.6을 보자.

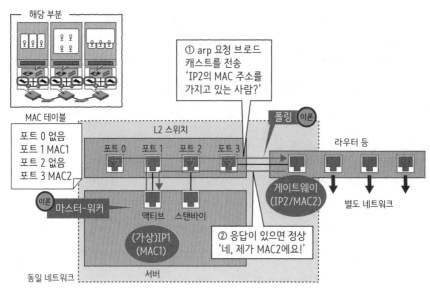

해당 부분

MAC 테이블

포트 0 없음
포트 1 MAC1
포트 2 없음
포트 3 MAC2

① arp 요청 브로드
캐스트를 전송
'IP2의 MAC 주소를
가지고 있는 사람?'

폴링 이론

L2 스위치

포트 0   포트 1   포트 2   포트 3

라우터 등

게이트웨이
(IP2/MAC2)

별도 네트워크

이론 마스터-워커

액티브   스탠바이

(가상)IP1
(MAC1)

② 응답이 있으면 정상
'네, 제가 MAC2에요!'

동일 네트워크   서버

그림 7.6 **ARP 감시는 레이어2 계층에서 실시된다**

ARP 감시에서는 ARP 요청을 정기적으로 실행해서 응답이 있으면 정상이라 판단한다. ARP 요청은 MAC 주소를 확인하는 브로드캐스트다. 레이어2(이후 L2)에서 실시된다. 여기선 게이트웨이인 IP2의 MAC 주소를 찾고 있다. 참고로, 브로드캐스트는 동일 네트워크 내의 모든 주소에 패킷을 전송하는 것이다.

ARP 감시의 단점은 폴링이 되는 ARP 요청이 동일 네트워크 내의 브로드캐스트이기 때문에 불필요한 트래픽이 증가한다는 것이다. 따라서 이 불필요한 트래픽을 고려해서 감시 빈도를 너무 높게 설정하지 않는 것이 중요하다. ARP 감시는 일반적으로 1~2초 간격 정도로 설정한다(참고로, MII 감시는 0.1~0.5 정도의 간격으로 설정하는 것이 일반적이다).

페일오버 구조는 감시 방법에 상관없이 동일하다. 그림 7.7에 이 구조를 표시하고 있다.

인터페이스가 페일오버하면 스위치의 MAC 주소 테이블이 변경되고 통신이 재개된다. 이와 같이 네트워크 인터페이스 이중화인 본딩의 구현은 L3 네트워크 계층보다 낮은 계층에서 구현되고 있다. 때문에 장치 이중화 기능이 'L7 애플리케이션 계층에서 구현돼 있으면 이상하다'라고 판단할 수 있는 감각이 필요하다.

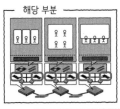

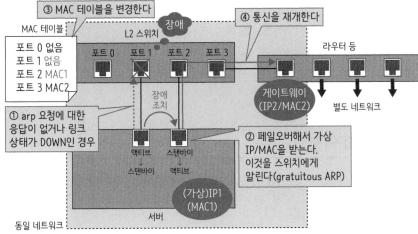

그림 7.7 **페일오버 구조**

MII 감시가 주류라고 설명했지만, ARP 감시만이 발견할 수 있는 장애도 있다. 예를 들면, 그림 7.8과 같은 경우다.

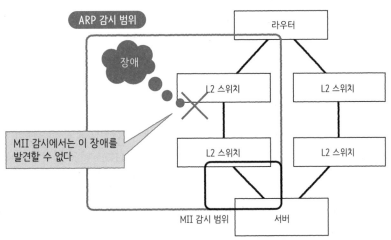

그림 7.8 **감시할 수 있는 범위가 다르다**

ARP 감시에서는 임의의 IP 주소에 대해 ARP 요청을 보낼 수 있다. 주로 네트워크 게이트웨이로 요청을 보낸다. 결과적으로 그림 7.8의 범위가 정상적인지 확인할 수 있다. 반면에 MII 감시는 인터페이스의 링크 상태를 확인하기 때문에 접속돼 있는 L2 스위치만 감시할 수 있다.

ARP 감시가 더 넓은 범위를 감시한다는 것을 알 수 있다. 이와 같이 기능의 장단점과 특성을 고려해서 시스템을 구현하도록 하자.

7.3 저장소 이중화

7.3.1 HDD 이중화

저장소 이중화의 주요 대상은 HDD다. HDD는 가동 빈도가 높아서 고장 나기 쉽기 때문이다.

최근에는 잘 사용되지 않지만, 예전에는 서버 저장소를 파이버 채널(FC)로 연결하고 SAN(Storage Area Network)이라는 네트워크를 구축하는 방법이 유행했다. 하지만 최근에 접할 수 없는 이유는 높은 비용과 변경(증설 등)에 시간이 걸리기 때문이다.

요즘에는 TCP/IP 프로토콜상에 저장소 네트워크를 구축하는 방식이 늘고 있다. 하지만 TCP/IP 프로토콜상에 SCSI 프로토콜을 이용하는 등, 여러 기술을 조합했기에 사용은 쉽지만 구조가 그만큼 복잡하다. 반면 SAN은 구조가 간단해서 이를 전제로 한 기술이 다시 개발되고 있다. 이 책에서도 SAN을 이용한 HDD 이중화를 다루고 있다.

저장소 내부 구조와 RAID

SAN에서는 IP 주소 대신에 WWN(World Wide Name)이라는 주소를 이용해서 데이터를 전송한다. LAN과는 다른 네트워크 토폴로지다. 또한, HDD 간을 연결하는 내부 버스에는 다양한 규격이 있지만 SAS(Serial Attached SCSI)가 유명하다.

먼저, 상용 환경에서 사용되는 저장소 내부 구조와 이중화를 보도록 하자(그림 7.9). 컨트롤러에는 CPU나 캐시가 있으며, HDD의 I/O 제어를 하고 있다. HDD는 전용 박스

(엔클로저나 셸프라고 한다)에 저장돼 있어서 증설하기가 쉽다.

그림 7.9를 보면 각 장비에 IN과 OUT 포트가 있어서 계속 따라가다 보면 HDD까지 원형 연결이 만들어지는 것을 알 수 있다. 저장소는 이 원형 연결을 여러 개 준비해서 HDD 액세스 이중화를 도모하고 있다.

참고로, 서버가 저장소에 액세스할 때는 일반적인 액티브-스탠바이 또는 액티브-액티브 방식을 이용한다. 이 방식에 대해서는 뒤에서 설명한다.

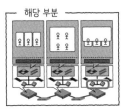

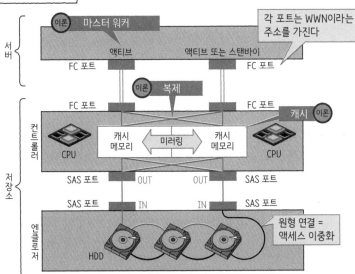

그림 7.9 저장소 내부 구조

그러면 HDD 자체 이중화는 어떻게 할까? 대답은 RAID다(그림 7.10).

RAID는 여러 HDD를 묶어서 그룹으로 만들고 이것을 논리적인 HDD로 인식하는 기술이다. 논리적 HDD를 LU(Local Unit)라고 한다. 서버가 인식하는 HDD는 이 LU다.

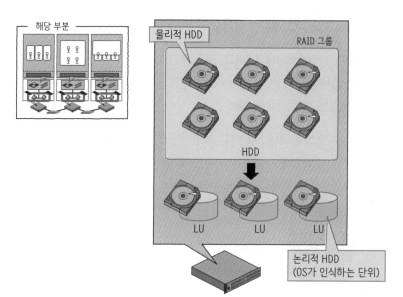

그림 7.10 **HDD의 RAID 구성**

RAID의 장점은 다음과 같다.

1. 안정성 확보

RAID에서는 HDD에 장애가 발생해도 데이터가 손실되지 않도록 데이터 기록을 이중
화한다. HDD는 움직이는 부분이 많아서 고장이 쉽게 난다. 따라서 기록 처리를 이중
화한다는 것은 매우 중요한 의미를 가진다.

2. 성능 향상

RAID(여기서는 하드웨어 RAID를 전제로 하고 있다)에서는 RAID 컨트롤러가 미리 정해 놓
은 길이(8KB, 16KB, 32KB 등)로 I/O를 분할해서 복수의 HDD에 대해 병렬로 I/O 처리를
한다. 이 고정 길이를 RAID의 스트라이프(Stripe) 크기라고 부른다[2].

여러 개의 HDD를 병렬로 동시에 동작시키기 때문에 하나의 HDD를 동작시킬 때보다
I/O 처리 성능이 높아진다. 이 특성을 살리려면 하나의 RAID 그룹에 포함하는 HDD
수를 늘리면 된다. 대신에 한 대의 HDD 고장이 끼치는 영향 범위도 커지기 때문에 상

---

2   물리적인 계층에선 고정 길이가 사용되고 있다고 4장에서 설명했다. 여기서도 사용되고 있다는 것을 알 수 있다.

충 관계에 있다고 할 수 있다. 최근에는 I/O 성능 중시 경향이 있어서 하나의 RAID 그룹 크기가 커지고 있다. 8대~15대 정도가 하나의 그룹을 이룬다[3].

3. 용량 확장

한 대의 HDD 용량은 기술 발전과 함께 점점 커지고 있지만, 그래도 물리적으로는 600GB, 1TB 등으로 정해져 있다. 논리 HDD는 이런 물리적 한계를 넘어서 자유롭게 용량을 결정할 수 있다. 예를 들어, 10TB를 하나의 파일 시스템으로 취급할 수도 있다.

RAID 구성 패턴

RAID에는 몇 가지 구성 패턴이 존재한다. RAID1, RAID5, RAID10[4]과 같은 구성 패턴이 주류다. 각 패턴의 특징을 살펴보도록 하자.

그림 7.11은 RAID5의 I/O 예를 보여 주고 있다. RAID5는 이중화 확보를 위해 패리티라는 오류 수정 부호를 기록한다. 패리티를 하나의 HDD에 집중시키지 않고 분산하는 것이 특징이다.

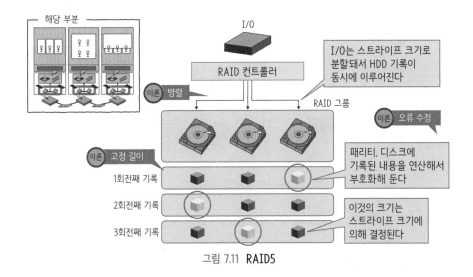

그림 7.11 **RAID5**

---

3   RAID 스트라이프 크기의 최댓값은 해당 시스템의 I/O 특성, 저장소 종류에 따라 달라질 수 있으니 제조사에 문의해 보자.
4   RAID10이란, RAID1과 RAID0을 조합한 RAID1+0라는 의미로 숫자 10이 아니다.

그림 7.12에 RAID1과 RAID10을 그림으로 표시했다. RAID1은 일반적으로 OS 디스크 이중화에 사용된다. RAID10은 RAID0과 RAID1을 조합한 구성이다. RAID0은 이중화 없이 HDD에 기록하는 방식이다. RAID10은 복수의 HDD에 병렬로 이중 기록을 하는 방식이다. 이것은 안정성과 성능을 균형 있게 구성하는 방식이다.

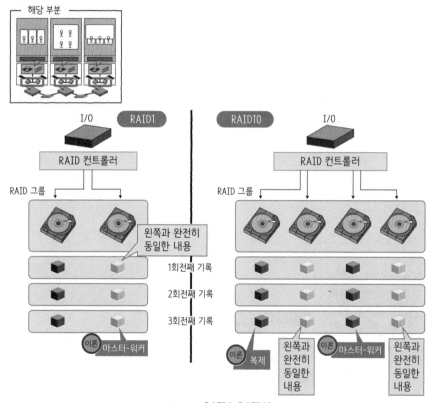

그림 7.12 **RAID1, RAID10**

RAID5에서는 패리티 연산이 이루어지기 때문에 I/O 성능이 RAID10에 비해 느리다. 하지만 RAID10은 미러링을 하기 때문에 HDD 전체 용량의 1/2 용량밖에 사용할 수 없다. RAID5는 이중화 부분이 적고 '(HDD 수 − 1)÷HDD 수'만큼의 용량을 사용할 수 있다. 용량을 중시하는 경우는 RAID5를 사용하는 것이 좋다.

장애가 발생하면 어떻게 되나?

다음은 RAID 구성 시의 장애 복구 과정을 살펴보겠다. RAID10에서의 복구는 그림 7.13과 같다.

HDD가 고장 나면 RAID 구성에 포함된 데이터는 망가지지 않지만, 이중화 구조가 망가진다. 이 이중화 회복을 위해 핫 스페어라고 하는 디스크를 이용한다. 한 대의 HDD가 고장 나면 자동적으로 핫 스페어가 RAID에 포함돼서 이중화 구조를 회복한다. 하지만 핫 스페어가 고갈되고 거기에 HDD까지 파손된 RAID에서는 데이터 손실이 발생하기 때문에 주의가 필요하다(그림 7.13의 경우는 모든 데이터가 손실된다).

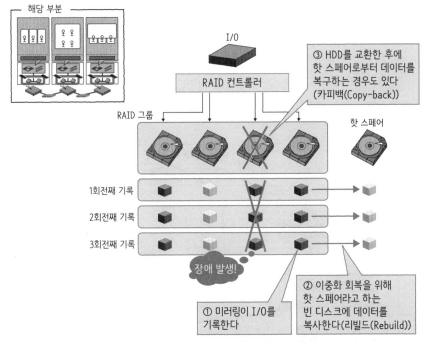

그림 7.13 **핫 스페어(Hot Spare)는 스탠바이 HDD**

이와 같이 RAID를 이용해서 이중화를 하더라도 다중 장애 시에는 복구할 수 없는 경우가 있다. 이 때문에 RAID에만 의존하는 것이 아니라 데이터 백업도 반드시 해 두어야 한다(백업에 대에서는 이번 장 마지막에서 다룬다).

7.3.2 버스 이중화

저장소 이중화 대상에는 서버와 저장소 사이에 있는 버스도 있다. 예를 들어, Red Hat Enterprise Linux에는 DM-Multipath라는 버스 이중화 기능이 있다. 이 기능에 대해 살펴보도록 하자.

그림 7.14는 DM-Multipath 기능을 사용한 경우의 I/O 흐름을 보여 주고 있다. 커널 기능과 일체화돼 있어서 조금 어려운 그림이지만, 1장~4장을 읽은 독자라면 이해할 수 있을 것이다.

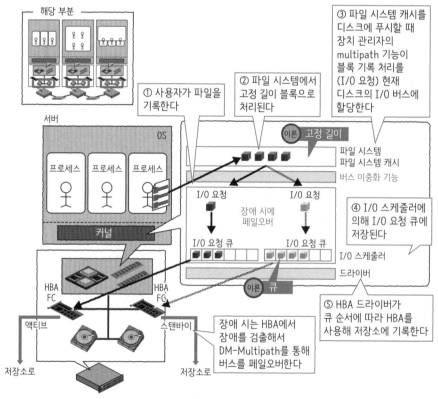

그림 7.14 버스 이중화 기능이 I/O 요청을 할당한다

I/O는 I/O 스케줄러나 드라이버 같은 커널 내부를 통과하지만, DM-Multipath는 I/O 요청(고정 길이 블록의 집합)을 HBA에 할당해서 페일오버를 실현한다. DM-Multipath는 저장소가 지원하는 경우 액티브-스탠바이로도 사용할 수 있다.

버스 이중화에서 고려해야 할 것은 장애 시의 버스 교체 시간이다. 일반적으로 장애라고 판단하기까지의 HBA 타임아웃 값은 30초 정도로 설정돼 있다. 이것은 불필요한 버스의 페일오버를 발생시키지 않도록 하기 위함이지만, 실제 장애 발생 시에는 페일오버 타임아웃 시간 동안 저장소 I/O가 정지되기 때문에 이것이 처리에 영향을 끼치는 경우에는 값 단축을 검토해야 한다. 이것은 HBA 드라이버의 파라미터로 설정을 변경할 수 있다.

COLUMN 장애 괴담 첫 번째 이야기, '벌써 시간이 다 됐어?'

나의 과거 경험담이라 지금은 없을 수도 있는데, 어떤 저장소는 한번 콘센트를 꽂아서 가동한 후에 다시 정지해서 콘센트를 뽑아 두면 저장소가 동작하지 않는 경우가 있었다. 비휘발성 캐시 내에 저장소 설정 정보가 있어서 이 캐시 정보가 사라지면 가동되지 않는 것이다. 이 캐시는 전원 정지 시에는 배터리에 의해 보존되지만, 배터리 유지 시간이 72시간 정도로 그때까지 콘센트를 다시 꽂지 않으면 동작하지 않는 것으로, 마치 영화의 제한 시간과도 같다.

데이터 센터에 설치해서 서비스를 가동하는 경우에는 문제가 되지 않지만, 만약 장비를 이동하거나 해서 시간을 지키지 못하면 큰 사고가 될 수 있다. 한번 정도는 누군가가 이런 경험을 했을 것이다(적어도 나는 했다).

배터리는 이처럼 다양한 곳에 사용되고 있다. 사실은 PC나 서버에도 있다. PC는 배터리 수명이 3년에서 5년 정도로 배터리를 다 쓰면 BIOS라는 부팅에 필요한 정보가 사라져서 부팅 자체가 되지 않는다. 이 때문에 정기적인 교환이 필요하다. 오랜만에 서버를 재가동했는데 되지 않는다면 바로 이런 이유 때문이다.

또한, UPS(무정전 전원 보급 장치)라는 만일의 정전에 대한 충전 배터리도 있다. 이것은 정전이 발생해도 서버를 수 시간 정도 가동시킬 수 있는 것으로, 수 시간 내에 정전이 복구되지 않는 경우 서버를 정상 종료시킬 수 있다. 이것도 역시 수명이 있어서 수년에 한번 정도 교환해야 한다.

하드웨어에는 배터리가 존재한다는 것을 기억해 두자. 특히, 배터리 교환은 수년 단위이기 때문에 쉽게 잊을 수 있다. 운용 일정에 포함해서 정기적으로 교환하도록 하자.

7.4.1 웹 서버의 서버 내 이중화

7.2절에서는 하드웨어 관점의 서버 이중화에 대해 설명했다. 이번 절에서는 소프트웨어 관점의 웹 서버 이중화를 살펴보겠다.

클라이언트의 http 프로토콜 요청을 받는 것은 웹 서버에서 동작하고 있는 웹 서버 프로그램이다. 여기서는 대표적인 오픈 소스 웹 서버인 Apache HTTP Server(이하 아파치)를 예로 들어 설명하겠다. 최근 웹 서버는 스레드가 주류이지만, 아파치는 요청 접수시 프로세스 또는 스레드를 선택할 수 있다. 차이를 살펴보자(그림 7.15).

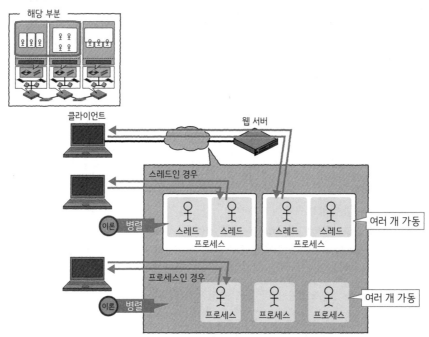

그림 7.15 **프로세스/스레드를 여러 개 가동해서 병렬로 처리한다**

클라이언트 관점에서는 서버 측이 프로세스로 가동되고 있는지, 스레드로 가동되고 있는지를 의식할 필요는 없다(프로세스와 스레드의 차이는 3장을 참고하자).

아파치에서는 어느 쪽이든 미리 여러 개를 가동시켜 두어서 클라이언트 요청에 빠르게 대응할 수 있는 구성을 가지고 있다. 여러 개를 가동시켜 두면 프로세스/스레드 중 하나에 장애가 발생해도 다른 프로세스/스레드가 가동되고 있기 때문에 웹 서버의 서비스 전체가 정지되는 일은 없다.

4장에서도 아파치 프로세스/스레드 병렬에 대해 조금 다뤘지만, 여기서는 구체적인 예로 리눅스 환경에서 어떻게 아파치 프로세스/스레드가 동작하는지를 살펴보겠다. 그림 7.16을 보자.

하나의 프로세스에서 동작하는 스레드 수를 나타낸다

스레드인 경우

UID	PID	PPID	LWP	C	NLWP	STIME	TTY	TIME	CMD
apache	4893	4891	4893	0	27	22:22	?	00:00:00	/usr/sbin/httpd.worker
apache	4893	4891	4896	0	27	22:22	?	00:00:00	/usr/sbin/httpd.worker
apache	4893	4891	4897	0	27	22:22	?	00:00:00	/usr/sbin/httpd.worker
apache	4893	4891	4898	0	27	22:22	?	00:00:00	/usr/sbin/httpd.worker
apache	4893	4891	4899	0	27	22:22	?	00:00:00	/usr/sbin/httpd.worker
apache	4893	4891	4900	0	27	22:22	?	00:00:00	/usr/sbin/httpd.worker
apache	4893	4891	4901	0	27	22:22	?	00:00:00	/usr/sbin/httpd.worker
apache	4893	4891	4902	0	27	22:22	?	00:00:00	/usr/sbin/httpd.worker

pid가 모두 같다

프로세스인 경우

UID	PID	PPID	LWP	C	NLWP	STIME	TTY	TIME	CMD
apache	5023	5021	5023	0	1	22:26	?	00:00:00	/usr/sbin/httpd
apache	5024	5021	5024	0	1	22:26	?	00:00:00	/usr/sbin/httpd
apache	5025	5021	5025	0	1	22:26	?	00:00:00	/usr/sbin/httpd
apache	5026	5021	5026	0	1	22:26	?	00:00:00	/usr/sbin/httpd
apache	5027	5021	5027	0	1	22:26	?	00:00:00	/usr/sbin/httpd
apache	5028	5021	5028	0	1	22:26	?	00:00:00	/usr/sbin/httpd
apache	5029	5021	5029	0	1	22:26	?	00:00:00	/usr/sbin/httpd
apache	5030	5021	5030	0	1	22:26	?	00:00:00	/usr/sbin/httpd

pid가 모두 다르다

그림 7.16 httpd 프로세스/스레드가 이중화되어 있는 상태

아파치 프로세스/스레드는 httpd다. 이것은 ps-efL 명령 실행 결과로 프로세스와 스레드의 상태 차이를 알 수 있다. 상세 설정 방법에 대해서는 다루지 않지만, 가동할 수 있는 최대 수나 최소 수를 설정할 수 있다.

일반적으로 상용 시스템은 시스템 리소스에 여유가 있으면 가동 프로세스/데몬 수의 최솟값, 최댓값이 같다. 동일 값으로 하면 프로세스나 스레드의 가동/정지 오버헤드를 줄일 수 있다.

장애가 발생하면 어떻게 되나?

그러면 httpd 프로세스/스레드가 요청을 받지 못하는 상태가 되면 어떻게 될까? 6장에서 HTTP 요청/응답에 대해 다뤘는데, 이때 상태 코드에 대해 설명한 것을 기억하는가? 상태 코드에는 그림 7.17과 같은 종류가 있다.

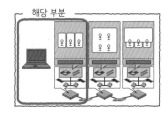
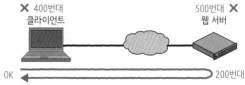

상태 코드	의미
100번대	추가 정보 관련
200번대	정상적으로 처리가 끝났음을 의미
300번대	리다이렉트 관련 에러를 가리킴
400번대	클라이언트 측 에러. 요청에 문제가 있어서 정상적으로 응답을 반환하지 못한 경우
500번대	서버 측 에러. 서버 측에 문제가 있어서 정상적으로 응답을 반환하지 못한 경우

그림 7.17 **HTTP 프로토콜의 상태 코드 목록**

400번대, 500번대가 일반적인 에러에 해당한다. httpd 프로세스/스레드가 요청을 받을 수 없는 경우는 서버 측 문제이기 때문에 500번대 에러를 클라이언트에게 반환한다. 예를 들어, 요청이 너무 많아서 서버 측 처리가 따라갈 수 없는 경우는 '503 Service Unavailable'이라는 에러가 반환된다. 웹 서버에 대한 요청은 큐에 쌓이지 않고 바로 에러를 반환한다는 특징이 있다.

7.4.2 서버 이중화

프로세스/스레드 이중화에 대해서 설명했는데, 웹 서버 자체의 이중화는 어떻게 이루어지는 걸까? 웹 서버 접속 흐름을 떠올려 보자. 먼저, 클라이언트는 URL을 입력한다. URL 내에는 호스트명이 포함되며, DNS를 통해 이름 해석을 하여 실제 웹 서버의 IP 주소를 찾는다.

웹 서버를 이중화하는 방법 중 하나가 DNS를 이용해서 하나의 호스트명에 대해 복수의 IP 주소를 반환하는 것이다(그림 7.18).

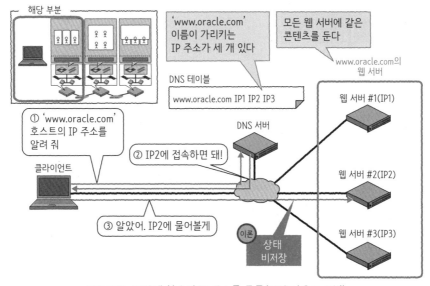

그림 7.18 **DNS에 복수의 IP 주소를 등록(DNS 라운드 로빈)**

이 그림 7.18에 표시한 기법을 DNS 라운드 로빈(Round Robin)이라고 한다. 호스트명에 대해 복수의 IP 주소를 등록해 두는 것으로서 서버 이중화 기법 중 하나다. DNS는 질의에 대해 순서대로 IP 주소를 반환한다. 이 방법은 매우 간단하게 서버를 이중화할 수 있다는 이점이 있지만, 몇 가지 주의 사항이 있다.

첫 번째는 DNS가 서버 상태를 감시해서 파악하지 않기 때문에 서버가 정지된 경우에도 그 서버의 주소를 반환한다. 이 때문에 가용성을 중시하는 경우에는 부적합하다.

두 번째는 DNS가 세션 상태를 파악하지 않기 때문에 다음 접속 시에 동일 서버에 접속 해야 하는 경우에도 부적합하다. 예를 들어, 웹 서버에 동적 콘텐츠가 있어서 세션 상태를 저장하고 있어야 하는 경우는 DNS 라운드 로빈 방식은 부적합하다.

부하분산 장치를 이용한 웹 서버 이중화

이런 제약 사항 때문에 조금 더 고도화한 이중화 방식이 부하분산 장치(로드 밸런서)다. 부하분산 장치를 이용한 부하분산 구조 예를 그림 7.19에 정리했다.

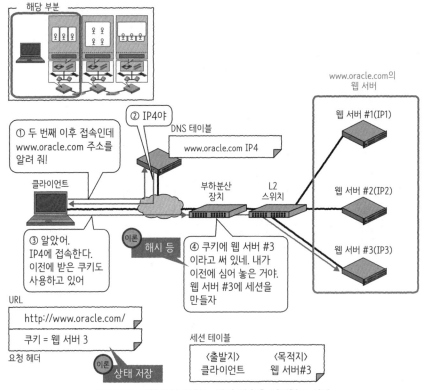

그림 7.19 **부하분산 장치는 과거 접속을 기억하고 있다**

세션 유지를 위한 방법에는 여러 가지가 있지만, 그림 7.19에서는 부하분산 장치가 이전에 어느 웹 서버에 요청을 할당했는지를 쿠키에 저장하고 있다. 쿠키는 6장에서도 소개했지만, HTTP 프로토콜의 메시지 헤더에 포함되는 요소다. 클라이언트 측에서 쿠키

사용을 허가하면 두 번째 이후 접속부터 HTTP 요청 헤더에 쿠키를 저장해서 접속한다. 부하분산 장치는 이 쿠키를 읽어서 같은 서버에 요청을 할당하는 것이다.

이를 통해 세션 상태를 저장할 수 있다. 부하분산 장치는 임시 대응 관리표로 세션 테이블이라는 것을 만든다. 클라이언트에 요청을 반환할 때는 이 테이블을 참조한다.

세션 상태 저장을 실현하는 기능을 부하분산 장치에서는 '퍼시스턴스(Persistence, 지속성)' 기능이라고 한다. 표 7.1에 퍼시스턴스 예를 몇 가지 정리했다.

표 7.1 **주요 퍼시스턴스**

퍼시스턴스의 종류	내용
소스 IP 주소	클라이언트 IP 주소를 기반으로 요청을 할당할 웹 서버를 결정한다 (클라이언트 IP 끝자리가 홀수이면 웹 서버 1에 할당하는 등)
쿠키	HTTP 헤더 내에 접속한 웹 서버 정보를 저장한다(그림 7.19 방식: 리디렉션)
URL	URL 구조 내에 접속한 웹 서버 정보를 저장한다 (예: http://<서버명>&sessid=webserver1처럼 URL 정보를 심는다)

이런 기술들을 적용하기 전에 각각의 주의 사항 및 고려 사항을 알아 둘 필요가 있다.

출발지 IP 주소를 이용한 퍼시스턴스는 프록시(Proxy)를 경유하면 프록시 서버의 IP 주소가 클라이언트 IP 주소가 돼서 요청이 한쪽으로 몰릴 수 있다. 쿠키를 사용하는 경우는 각 AP 서버 등이 쿠키를 사용할 때 부하분산 장치가 부여한 쿠키를 덮어쓰기하지 않는지 확인해야 한다.

URL에 정보를 심는 경우, URL은 사용자가 직접 편집 가능한 정보이기 때문에 부정 접속에 대한 대책을 검토해 두어야 한다. 일반적으로는 해시 함수를 이용해서 변경한 값을 심는다. 만약 퍼시스턴스를 구현하려고 한다면 이런 사항들을 검토하도록 하자.

또한, 부하분산 장치의 첫 접속 시 서버 할당 알고리즘에도 몇 가지 방식이 존재한다 (표 7.2).

표 7.2 부하분산 장치의 할당 알고리즘

알고리즘	내용	난이도
라운드 로빈(Round Robin)	서버의 IP 주소에 순서대로 요청을 할당한다	단순
최소 연결(Least Connection)	현재 활성 세션 수보다 세션 수가 가장 적은 서버의 IP 주소에 요청을 할당한다	
응답 시간(Response Time)	서버의 CPU 사용률이나 응답 시간 등을 고려해서 가장 부하가 적은 서버의 IP 주소에 요청을 할당한다	복잡

장애가 발생하면 어떻게 되나?

부하분산 장치는 웹 서버의 가동 상태를 감시할 수 있다. 장애를 감지한 경우는 클라이언트 요청을 동적으로 다른 서버에 할당(페일오버)할 수 있다. 좋아 보이는 기능이지만 한 가지 문제가 있다. 이때 클라이언트 처리에는 아무런 영향을 주지 않을까? 그림 7.20을 보자.

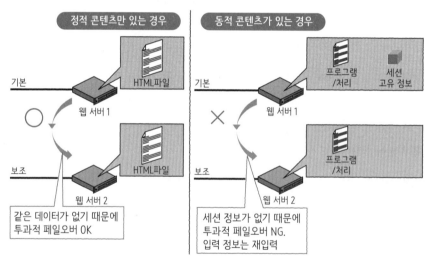

그림 7.20 **요청 페일오버만 적용하면 정보 손실이 발생할 수 있다**

그림 7.20과 같이 정적 콘텐츠(단순한 HTML 파일 등)라면 클라이언트는 아무것도 의식하지 않아도 된다. 하지만 동적 콘텐츠라면 페일오버와 세션 정보가 사라지기 때문에 세션 상태가 초기화된다. 예를 들면, 온라인 쇼핑 시에 장애가 발생해서 입력 내용이 모두 사라져 버리는 것이다. 결제 버튼을 누르기 직전에 이런 일이 발생하면 허무할 것이다.

장애 시에 세션 정보를 유지하기 위해서는 페일오버 이외의 다른 구조가 필요하다. 참고로, 자바에는 세션 정보 보호를 위한 구조가 존재한다. 이에 대해서는 뒤에서 설명하겠다.

할당 알고리즘 선택 시에 고려해야 할 것은 '복잡한 알고리즘은 피하는 것'이다. 복잡할수록 데이터가 알고리즘을 통과할 때 높은 부하가 발생한다.

정적 콘텐츠가 저장되는 웹 서버의 경우는 일반적으로 웹 서버 처리가 가볍고, 세션 수와 CPU 등의 리소스 소비가 비례하기 때문에 단순한 알고리즘인 라운드 로빈이나 최소 연결 방식 등을 주로 사용한다.

부하분산 장치는 고가 장비이기 때문에 이번 장에서 소개한 기능 이외에도 'IP:포트'(L4)나 'IP:포트/URL컨텍스트'(L7)를 이용해서 어떤 서버에 리디렉션할지를 정밀하게 설정하는 기능 등도 제공한다.

7.5 AP 서버 이중화

7.5.1 서버 이중화

웹 서버에 이어 AP 서버 이중화에 대해 생각해 보자. AP 서버 이중화는 두 가지 기능을 이용해서 구현한다.

첫 번째는 앞 절의 웹 서버와 같이 부하분산 장치를 이용하거나, AP 서버가 가진 웹 서버 요청 이중화 기능을 이용해서 AP 서버 요청을 분산시키는 것이다. 요청 분산이나 세션 정보 구현은 웹 서버와 같은 구조이기 때문에 지면상 설명은 생략한다.

두 번째 구현 방법은 세션 정보 이중화다. 애플리케이션을 실행하는 AP 서버에서는 세션 정보 이중화 기능을 갖추고 있다. 웹 서버에서도 다뤘지만 세션 정보란, 애플리케이션의 상태를 가리킨다. 예를 들어 계정 생성 시에 이름, 주소 등을 입력해서 등록하면, '입력한 내용이 맞습니까?' 라는 확인 화면이 뜬다. 이것이 세션 정보다. 애플리케이션 상태를 일시적으로 기억하는 구조라 보면 된다.

요청의 분산 및 세션 정보 이중화 기능을 사용해서 AP 서버를 이중화할 수 있다. 이 장에선 자바를 예로 설명한다. 상용 AP 서버에는 다양한 종류가 있지만, 여기서는 오라클 웹로직 서버(Oracle WebLogic Server. 이후 웹로직)를 사용해서 설명하도록 한다. 그림 7.21을 보자.

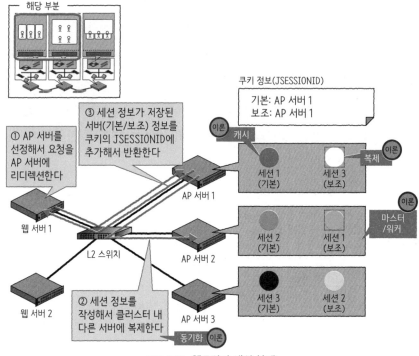

그림 7.21 **웹로직의 세션 복제**

그림 7.21은 웹로직에서 세션 복제를 구성한 예다. 웹로직에는 리디렉션용 플러그인이 있어서 웹 서버에 구현된다. 세션 정보는 접속된 AP 서버를 기본으로 하고 보조 세션을 복사해 둔다(복제). 이 서버 정보는 쿠키에 저장돼서 클라이언트에게 반환된다. 클라이언트가 재접속할 때는 웹 서버에 구현된 리디렉션용 플러그인이 기본 서버를 판별해서 해당하는 AP 서버에 요청을 리디렉션한다.

장애가 발생하면 어떻게 되나?

웹로직을 예로 AP 서버 장애 시의 페일오버 구조를 그림 7.22에 나타냈다.

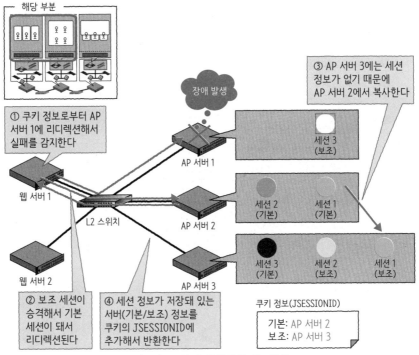

그림 7.22 **장애 시에 유지되는 세션**

쿠키 정보를 가지고 보조 세션 정보에 접속해서 세션이 계속 유지되는 것을 알 수 있다. 이것으로 앞서 예를 든 온라인 쇼핑 시 카드 정보 등이 안전하게 보호된다. 참고로, 세션 정보를 복제하면 이를 위한 메모리나 네트워크 리소스 소비량이 늘어나기 때문에 주의가 필요하다.

7.5.2 DB 연결 이중화

AP 서버는 3계층형 시스템의 중간에 위치한다. AP 서버가 DB 서버에 접속하는 경우의 이중화를 보도록 하자. AP 서버에는 DB 서버에 접속 시에 사용할 연결(Connection)을 사전에 여러 개 생성해 두는 기능이 있다. 이것을 연결 풀링(Connection Pooling)이라고 하며, 웹로직의 데이터 소스를 설정해서 이용한다. 이 기능에 대한 개요는 5장의 폴링 설명(5.3.2절 참고)에서 생존 감시 예로 다뤘기 때문에 여기서는 구체적인 연결 풀링 이용 방법에 대해 알아보도록 한다(그림 7.23).

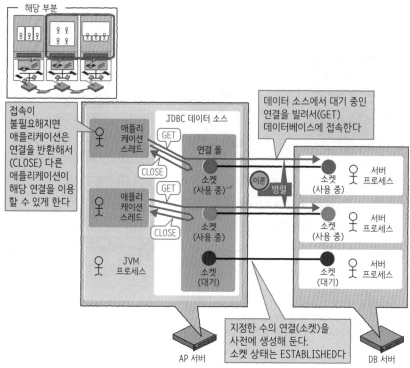

그림 7.23 GET과 CLOSE로 연결을 재활용

원래 데이터 소스는 여러 연결을 만들어서 데이터베이스 처리를 병렬로 실행할 수 있게 하는 구조다. 데이터 소스를 이용하는 장점은 애플리케이션이 DB 서버의 IP나 포트 등을 몰라도 된다는 점이다. 애플리케이션은 데이터 소스명만 알면 된다. 그림에서 GET과 CLOSE는 자바 Connection 객체의 getConnection() 및 Close() 메소드에 해당한다. 애플리케이션은 연결 해제를 하지 않는다. 따라서 연결 생성 및 해제 시에 걸리는 시간이나 리소스가 필요 없어서 고속으로 처리할 수 있다. 연결 풀링은 기술적 진보가 빨라서 웹로직은 물론 오라클 DB에도 다양한 기능이 등장하고 있다. 더 자세한 내용은 특정 제품에 치우치기 때문에 생략하도록 한다. 관심 있는 독자는 '멀티 데이터 소스', 'Active Gridlink', 'Fast Connection Failover(FCF)', 'Runtime Connection Load Balancing(RCLB)' 등의 키워드로 웹에서 검색해 보기 바란다[5].

---

5 오라클 컨설턴트가 집필한 자매 도서인 《나만 알고 싶은 오라클 실무 테크닉(제2판)》((오다 케이지 외 6인 공저/이민재 옮김/제이펍)에도 자세히 다루고 있다. 관심이 가는 독자는 찾아보자.

장애가 발생하면 어떻게 되나?

5장의 폴링 설명(5.3.2절)에서 웹로직이 감시에 두 번 실패하면 연결을 일단 끊은 후 재접속한다고 설명했다. 그러면 연결이 모두 사용 중인 경우는 어떻게 될까? 그림 7.24를 보자.

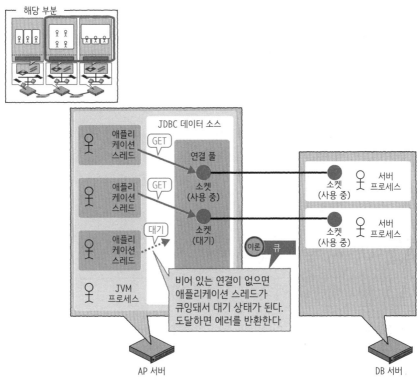

그림 7.24 **일정 시간 연결을 기다린다**

대답은 '설정 최댓값까지 연결 수가 늘며, 최댓값을 초과한 요구가 오면 일정 시간 대기한다'다. 조금 긴 대답이긴 하다. 파라미터는 '연결 예약 타임아웃'이다. 이 경계 값까지 대기한 후 에러를 반환한다. 아파치(246쪽의 그림 7.15)와 달리 일단 요구가 큐잉된다는 것을 알 수 있다.

이와 같은 특징으로부터 연결 풀링의 일반적인 설계 방침은 다음과 같이 정리할 수 있다. 연결이나 세션 설계에 대한 일반적인 개념이라고 할 수 있기 때문에 숙지하도록 하자.

최솟값과 최댓값을 동일하게 설정한다

이것은 웹 서버의 httpd 프로세스/스레드에서 설명한 이유와 동일하다. 연결을 생성하거나 제거할 때 발생하는 오버헤드를 가능한 한 경감시키기 위해서다. 이와 같이 설정하면 연결 오버헤드를 초기 가동 시에만 집중시키는 것이 가능하다.

방화벽 유무를 확인해 둔다

중간에 방화벽이 있다면 오랫동안 사용하지 않은 세션을 자동으로 제거하는 경우가 있기 때문에 방화벽 유무를 확인해 두어야 한다. 연결돼 있는 동안 소켓은 Establish 상태이지만, 실제 데이터 교환이 없으면 중간의 네트워크 장비는 해당 연결을 대기 상태라고 간주한다. 특히, 방화벽에서는 보안상의 이유로 장시간 대기 상태인 연결을 절단하는 기능이 있다. 이 때문에 의도하지 않은 절단이 발생할 수 있어서 정기적으로 폴링하는 등 미리 대책을 마련해 두어야 한다. 이런 곳에서도 폴링이 사용되고 있는 것이다.

7.6 DB 서버 이중화

7.6.1 서버 이중화(액티브-스탠바이)

드디어 DB 서버 이중화 부분이다. DB 서버 이중화 방법으로 수년 전부터 주류가 되고 있는 액티브-스탠바이형의 클러스터(Cluster) 구성이 있다. 클러스터 구성은 하드웨어로도 구현할 수 있지만, 일반적으로 클러스터 소프트웨어를 이용한다.

클러스터 구성은 오픈 시스템에 있어 빠트릴 수 없는 중요한 요소라고 할 수 있다. 1장에서 인프라 아키텍처의 하나로 스탠바이형 아키텍처를 소개했지만, 여기서는 한발 더 나가서 구체적인 구현 방법에 대해 설명하겠다.

일반적인 클러스터 소프트웨어의 구성 요소를 그림 7.25에 정리했다. 클러스터 구성은 1장에서도 소개한 것처럼 HA(High Availability, 고가용성) 구성이라고 부른다. 클러스터의 노드나 서비스 관계는 마스터-워커 개념을 기반으로 하고 있다.

서버가 정상 동작하는지 확인하기 위한 구조로 '하트비트(Heartbeat)'나 '투표 장치' 같은 기능이 존재한다. 이 예에서는 두 대의 서버가 한 가지 역할을 담당하고 있다.

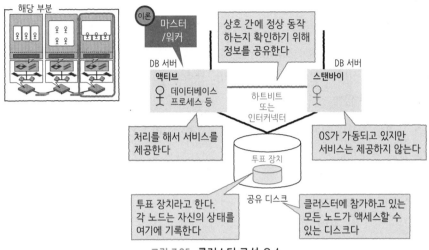

그림 7.25 **클러스터 구성 요소**

장애가 발생하면 어떻게 되나?

클러스터의 페일오버 구조는 그림 7.26과 같다.

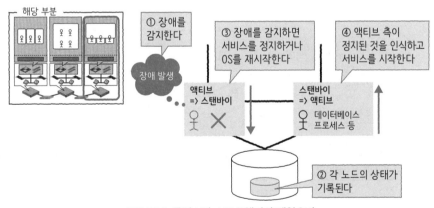

그림 7.26 **클러스터 소프트웨어의 페일오버**

클러스터 소프트웨어는 등록된 서비스가 정상 동작하고 있는지 정기적으로 확인한다. 이상이 발생하면 서비스를 정지하고 대기하고 있던 스탠바이 측 서비스를 시작해서 서비스를 유지시킨다[6]. 일반적으로 십여 분 정도의 정지 시간으로 서비스를 재개할 수 있다.

그러면 클러스터 소프트웨어의 특징인 하트비트와 투표 장치는 언제 사용되는 것일까? 클러스터 소프트웨어는 하트비트를 이용해서 상호 간의 상태를 확인한다. 이 때문에 하트비트를 통해 상태를 인식할 수 없게 되면, 클러스터 소프트웨어는 페일오버 실시 여부를 판단할 수 없게 된다.

이런 상태를 '스플릿 브레인(Split-brain)'이라고 한다. 그림 7.27은 스플릿 브레인과 그 대책을 보여 주고 있다.

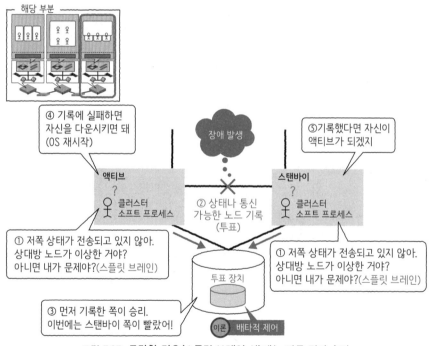

그림 7.27 곤란한 경우(스플릿 브레인 시)에는 빠른 것이 승리

---

6 여담이지만, 이런 페일오버를 '시소'라고 말하는 사람도 있다(나도 그렇게 말하는 편이다).

그림과 같이 투표 장치에 대한 투표 결과를 가지고 클러스터 소프트웨어가 살아남을 노드를 선택한다. 살아남은 노드 이외의 노드가 데이터에 액세스할 수 없도록 배타적 제어를 해서 데이터 이중 기록 등의 문제를 방지한다.

그림 7.27은 2노드 클러스터의 예이기 때문에 빠른 측이 이겼지만, 3노드 이상의 클러스터에서는 어떻게 될까? 대답은 '다수결'이다. 상호 인식한 수가 많은 노드가 살아남고 소수파는 정지된다.

이와 같이 투표 장치는 하트비트 기능을 보완하는 역할을 한다.

클러스터 구성용 서비스란?

클러스터 소프트웨어를 이용한 액티브-스탠바이 구성은 서비스를 병렬로 실행할 수 없고 데이터 일관성을 중시하는 서비스/시스템에 적합하다. 예를 들면 데이터베이스, 파일 서버, 잡(Job) 관리 시스템 등이다. 따라서 데이터 갱신이 거의 없어서 데이터 일관성이 중시되지 않고, 서비스 병렬 실행이 가능한 웹 서버나 AP 서버에서는 클러스터 소프트웨어를 사용하지 않는다.

클러스터 소프트웨어를 이용할 때 주의할 점은 클러스터 소프트웨어도 OS에서 실행되는 소프트웨어이기 때문에 오동작할 가능성이 있다는 것이다. 스플릿 브레인 대책처럼 클러스터 소프트웨어도 자신에게 발생한 장애에 대처할 수 있지만, 100% 신뢰할 수는 없다. 이 때문에 반드시 중요한 데이터는 백업해 두고, 이중 안전 장치가 필요한 경우는 뒤에서 설명할 원격 복제 기능 등을 이용하도록 한다.

7.6.2 서버 이중화(액티브-액티브)

'데이터 일관성 보장이 중시되는 서비스나 시스템은 확장성이 없다'고 생각하는 독자도 있을 것이다.

DB 서버의 데이터 참조, 갱신 부분은 시스템의 병목 지점이 되기 쉬워서 항상 높은 확장성이 요구된다. 이 때문에 확장 가능한 다양한 기술들이 생겨나고 있다. 여기서는 DB 서버에 대한 확장 가능한 이중화 아키텍처로 두 가지를 소개한다. 그림 7.28을 보자. 어느 쪽 처리가 데이터베이스 접속 처리가 빠를까?

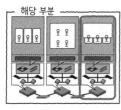

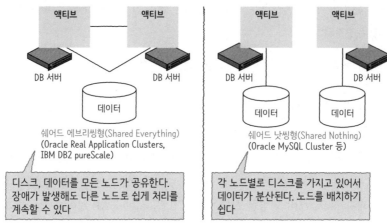

해당 부분

액티브　액티브　액티브　액티브

DB 서버　DB 서버　DB 서버　DB 서버

데이터　데이터　데이터

쉐어드 에브리씽형(Shared Everything)
(Oracle Real Application Clusters,
IBM DB2 pureScale)

쉐어드 낫씽형(Shared Nothing)
(Oracle MySQL Cluster 등)

디스크, 데이터를 모든 노드가 공유한다.
장애가 발생해도 다른 노드로 쉽게 처리를
계속할 수 있다

각 노드별로 디스크를 가지고 있어서
데이터가 분산된다. 노드를 배치하기
쉽다

그림 7.28 DB 서버 이중화의 대표적인 아키텍처 두 가지

대답은 '어느 쪽도 아니다'이다. 제대로 이유를 설명할 테니 화내지 말기 바란다.

대량의 데이터를 검색하는 경우는 데이터가 분산돼 있기 때문에 쉐어드 낫씽형 쪽이 유리하다. 작은 트랜잭션이 대량으로 발생하는 경우도 노드 추가를 통해 쉽게 확장할 수 있기 때문에 쉐어드 낫씽형이 유리하다. 하지만 확장 시에는 데이터 재배치를 검토 및 설계해야 하기 때문에 확장이 쉽지 않다. 또한, 갱신 시에 데이터 분산 위치를 검토하기 때문에 전반적인 갱신 처리가 느려지는 경향이 있다.

쉐어드 에브리씽형에서는 다른 노드에 있는 메모리 데이터의 일치성을 확인할 필요가 있기 때문에 노드 수를 늘려도 확장이 쉽지 않다. 또한, 모든 노드가 같은 데이터에 액세스할 수 있지만, 이 경우 서로 배타적 제어나 데이터 경합을 하기 때문에 처리 속도가 저하된다.

가용성 면에서는 쉐어드 에브리씽형이 어떤 노드에서건 같은 데이터에 액세스할 수 있기 때문에 유리하지만, 쉐어드 낫씽형에서도 데이터 복제 기능을 이용해서 안정성을 고려한 데이터베이스를 사용할 수 있다.

이처럼 어떤 한쪽이 빠르다고 대답하기 어렵다는 점을 이해했을 것이다. 시스템 특성에 따라 해당 시스템의 병목 현상이나 장애 시 영향 등을 고려하는 것이 중요하다고 할 수 있다. 또한, 이론상으로는 이런 문제들이 있지만, 각 제품별로 해당 아키텍처의 단점을 보완하기 위해 여러 노력을 하고 있다(이 부분이 해당 제품의 강점이 된다). 따라서 아키텍처 선정 시에는 이런 약점을 보완하는 구조도 확인해야 한다.

참고로 클라우드상에 구현할 때는, 쉐어드 낫씽형이 압도적으로 많다. 쉐어드 에브리씽형에선 공유 디스크가 필수로, 지리적으로 블랙박스화돼 있는 클라우드에선 구성이 어렵기 때문이다. 만약 클라우드상에서 구현한다면, 물리 서버를 완전히 점유하는 서비스를 이용해야 한다. 최신 클러스터 소프트웨어에선 클라우드에 대응하기 위해 쉐어드 낫씽으로 변경되고 있다.

캐시 전송

두 가지 아키텍처를 소개했지만, 여기서는 쉐어드 에브리씽형의 중요 구조인 캐시 전송에 대해 설명하겠다. 그림 7.29는 Oracle Real Application Clusters(이하 RAC) 예를 보여주고 있다.

그림과 같이 RAC는 캐시의 데이터를 네트워크 경유로 받아서 디스크 액세스를 줄이고 데이터 취득을 고속화하고 있다. 이것을 RAC에서는 캐시 퓨전(Cache Fusion)이라고 부른다.

캐시 퓨전은 디스크 액세스보다 빠르지만, 같은 블록이 몇 번이고 네트워크를 통해 교환되는 경우에 응답 속도가 저하된다는 점을 주의해야 한다. 이것을 블록 경합이라고 한다. 시스템 리소스에 여유가 있지만 응답 속도가 느린 경우는 이 블록 경합을 의심해야 한다. 이 현상은 동일 블록의 갱신이 여러 대의 서버에서 이루어질 때 발생한다.

또한, 캐시 퓨전 동작을 보장하기 위해서 최신 블록이 어느 노드에 저장됐는지 관리하는 구조가 있다. 배타적 제어는 이 구조에 의해 이루어진다.

쉐어드 에브리씽형 데이터베이스에서는 설계가 제대로 돼 있어도 캐시 퓨전에 사용되는 연결이 병목 지점이 되기 쉽다. 이 문제를 해결하기 위해 연결에 이더넷이 아닌 InfiniBand라 불리는 대역이 큰 전송 네트워크를 이용하는 경우도 있다.

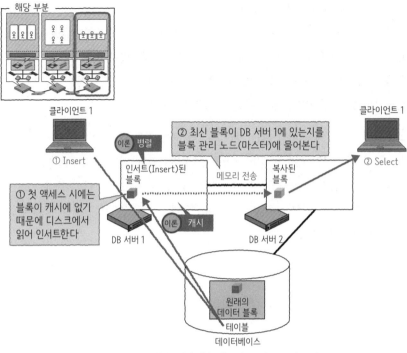

그림 7.29 **메모리의 데이터를 네트워크 경유로 받는다**

다음은 쉐어드 낫씽형의 데이터 보호 기능을 보도록 하자. 쉐어드 낫씽형은 이미 언급했 듯이, 데이터가 분산 배치되기 때문에 장애 발생 시에 데이터가 손실될 가능성이 있다. 이것을 방지하는 기능을 오라클의 MySQL 클러스터를 예로 들어 설명하겠다. 그림 7.30 을 보자. SQL 노드는 AP 서버에서 SQL 문을 받는 서버다. 데이터 노드는 실제 데이터가 저장되는 서버다. 쉐어드 낫씽의 장점처럼 개별 확장이 가능하다는 것을 알 수 있다.

데이터 보호는 데이터 노드 간 복제 기능에 의해 구현된다. 데이터 노드의 데이터가 동 일 노드 내 정/부로 복제되며, 다른 데이터 노드에도 복제된다. 오라클 MySQL 클러스 터는 이와 같이 쉐어드 낫씽이지만 장애 시 데이터 보호도 가능하다.

이런 구조를 어디서 본 적이 없는가? AP 서버의 세션 정보 이중화가 이런 구조였다. 그 러면 이 구조의 단점은 무엇인가? 그것은 세션 정보 이중화와 마찬가지로 복제 데이터 교환을 위해 네트워크 리소스와 디스크 용량을 소비한다는 것이다(세션 정보는 메모리상 의 데이터 교환이기 때문에 메모리 용량을 소비했었다).

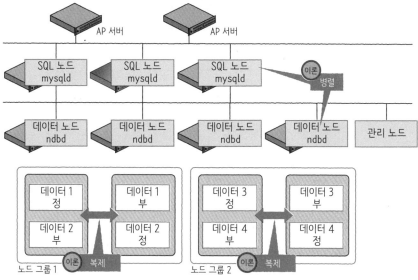

그림 7.30 데이터 복제 가능

이처럼 구조가 같다면 장단점도 비슷하다는 것을 기억해 두도록 하자.

웃으면서 한 얘기지만, 정기적으로 시스템 통계를 수집해서 허용량 설계 등을 하는 경우에 너무 많은 정보를 취득하면 이런 정보 수집 처리 자체가 과부하의 원인이 된다.

어떤 명령어 실행이 시스템 부하를 높이는지를 의식해서 명령에 대한 감각을 키우는 것이 필요하다고 생각한다.

7.7 네트워크 장비 이중화

7.7.1 L2 스위치 이중화

지금까지는 각 서버에 대해 살펴보았다. 이것이 전부일까? 아니다. 한 가지 더 중요한 것이 있다. 서버를 서로 연결하는 장치인 스위치가 그것이다.

먼저, L2 스위치 이중화는 어떻게 이루어질까? 서버와 L2 스위치 간 연결은 일반적으로 그림 7.31과 같다.

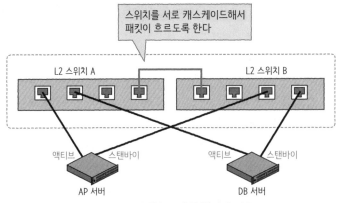

그림 7.31 **스위치 두 개를 한번에 이용**

그림의 구성에서는 서버 측 네트워크 인터페이스가 본딩(Boding) 등의 기술로 이중화 돼 있다. 이 두 개의 포트를 서로 다른 스위치에 꽂아서 스위치 장애에 대비하고 있다. 스위치는 두 대를 연결해서 스위치 간에 패킷이 흐르도록 하고 있다. 그러면 이것은 어떤 원리로 구현되는 것일까?

스위치를 크로스 케이블 등[7]으로 연결하면 서로 다른 스위치 간 통신이 가능하다. 이것을 캐스케이드(Cascade)라고 한다. 하지만 최근에는 하나의 스위치를 하나의 네트워크에서만 이용하는 것이 아니라 복수의 네트워크에 연결하는 경우도 있다. 이런 경우에는 스위치가 복수의 VLAN을 설정한다. 이때 케이블은 어떻게 연결될까? 그림 7.32를 보자.

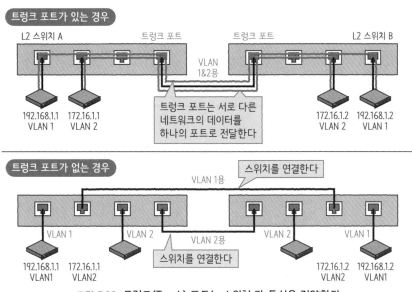

그림 7.32 트렁크(Trunk) 포트는 스위치 간 통신을 집약한다

그림 7.32 하단에 있는 것처럼 스위치 간에 VLAN 통신을 할 때는 각각의 VLAN을 연결해야 한다. 하지만 그림 7.32 상단과 같이 트렁크 포트라는 포트를 이용하면 포트를 복수의 VLAN에 소속시킬 수 있다. 이런 방식으로 트렁크 포트를 사용하는 것이 주류가 되고 있다.

트렁크 포트를 사용하려면 VLAN 데이터를 식별할 수 있도록 설정해야 한다. 최근에는 IEEE802.1Q로 표준화된 VLAN 태그 기술이 자주 이용된다. VLAN에 대한 자세한 내용은 6장에서 설명했다.

---

[7] MDI-X가 구현돼 있으면 스트레이트 케이블도 괜찮다.

트렁크 포트 이용 시에 필요한 대책

그런데 '트렁크 포트에 장애가 발생하면 스위치 전체에 장애가 발생하는 거 아냐?'나 '트렁크 포트의 통신이 병목 지점이 되는 거 아냐?' 등의 의문을 가진 독자가 있을 것이다. 맞는 말이다. 여기서는 이런 문제들을 위한 대책을 생각해 보도록 하겠다.

네트워크 이중화 방식 중 '링크 집합'이란 게 있다(그림 7.33).

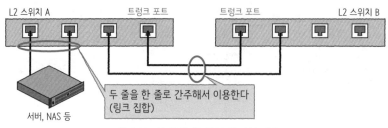

그림 7.33 **두 줄을 한 줄로 묶어서 이용**

서버나 NAS 등에서는 여러 포트를 합쳐서 하나의 이더넷 포트로 이용할 수 있다. 리눅스의 본딩 기능에서도 가능하다. 이것을 '링크 집합(Link Aggregation)'이라고 한다. 링크 집합에서는 보통은 양쪽 포트를 사용하지만, 포트 장애 시에는 해제해서 처리를 계속할 수 있다. 또한, 양쪽 포트를 사용함으로써 대역이 배로 증가하기 때문에 병목 현상 해결책으로도 이용할 수 있다. 일반적으로 최대 4선 정도까지 묶을 수 있다.

주의할 게 있다. 서버 측 포트를 묶은 경우는 꽂고 있는 스위치 쪽 포트도 같은 방식으로 묶어야 한다. 시스코 스위치에서는 이 기능을 '이더 채널(EtherChannel)'이라고 부른다. 이더 채널에서는 트렁크 포트도 묶을 수 있다. 트렁크 포트는 이 기능을 이용해서 여러 포트를 묶어 사용함으로써 트렁크 포트 통신이 병목 지점이 되는 것을 방지하고 안정성을 높일 수 있다.

여러 개로 묶은 네트워크 포트를 사용해서 부하분산하는 방식에는 여러 가지가 있다. 예를 들어, 본딩에는 라운드 로빈 방식이 있다. 이더 채널에서는 송수신이나 목적지 MAC 주소에 따라 어떤 포트를 사용할지 결정하는 방식이 있다. 목적지 MAC 주소에 따라 부하분산을 하는 경우, 목적지 서버가 한 대라면 하나의 포트에 통신이 집중되기 때문에 설정 시에 이를 고려해야 한다.

그렇다면 이 링크 애플리케이션을 시스템의 어디에 적용해야 할까? 이에 대해서는 주의가 필요하다. 예를 들어, 클라이언트의 웹 페이지 표시가 무거워서 네트워크 문제라고 판정한 경우를 생각해 보자. 이때 대역 확장을 목적으로 웹 서버의 인터페이스를 링크 집합한다고 해도 인터넷의 출입 회선이 웹 서버의 인터페이스 회선보다 좁다면 병목 현상 제거 효과를 기대할 수 없다.

일반적으로 링크 집합은 트렁크 포트, NAS 접속 인터페이스 등에 이용한다. 링크 집합 검토가 유용하긴 하지만, 네트워크 대역을 검토할 때는 통신 출발지와 목적지 사이에 있는 모든 대역을 고려한 후 병목 지점을 찾아서 문제를 해결하는 것이 중요하다. 2장에서 설명한 서버 내 버스 개념과 동일하다.

7.7.2 L3 스위치 이중화

L3 스위치 이중화는 기본적으로 액티브-스탠바이다. 최근 시스코 등에서 액티브-스탠바이에 이용할 수 있는 Virtual Switching System(VSS)과 같은 기능도 제공하고 있지만, 여기서는 기존 형태의 액티브-스탠바이 이중화에 대해 설명한다.

L3 스위치가 이중화되면 구체적으로 어떤 것이 편리해질까? L3 스위치는 스위치 기능과 간이 라우터 기능을 동시에 갖추고 있는 장비다. 그림 7.34를 보자.

L3 스위치가 L2 스위치로도 사용되고 라우터로도 사용되는 것을 알 수 있다. 가장 고민이 많은 시점은 L2/L3 스위치와 L3 스위치를 연결할 때다. 그림과 같이 목적에 맞게 선택하도록 하자.

이 때문에 서버의 기본 게이트웨이나 다른 네트워크의 게이트웨이로 사용되기도 한다.

웹 시스템에서는 게이트웨이가 다운되면 시스템 서비스가 거의 모두 정지된다고 해도 과언이 아니다. 따라서 L3 스위치 이중화가 매우 중요하다. 구체적인 구현 방법으로, L3 스위치의 액티브-스탠바이를 실현하는 프로토콜인 Virtual Router Redundancy Protocol(이후 VRRP)이라는 것이 있다.

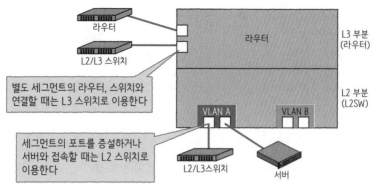

라우터

L2/L3 스위치

라우터

L3 부분
(라우터)

별도 세그먼트의 라우터, 스위치와
연결할 때는 L3 스위치로 이용한다

L2 부분
(L2SW)

VLAN A   VLAN B

세그먼트의 포트를 증설하거나
서버와 접속할 때는 L2 스위치로
이용한다

L2/L3스위치

서버

그림 7.34 **L3 스위치 개념**

그림 7.35를 보자. 조금 어려운 그림이지만, 말풍선의 '가상 라우터 주소/MAC 주소' 위
치와 서버에서 나온 파란색 선으로 표시된 네트워크 경로에 주목하자.

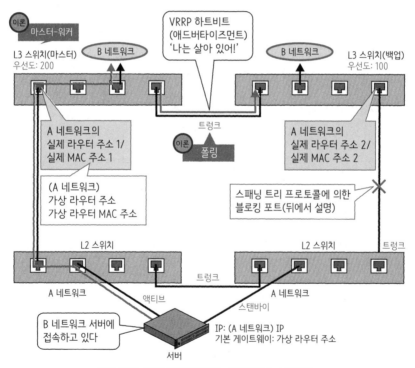

그림 7.35 **현재 게이트웨이는 좌측의 L3 스위치다**

복잡해 보일 수도 있지만 정리하면 다음과 같다.

① 어느 쪽 장비가 기본(마스터 라우터)인지를 정한다
② 정기적인 하트비트[애드버타이즈먼트(Advertisement)]를 보내서 생존 감시를 한다(자신이 살아 있다는 것을 증명)
③ 보조(백업 라우터) 장비가 애드버타이즈먼트를 일정 시간 수신하지 못하면 마스터 라우터 역할을 인계한다

VRRP에서는 ①의 마스터 라우터 결정에 우선도 값을 사용한다. 큰 값이 마스터가 된다. ②의 정기적인 애드버타이즈먼트는 마스터 라우터부터 백업 라우터 순서로 수 초 간격으로 진행된다. VRRP는 전용 링크가 필요 없다. VRRP를 이용하는 VLAN의 경우는 소속된 모든 포트가 생존 감시 대상이 된다. 일반적으로 연결이 끊어지지 않는 것을 전제로 해서 스위치 간 트렁크 포트를 설계한다.

장애가 발생하면 어떻게 되나?

③의 페일오버는 애드버타이즈먼트가 실패한 후 일반적으로 수십 초 사이에 교체된다. 그림 7.36은 마스터 라우터에 장애가 발생한 경우의 교체 과정이다. 그림 7.35와 비교해서 '가상 라우터 주소/가상 라우터 MAC 주소'의 위치와 서버에서 나오는 파란색 선이 표시하는 네트워크 경로가 바뀐 것을 알 수 있다.

백업 라우터가 마스터 라우터로 승격되고 가상 라우터 주소가 이동한다. 이 때문에 서버에서 B 네트워크로 가는 경로가 바뀐 것을 알 수 있다. 이런 식으로 L3 스위치가 이중화된다. 또한, VRRP 프로토콜은 L3 스위치뿐만 아니라 부하분산 장치나 방화벽 등의 이중화에도 폭넓게 사용되기 때문에 꼭 이해하고 넘어가도록 하자.

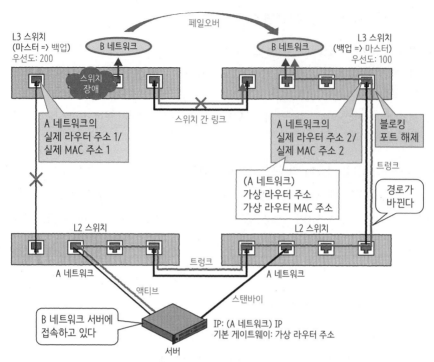

페일오버

L3 스위치
(마스터 => 백업)
우선도: 200

B 네트워크

B 네트워크

L3 스위치
(백업 => 마스터)
우선도: 100

스위치
장애

A 네트워크의
실제 라우터 주소 1/
실제 MAC 주소 1

스위치 간 링크

A 네트워크의
실제 라우터 주소 2/
실제 MAC 주소 2

블로킹
포트 해제

트렁크

(A 네트워크)
가상 라우터 주소
가상 라우터 MAC 주소

경로가
바뀐다

L2 스위치

L2 스위치

A 네트워크

트렁크

A 네트워크

액티브

스탠바이

B 네트워크 서버에
접속하고 있다

IP: (A 네트워크) IP
기본 게이트웨이: 가상 라우터 주소

서버

그림 7.36 **기본 게이트웨이가 오른쪽 스위치로 변경됨**

7.7.3 네트워크 토폴로지

L2 스위치, L3 스위치 이중화에 대해서 지금까지 설명했지만, 실제로 이 둘을 조합하면 어떤 구성이 될까? 설계 없이 장비를 조합하면 네트워크 전체가 먹통이 되는 중대한 장애가 발생할 수 있다.

그렇다면 네트워크에서 가장 중요한 것은 무엇일까? 그것은 특정 시점에 출발지부터 목적지까지 경로가 하나가 되는 것이다. 하지만 경로가 하나인 것과 장애에 대비에 이중화하는 것은 서로 상반된 것이다.

실제 네트워크에서는 어떤 식으로 이 상반되는 조건에 대응하고 있을까? 그림 7.37을 보자. L2 스위치와 L3 스위치를 조합하고 있지만, 왼쪽 그림은 경로가 하나이고 오른쪽 그림은 경로가 두 개다.

사람은 그날의 기분에 따라 지하철을 이용할지 또는 버스를 이용할지를 정할 수 있지만, 네트워크에는 '기분'이 없기 때문에 특정 경로가 정해져 있지 않으면 목적지까지 정보를 전달할 수 없다. 이와 같이 복수의 경로가 존재하는 네트워크 구성을 '루프(Loop)'라고 한다.

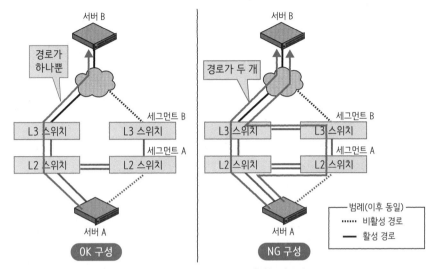

그림 7.37 **L2/L3 스위치를 조합한 네트워크**

하지만 경로가 다수 존재하면 안정성 측면에서 좋지 않다. 이 모순을 해결하기 위한 수단으로 스패닝 트리 프로토콜(Spanning Tree Protocol, 이하 STP)이라는 것을 이용할 수 있다. 그림 7.38을 보자.

STP를 이용하면 논리적으로 포트를 절단할 수 있다(블로킹 포트라고 한다). 절단할 포트는 STP 계산 알고리즘에 의해 정해지지만, 스위치 설정을 통해 절단 대상을 제어할 수도 있다.

장애 시에는 STP에 의한 재계산이 이루어지며, 논리적으로 절단돼 있는 포트를 개통해서 통신이 가능해진다. 참고로, 너무 전문적인 내용이어서 이 책에서는 게이트웨이 앞에 있는 라우팅 경로 이중화에 대해서는 다루지 않는다.

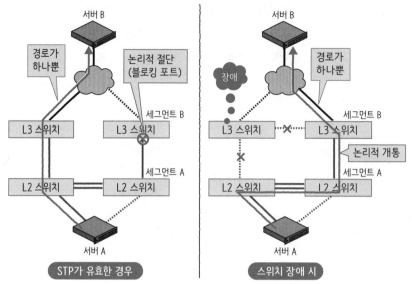

그림 7.38 STP를 이용한 네트워크

STP의 단점은 계산에 최대 50초가 걸려서 장애 발생 시 정지 시간이 길다는 것이다. 하지만 안심해도 된다. 현재는 RSTP(Rapid-STP)라는 STP 개선판이 주로 사용돼서 페일오버 시간은 거의 제로에 가깝다. 이외에도 L2 패브릭(Fabric)이나 네트워크 오버레이 등의 새로운 토폴로지 개념이 등장한다. 관심 있는 독자는 찾아보도록 하자.

네트워크 구성의 대표적인 패턴

네트워크 구성에는 몇 가지 패턴이 존재한다. 그림 7.39를 보자. 이런 네트워크 구성을 '사다리형'이라고 한다.

확장 시 구성은 그림의 오른쪽과 같다. 물리적 연결이 쉽다는 것이 장점이다.

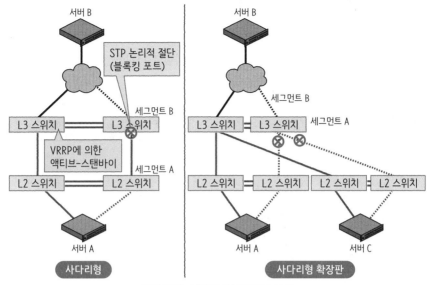

그림 7.39 **사다리형 네트워크 구성**

계속해서 그림 7.40을 보자. 이 네트워크 구성을 '십자형'이라고 한다. 확장 시 구성은
그림의 오른쪽과 같다.

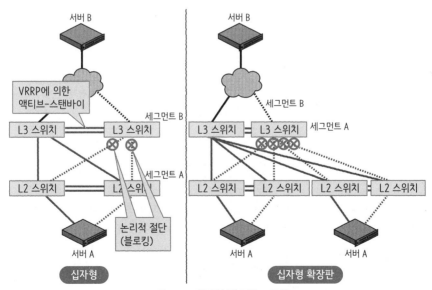

그림 7.40 **십자형 네트워크 구성**

사다리형, 십자형 모두 STP를 이용해서 블록을 하고 있다. 십자형은 1루프에 관여하는 스위치 수가 세 개이며(사다리형은 네 개), STP 계산 알고리즘 조정이 쉽다는 것이 장점이다. 최근에는 십자형이 주로 사용된다. 이렇게 차례대로 하나씩 보면 의외로 네트워크가 쉽게 느껴질 것이다.

장애 괴담 세 번째 이야기, '브로드캐스트 스톰'

브로드캐스트 스톰(Broadcast Storm)이라는 공포의 현상이 존재한다. 네트워크 구성 시 동일 세그먼트 내에 패킷이 통과하는 경로가 하나가 아닌 복수 개 존재해서 루프하는 경우에 발생하는 현상이다. 그림 A를 보자. 앞서 설명한 세그먼트 내 네트워크 통신을 기억하는가? 패킷을 전송하려면 상대방 MAC 주소가 필요하다. 이 MAC 주소를 알기 위해서 전송하는 측 서버가 ARP 요청을 실행한다. 이 요청이 브로드캐스트다. 브로드캐스트는 모든 방향으로 전송되기 때문에 이를 받은 스위치는 다시 다른 스위치에 대해 브로드캐스를 보내서 통신량이 엄청나게 늘어난다.

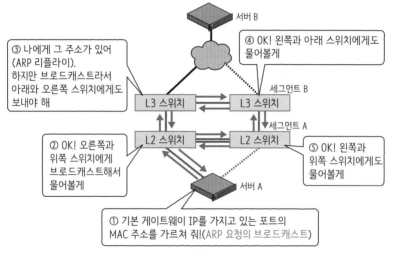

그림 A **브로드캐스트 스톰**

결과적으로 네트워크 장비의 CPU 사용률이 높아지며, 다른 네트워크 처리를 받을 수 없게 되어 광범위한 시스템 장애를 일으킨다. 네트워크 전체 구성도가 없으면 경로를 파악할 수 없기 때문에 실수로 루프 경로를 만들어 버리는 경우가 있다. 네트워크 장애는 서버 장애보다도 더 광범위하게 영향을 끼치니 주의가 필요하다.

여러분의 회사에는 네트워크 전체 구성도가 존재하는가?

7.8 사이트 이중화

7.8.1 사이트 내 이중화 전체 구성도

이것으로 이중화 기술에 대한 모든 설명을 마쳤다. 이 모든 기술을 이용해서 구성한 것이 그림 7.41과 같은 사이트다.

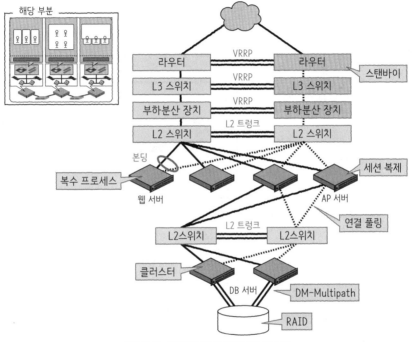

그림 7.41 **장애에 매우 강한 웹 시스템**

많은 기술을 조합해서 장애에 강한 웹 시스템을 구성했다는 것을 알 수 있다. '이것으로 웹 사이트가 절대 다운되지 않아!'라고 단언할 수 있으면 좋지만, 그럴 수 없는 것이 시스템이다.

각 시스템 컴포넌트들이 장애를 견딜 수 있는 구조를 가지고 있음을 이해해 두도록 하자. 덧붙이자면, 지금은 보안 관련 내용을 다루지 않았기 때문에 방화벽 등의 장비는 포함하고 있지 않다. 실제로는 L3 스위치 아래에 방화벽이 배치된다.

7.8.2 사이트 간 이중화

대규모 재해가 발생하면 데이터 센터 전체가 가동되지 않을 수도 있다. 이런 재해에 대한 대책으로 원격지 데이터 센터와 연계하는 기술이 있다. 그림 7.42를 보자. 글로벌 서버 부하분산(GSLB)이라는 구조다. F5사나 A10 NETWORKS사 등이 이런 제품을 시판하고 있다.

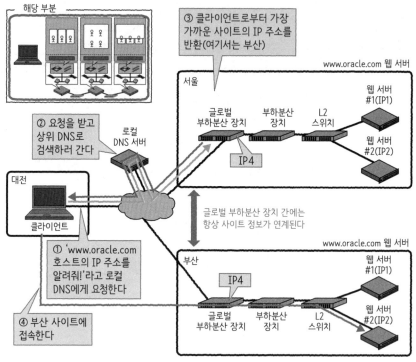

그림 7.42 **DNS가 사이트를 넘나든다**

DNS가 반환하는 IP 주소를 동적으로 변경하고 있다는 것을 알 수 있다. 이와 같은 기능을 이용해서 사이트 장애에 대비할 수 있다. 참고로, 데이터 관련 사이트 이중화는 5장 5.6.2절의 복제(Replication) 예에서 본 것처럼 MySQL 복제나 저장소 측 복제를 이용한다. 복제 기술은 사이트 간 데이터 전송에서 빠질 수 없는 요소 기술이다. 또한, 이런 화재 대책을 목적으로 한 원격지 데이터 전송 기술을 통틀어서 '재해 복구(Disaster Recovery)'라고 부르는 경우도 있다. 금융계의 기반 시스템 등 절대 장애가 발생해서는 안 되는 시스템에서 이런 구조를 도입하고 있다[8].

원격지에 데이터를 전송할 때 중요한 것은 동기/비동기 여부다. 데이터를 완전히 지키고 싶을 때는 데이터가 원격지에도 기록될 필요가 있기 때문에 동기화시킨다. 하지만 이 경우는 데이터를 원격지와 동기화시킬 때 오버헤드가 많이 걸려서 응답 속도가 느려진다. 비동기라면 응답은 좋지만 데이터를 완전하게 지킬 수 없다. 이런 상충 관계를 이해해 두자.

사이트가 떨어져 있을 때는 비동기로 해서 어느 정도의 데이터 손실을 감수하고 있는 구성이 일반적이긴 하다.

7.9 감시

7.9.1 감시란?

시스템 컴포넌트가 정상 동작하는지 확인하는 감시 기능에 대해 살펴보자. 시스템 서비스를 안전하게 지속하기 위해서는 감시는 필수적이다.

감시에는 대표적으로 다음과 같은 것이 있다.

- 생존 감시
- 로그(에러) 감시
- 성능 감시

이외에도 하드웨어 자신이 하드웨어 고장을 감시하거나 클러스터 소프트웨어가 실시하는 각 컴포넌트 감시 등 다양한 감시가 있다.

감시에서 중요한 것은 어떤 목적으로 감시 기능이 필요한지, 특정 컴포넌트에 감시가 너무 중복돼 있지 않은지 등을 고려하는 것이다. 감시 대상에 대해서 극단적으로 얘기하자면, 모든 프로세스를 감시해서 로그가 하나라도 출력되면 그것을 감지할 수 있도록

---

8 [옮긴이] 역자가 지금 실제로 담당하는 업무도 은행계 시스템 구축으로, 어떤 시스템을 구축하든 재해 복구(DR 이라고도 함) 시스템을 별도의 위치에 구축한다. 이 때문에 전체적인 프로젝트 비용이 다른 IT 시스템보다 많이 든다. 그래서 금융계 프로젝트의 규모가 비교적 크게 느껴지기도 한다.

설정해야 한다. 하지만 실제로 경고가 발생해도 어떤 식으로 대처하면 좋을지, 경고 발생 후 행동으로 연결되지 않는다면 의미가 없다. 또한, 감시 수가 너무 많으면 경고가 전달돼도 무시하게 된다. 이 때문에 감시의 본질적인 의미가 사라질 수 있다.

감시 대상을 선별하는 것은 용기 있는 행동이다. 처음에는 어느 정도 많은 항목을 감지하도록 하고, 불필요한 경고를 걸러내서 항목을 줄여 나가는 것이 좋다.

7.9.2 생존 감시

생존 감시는 대표적인 감시 중 하나다. 그림 7.43을 보자. 이 예는 ping 명령을 정기적으로 실행해서 서버 인터페이스에 대한 통신을 확인하는 감시로, 생존 감시라고 하며 ping 감시라고도 부른다. ping을 이용한 감시는 구현이 매우 쉬워서 어떤 시스템이라도 구현할 수 있다. 그러므로 ping 감시는 가능한 모든 장비에 설정할 것을 권장한다.

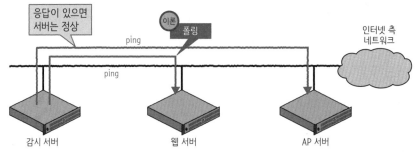

그림 7.43 ping을 이용한 생존 감시(ping 감시)

그림 7.44를 보자. 프로세스 생존 감시 구조를 보여 주고 있다. 대부분의 감시 툴은 프로세스가 정상 동작하는지를 OS의 ps 명령을 이용해서 확인한다. ping처럼 매우 간단한 감시다.

프로세스 감시는 실행 중인 프로세스 모두를 감시하는 것이 아니라 중요한 것만 추려서 감시하는 것이 좋다. 해당 프로세스에 장애가 발생하면 어떤 영향이 있는지, 어떤 대책이 필요한지와 같은 관점에서 생각하는 게 중요하다. 예를 들어, 리눅스 환경에서는 기본으로 실행되는 cupsd(인쇄 서버) 프로세스가 다운되어도 인쇄 서버를 구성하고 있지 않는 한 아무런 문제가 없다.

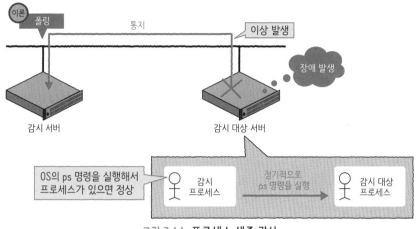

그림 7.44 **프로세스 생존 감시**

7.9.3 로그 감시

OS나 미들웨어가 출력하는 로그 파일에는 시스템 유지를 위한 중요 정보가 포함돼 있다. 미들웨어 오류나 영역 고갈 등 생존 감시로는 알 수 없는 정보가 로그 파일로 출력된다. 또한, 장애 원인 분석에도 도움이 된다. 로그 파일 감시 구조에 대해서는 그림 7.45를 보자.

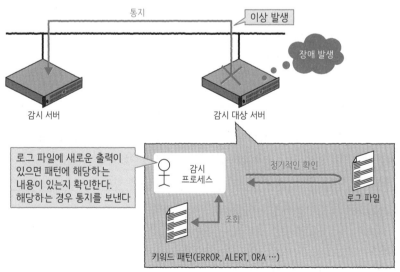

그림 7.45 **로그 파일과 키워드 패턴 매칭**

로그 감시 프로세스는 중요하다고 인지하고 있는 로그 출력문을 미리 저장해 두고 있다가 실제 로그 파일이 출력되는 내용을 저장해 둔 것과 비교한다. 일치하는 내용이 있으면 문제의 중요도에 맞추어 감시 서버에게 보고한다. 통지 방법은 syslog, SNMP, 메일 등 몇 가지가 있다.

대부분의 미들웨어 로그는 [alert]이나 [error], [notice] 등의 문자열을 붙여서 출력한다. 키워드 패턴에는 시스템 유지에 중요한 에러 전체를 기술할 수 없기 때문에 이 [alert]이나 [error] 같은 키워드를 등록해 둔다. 오라클 DB에서는 경고 로그라 불리는 로그 파일에 'ORA-' 등의 키워드를 붙여서 로그를 출력한다. 따라서 조회 패턴에는 'ORA-' 키워드를 등록해 두어야 한다.

7.9.4 성능 감시

성능 감시는 앞서 설명한 두 가지 감시보다 감시 내용이 복잡하다. 디스크 사용률이나 메모리 사용 현황, 디스크 고갈 등의 리소스 상태 파악과 네트워크 액세스 지연, 디스크 액세스 시간 등의 응답 상태를 파악하는 것이다. df 명령 등의 OS 명령을 정기적으로 실행하거나 vmstat 명령이나 sar 명령 등의 통계 정보를 취득해서 상황을 통계적으로 판단하는 등 다양한 방식이 가능하다. 표 7.3을 보자.

표 7.3 감시 항목

감시 대상	감시 내용
CPU	CPU 사용률, CPU 대기 행렬
메모리	빈 메모리 양
DISK	남은 용량, 디스크 액세스 시간
네트워크	I/F 인바운드/아웃바운드 대역 사용률, 패킷 손실
HTTP(웹 서버 고유)	HTTP 요청의 응답 시간, 초당 HTTP 요청 처리 수, 초당 HTTP 세션 수
JAVA(AP 서버 고유)	메모리 힙(Heap) 크기, 가비지 컬렉션 횟수
DATABASE(DB 서버 고유)	영역의 남은 용량, 캐시 사용률, SQL 응답

여기서는 표 7.3의 감시 항목을 자세히 다루진 않지만, 성능 감시의 감시 항목 선별 및 경계 값 설정, 이상 값 분석은 각각의 미들웨어와 시스템 아키텍처를 고려해서 실시해야 한다.

7.9.5 SNMP

지금까지 감시 내용에 대해 설명했다. 그러면 실제 시스템에서의 구현 방법이나 통지 수단에는 어떤 것들이 있을까? 통합 감시 툴로 상용 제품이 다수 존재하며, 히타치의 JP1, IBM의 티볼리(Tivoli) 등이 대표적이다. 최근에는 오픈 소스인 Zabbix나 Nagios와 같은 툴로 상용 환경을 감시하는 경우도 늘고 있다. 기능도 다양하지만, 이 기능들이 기반으로 하고 있는 감시 전용 프로토콜이 있어서 이것을 소개하겠다. 그 이름은 바로 SNMP다.

SNMP를 이용해서 감시할 수 있는 주요 내용은 다음과 같다. 또한, 확장도 가능해서 다른 여러 사항도 감시할 수 있다.

- 네트워크 장비나 서버 가동 상태
- 서비스 가동 상태
- 시스템 리소스(시스템 성능)
- 네트워크 트래픽

SNMP는 네트워크 장비와 서버를 일괄 감시해서 관리할 수 있는 것이 특징이다. 그림 7.46에 개요를 정리했다.

SNMP 구성에서는 감시 서버에 매니저가 있으며, 감시 대상 서버 및 네트워크 장비에 에이전트가 존재한다.

감시 경로에는 매니저가 정기적으로 질의하는 '폴링(Polling)'과 이상 발생 시에 에이전트가 통지하는 '트랩(Trap)' 등 두 가지가 있다. '폴링'은 주로 리소스 상태를 감시할 때 이용한다. 통신은 구체적으로는 UDP 프로토콜로 161, 162번 포트를 이용한다.

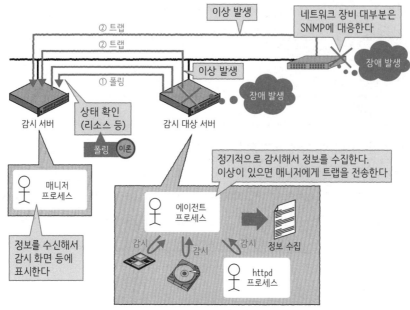

그림 7.46 **SNMP는 감시를 위한 프로토콜**

SNMP의 주요 특징으로 MIB(관리 정보 기반)라는 것이 있다. MIB는 감시 정의 모델이다. 에이전트는 MIB에 규정된 정보를 수집해서 매니저에게 통지한다. 매니저와 에이전트는 상호 대화를 하기 때문에 같은 MIB를 소유한다. 그림 7.47을 보자.

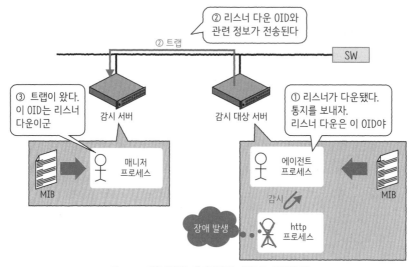

그림 7.47 **매니저와 에이전트는 OID로 대화한다**

이 그림은 리스너(Listener)가 다운된 예다. 매니저와 에이전트가 MIB를 바탕으로 정보를 수집해서 OID를 통해 이를 교환한다. OID란, MIB에 정의되어 있는 일종의 식별자다.

그러면 MIB는 어떤 구조로 되어 있을까? MIB는 데이터베이스 형태와 비슷하다. 그림 7.48을 보자. MIB는 이런 트리 구조로 만들어져 있다. 왼쪽 상자 부분이 네트워크 장비 관련 통계 정보 집합이다. 또한, MIB는 확장이 가능하다. Private보다 아랫부분(그림 7.48의 오른쪽 상자 부분)은 확장이 가능해서 각 제조사는 여기에 독자 감시 항목을 정의하고 있다. 그림에서는 Oracle Enterprise Manager의 데이터베이스와 리스너 MIB를 예로 들고 있다.

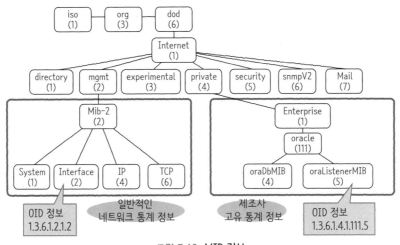

그림 7.48 **MIB 정보**

이 정의 모델은 위에서부터 순서대로 읽어 나간다. 예를 들어, 인터페이스 관련 OID 정보는 '1.3.6.1.2.1.2'가 된다. 그 아래에 다시 정의가 세분화된다. 오라클 리스너 관련 OID는 '1.3.6.1.4.1.111.5'가 된다. 참고로, 리스너가 다운되었을 때의 OID는 '1.3.6.1.4.1.111.5.1.1.1.11'이다.

이와 같이 SNMP는 감시에 특화된 프로토콜이다. SNMP의 주의점은 SNMP 트랩은 원칙적으로 재전송하지 않으며, 장애로 트랩을 수신하지 못한 경우에는 그 트랩을 잃어 버린다는 것이다. 모든 통지를 수신해야 한다면 메일을 사용할 수 있다[9]. 메일은 축적

---

9 이전에는 syslog라는 수단이 있었지만 최근에는 잘 사용되지 않는다.

및 저장이 용이하지만, MIB 같은 범용적인 정의가 없으며, 단지 메일함에 저장되는 것이 전부로 종합 감시 콘솔 등에 표시되지 않는다. 따라서 운영 방식을 고려해서 적용하는 것이 필요하다.

7.9.6 콘텐츠 감시

콘텐츠 감시는 웹 화면이 정상적으로 보여지는지 확인하기 위한 웹 시스템 특유의 감시다. 클라이언트에게 정상적으로 응답을 반환하면 웹 시스템이 정상 가동하고 있다고 볼 수 있으므로, 콘텐츠 감시는 전체적으로 중요한 감시이다. 일반적으로는 콘텐츠 감시는 부하분산 장치가 담당한다. 그림 7.49를 보자.

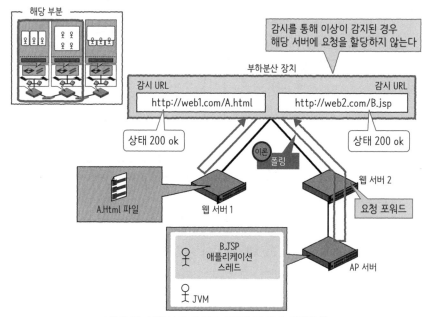

그림 7.49 **부하분산 장치가 콘텐츠를 계속 GET한다**

부하부산 장치에 감시 대상 URL을 등록해 둔다. HTTP의 GET 요청을 해서 정상적으로 응답이 있으면 해당 웹 서버 또는 웹 서버 + AP 서버가 정상 가동되고 있다고 판단한다. 만약 응답이 오지 않으면 장애가 있다고 판단해서 부하분산 장치가 해당 웹 서버에는 요청을 할당하지 않는다.

이상으로 웹 시스템 감시 개념을 전체적으로 살펴보았다.

감시 구조에는 폴링 이론이 많이 사용되고 있다는 것을 알 수 있다. 그만큼 폴링 개념이 중요하다고 할 수 있다. 여기서는 자세한 이론은 다루지 않았지만, 개념만 제대로 이해해도 도움이 될 것이다.

7.10 백업

7.10.1 백업이란?

장애 대책을 생각할 때 이중화 등을 도입해서 서비스를 지속하는 것도 중요하지만, 만일의 경우에 대비해서 백업을 만들어 두는 것도 매우 중요하다. 이중화와 크게 다른 점은 데이터를 복제해서 별도 장소에 보관한다는 것이다. 이 때문에 '복원(Restore)'이나 '복구(Recovery)'를 이용해서 데이터를 원래 장소로 되돌리는 과정이 필요하다. 백업은 데이터를 복제해 두기만 한다고 괜찮은 것이 아니다. 백업 취득 빈도나 시점은 복원을 고려해서 계획을 세워야 한다. 구체적으로는 다음과 같이 복구 지표를 정해서 백업을 설계한다.

1. **RTO(Recovery Time Objective): 복구 목표 시간**

   복구에 어느 정도 시간이 걸리나?

2. **RPO(Recovery Point Objective): 복구 기준 시점**

   어느 시점으로 복구할 것인가?

1번은 수 시간 내에 복구하지 않으면 업무에 큰 영향을 끼치는 시스템이나, 수 일 동안 업무 대체가 가능해서 천천히 복구해도 되는 것 등 시스템에 따라 백업 요건이 달라진다. 당연히 RTO가 짧을수록 설계 난이도가 높고 백업 시스템 가격도 비싸진다[10].

---

10 옮긴이 참고로 역자가 담당하고 있는 은행 시스템은 RTO가 4시간으로 설정되어 있다. 이것은 역자가 현재 근무하고 있는 싱가포르 금융청에서 정하고 있는 기준이기도 하다.

2번은 데이터를 최신 상태로 만들지 않으면 곤란할 것 같지만, 일괄(Batch) 처리가 주류인 시스템에서는 일괄 처리 실행 직후까지 되돌리면 업무에 문제가 없는 경우도 있다.

그림 7.50에서 RTO와 RPO 관계를 보여 주고 있다. 또한, 관련 시스템 전체의 일관성이 확보되는 시간을 미리 설정해 두고 그것을 RPO로 측정하면, 시스템 간 데이터 일관성 확인 시간을 줄일 수 있다.

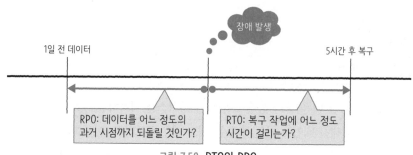

그림 7.50 **RTO와 RPO**

시스템에서 백업해야 하는 대상은 다음 두 가지다.

- 시스템 백업(OS나 미들웨어 등의 백업)
- 데이터 백업(데이터베이스나 사용자 파일)

각각에 대해 살펴보자.

7.10.2 시스템 백업

시스템 백업은 OS나 미들웨어 등 일반 서버의 로컬 디스크 영역을 백업하는 것이다.

OS나 미들웨어는 한번 설치해서 설정이 끝난 후에는 많은 변경이 발생하지 않는다. 이 때문에 백업 빈도는 데이터에 비해 적은 편이다. PC 백업을 생각해 보면 이해하기 쉽다. 작성한 문서나 사진 등은 자주 백업하고 싶지만, OS 자체는 백업을 거의 하지 않을 것이다. 'OS는 망가지면 다시 설치하면 되지'라고 생각하는 독자도 있을 것이다.

시스템 백업은 다음과 같은 시점에 실시한다.

- 초기 구축 후
- 일괄 처리 적용 시
- 대규모 구성 변경 시

취득 방법에는 다음과 같은 것이 있다.

- OS 명령(tar, dump 등)
- 백업 소프트웨어

또한, 취득 매체로는 테이프나 최근에 사용되고 있는 DVD 등이 있으며, 가상 환경에서는 파일 등이 사용된다. 그림 7.51을 보자.

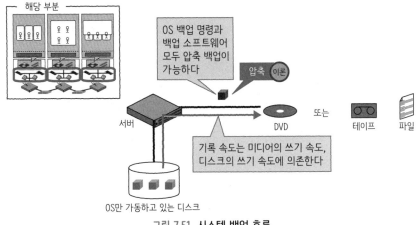

그림 7.51 **시스템 백업 흐름**

백업은 압축 기능이 유효한 처리다. 왜냐하면 백업은 데이터 갱신이 발생하지 않고, 평상시에는 사용하지 않는 데이터로 가능한 작은 크기로 저장해 두고 싶은 데이터이기 때문이다. 압축은 압축 때는 물론 해제 시에도 CPU 사용률이 늘어나고 실행 시간도 길어지는 경향이 있다. 하지만 RTO 시간 내에 처리가 끝난다면 꼭 압축을 사용하도록 하자.

시스템 백업 취득 시의 유의점은 서버의 서비스를 정지할 필요가 있다는 것이다. 가동 중인 서비스는 백업할 수 없다. 미들웨어가 가동 중인 상태에서 백업을 취득하면 임시 파일이나 프로세스 가동 정보도 취득하게 돼서 복구 시에 정상 가동되지 않는 경우가 있기 때문이다. 시스템 백업은 안전을 고려해서 계획된 시스템 정지 일정에 맞추어 실시하도록 하자.

7.10.3 데이터 백업

데이터 백업은 시스템 백업과 달리 매일 변경되는 데이터가 손실되지 않도록 하는 것으로, 취득 빈도가 높다. 이 때문에 정지하기 힘든 시스템은 서비스가 가동 중인 상태라도 백업이 가능한 구조가 필요하다. 하지만 그런 시스템일수록 확실하게 데이터 일치성을 보장해야 하며, 특히 데이터베이스 시스템에 있어서는 일치성 보장 기능이 필수다.

이와 같은 사정 때문에 데이터베이스 백업은 데이터 자체와 데이터 갱신 내역이 기록돼 있는 저널(Journal)을 모두 취득하도록 하고 있다(그림 7.52).

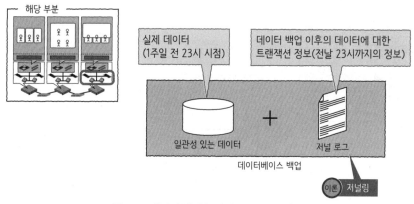

그림 7.52 **데이터 백업은 저널 로그로 보완한다**

데이터는 기본적으로 서비스를 정지한 후 변경이 발생하지 않는 상태에서 취득한다. 오라클 DB 등 일부 데이터베이스에서는 서비스가 가동 중인 경우라도 데이터 백업을 할수 있지만, 이 책에서는 상세 내용은 생략하도록 한다. 저널 로그는 트랜잭션 정보가 기록돼 있으며, 갱신이 발생하지 않는다. 따라서 임의의 시점에 서비스를 중지하지 않고도백업을 할 수 있다.

데이터베이스가 망가진 경우라면 일관성 있는 데이터와 저널 로그 양쪽을 복원한다. 그리고 일관성 있는 데이터에 대해 저널 로그를 바탕으로 다시 트랜잭션을 실행해서 복구한다. 또한, 백업되지 않은 저널 로그가 장애 발생 직전까지 존재한다면 최신 데이터로복구할 수 있다.

백업 취득 방법은 다양하다. 예를 들어, 데이터베이스 전용 명령이나 OS 명령을 이용할 수도 있고, 5장에서 소개한 저장소 차분 데이터 블록 복사 기능을 이용하는 경우도 있다. 차분 데이터 블록 복사는 고속으로 데이터를 복사할 수 있어서 서비스 정지 시간도 매우 짧다.

또한, 데이터를 백업한 것도 시스템 백업과 마찬가지로 압축하는 것이 좋다. 상용 백업 제품은 대부분 이 기능을 갖추고 있다.

7.11 정리

웹 인프라의 이중화, 감시, 백업 구조에 대해 설명했다. 다양한 기초 기술들이 쌓여서 시스템이 만들어지는 것을 알 수 있을 것이다. 개발자, 시스템 설계자, 운용자는 4장, 5장에서 다른 기초 지식을 무의식적으로 사용해서 얼마나 안정된 시스템을 개발할지, 그리고 유지할지를 고민한다. 이렇듯 시스템은 기초 지식을 활용한 여러분의 '발상'에서 만들어지는 것이다.

COLUMN **장애 괴담 네 번째 이야기, 'RAID 때문에 날아간 DB'**

100대 이상의 물리 장비로 데이터베이스(DB)를 구성하는 비교적 큰 규모의 시스템을 다루는 경우가 많다. 이 중 DB의 디스크와 RAID에 대한 무시무시한 체험을 공유하고자 한다.

RAID5로 날아간 DB

RAID5는 구성 디스크 중 하나가 고장 나도 계속 동작하는 구조다. 단, 두 번째 디스크가 고장 나면 데이터를 잃게 된다. 하나가 고장 난 시점에 고장 난 디스크를 새로운 디스크로 교환하면 되기에, 동일 서버 내에서 두 개가 동시에 고장 나는 일은 보통 없을 거라 생각할 수 있다. 하지만 신기하게도 그런 상황이 발생한다.

동시에 구입한 디스크는 동일 제조사의 동일 생산 라인에서 만들어진 경우가 종종 있다. 이 때 고장률이 높은 생산 라인의 디스크가 납품돼서 동일한 시기에 동시에 고장나는 일이 실제로 발생한다. 또한, 디스크 고장은 확률적인 문제이기도 해서, 동시에 사용하는 수가 늘어나면 늘어날수록 고장 나는 디스크 수도 늘어난다.

옛날에 내가 담당하고 있던 어떤 시스템에선 여러 대의 물리 장비에서 합계 1000대의 HDD가 동시에 사용되고 있었으며, 1, 2개월 내에 한 대 이상의 디스크가 고장 나서 교체해야 했다. 그리고 한번은 동일 서버의 디스크가 동시에 두 대 고장 난 적도 있다[11].

RAID10에서도 날아간 DB

RAID5는 동시에 두 대의 디스크가 고장 나서는 안 된다. 높은 가용성을 요구하는 시스템에선 RAID10을 사용해서 디스크 장애에 대응하기도 한다. RAID10은 RAID1로 만든 페어를 묶어서 사용하므로, 동일 페어가 동시에 고장 나지 않는 한 두 대 이상의 디스크가 고장 나도 문제없이 동작한다. '동일 페어의 디스크가 동시에 고장 나다니...'라고 생각하는 독자도 있겠지만, 지은이에게는 실제 발생했던 일이라 이로 인해서 눈물을 흘려야만 했던 기억이 있다.

여담이지만, RAID5보다 RAID10가 선택되는 것은 가용성 관점의 이유만 있는 것은 아니다. RAID5는 패리티를 사용해서 이중화와 가용성을 담보하므로, 한 대의 디스크가 고장 나서 패리티를 통해 데이터를 복원해야 하는 경우에는 I/O 성능이 크게 저하된다.

RAID10은 기반이 RAID1이라 디스크가 한 대 고장 나도 패리티 연산 없이 읽기/쓰기가 이루어지므로 I/O 성능 저하가 없다. 즉, 장애 발생 시에 성능 저하를 일으키지 않기 때문에 RAID10이 선택되는 것이다.

RAID 컨트롤러와 함께 날아간 DB

RAID를 구현할 때는 RAID 컨트롤러라는 하드웨어 장치가 사용되지만, 사실은 이 장치도 고장 날 때가 있다. RAID 컨트롤러가 고장 나면 관리 부분이 망가지므로, 어떤 RAID를 구성하든지 디스크가 전부 망가진다. 고장 날 것 같이 보이지 않는 컨트롤러이지만 실제로는 HDD만큼은 아니더라도 고장 나는 경우가 종종 있다.

단 한 곳에 장애(고장)가 발생해도 전체가 망가지는 부분을 SPOF(Single Point Of Failure)라고 하며, 우리말로는 단일 장애점이라고 한다. SPOF를 만들지 않기 위해서 이 장에서 다양한 이중화 방법을 소개한 것이다.

하지만 231쪽의 '아빠는 이중화 때문에 고민이다'에서 CPU가 이중화되지 않는 예를 소개한 것처럼, 이중화가 어렵거나 비용이 많이 들기 때문에 일반적으로 이중화하지 않는 부분도 있다. 예를 들면, 머더보드 자체가 그렇다. 아무리 견고한 부품이라도 물리적인 하드웨어인 이상 언젠가는 고장 나기 마련이다.

---

11 [옮긴이] 사실 H/W도 함께 납품하는 프로젝트에서는 HDD 고장이 매우 빈번하게 발생하고 있다. 옮긴이가 진행하는 주간 보고의 메인 주제가 하드 고장이 언제 발생했고 언제 교환한다는 등의 내용이다.

제 8 장

성능 향상을 위한
인프라 구조

인프라 아키텍처를 그림으로 그려 보면 병목 현상이 발생하기 쉬운 위치를 파악해서 개선 방향을 검토할 수 있다. 이번 장에서는 병목 현상 개념과 다양한 병목 현상 사례를 소개하니 핵심을 잘 이해해서 자기 것으로 만들도록 하자.

8.1 응답과 처리량

8.1.1 성능 문제의 두 가지 원인

시스템 성능 문제는 대부분 사용자 불만을 통해 인지하게 된다.

- '시스템이 느려서 사용할 수 없어'
- '클릭한 후 아무리 기다려도 화면이 뜨지 않아'
- '일괄 처리가 아침이 되도 끝나지 않아'
- '오후에만 시스템이 갑자기 느려져'

표현은 모두 다르지만 같은 얘기를 하고 있다. '사양이라서 어쩔 수 없어요'라고 대답할 수 없는 것이 인프라 기술자의 운명이다. 그러면 이런 불만이 있을 때 인프라 관점에서는 다음 사항을 사용자로부터 확인해야 한다.

- '응답 속도가 느립니까?'
- '처리량이 낮습니까?'
- '아니면 둘 다입니까?'

시스템 성능을 가리킬 때 응답(Response)과 처리량(Throughput)이라는 지표가 자주 사용된다. 응답은 처리 하나당 소요 시간을 의미하며, 처리량은 단위 시간당 처리하는 양을 의미한다. 일상에서도 사용하는 용어이지만, 이 두 가지를 혼동해서 사용하는 경우가 많아서 명확히 구별하는 것이 중요하다[1].

예를 들어, 검색 엔진에서 키워드를 입력해서 '검색' 버튼을 누른 후 검색 결과가 표시되기까지 걸리는 시간이 응답 시간(Response Time) 이다. 응답에 걸리는 시간으로, 명칭 그대로다. 한편 처리량은 이 검색 엔진이 초당 받아 들이는 사용자 수에 해당한다. 응답은 '서비스를 이용하는 한 명의 사용자' 관점 지표인 반면, 처리량은 '서비스 제공자' 관점의 지표라고 할 수 있다.

---

1 턴 어라운드 타임(Turn Around Time)이라는 용어도 있다. 응답은 응답이 돌아오기까지 걸리는 시간이고, 턴 어라운드 타임은 처리가 완료되기까지 걸리는 시간을 가리킨다. 이 책에서는 응답으로 통일한다.

그림 8.1은 편의점을 예로 들고 있는데, 조금 더 자세히 설명하겠다. 이 가게에는 계산대가 두 곳에 있으며, 계산 담당자 두 명의 능력이 동일하다고 가정한다. 그리고 고객이 두 계산대에 균등하게 줄을 서 있다고 하자. 이때 줄의 끝에 선 후 계산이 끝나기까지 걸리는 시간이 응답 시간이다. 또한, 한 대의 계산대에서 한 명당 1분이 걸린다고 하자. 계산대가 두 개이기 때문에 1분당 두 명분을 정산할 수 있다. 이것을 처리량이라고 한다.

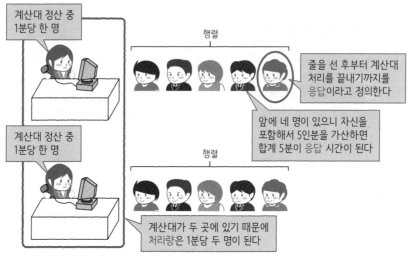

계산대 정산 중 1분당 한 명

행렬

줄을 선 후부터 계산대 처리를 끝내기까지를 응답이라고 정의한다

앞에 네 명이 있으니 자신을 포함해서 5인분을 가산하면 합계 5분이 응답 시간이 된다

계산대 정산 중 1분당 한 명

행렬

계산대가 두 곳에 있기 때문에 처리량은 1분당 두 명이 된다

그림 8.1 편의점 계산대를 예로 든 처리량과 응답

이어서 그림 8.2는 편의점 예를 시스템 구성도로 표현한 것이다. 웹/AP/DB 서버를 한 세트로 하는 시스템이 시스템 전체에서 1분간 10000HTTP 요청을 처리하는 처리량을 가지고 있다고 하자. 응답 시간은 한 명의 사용자가 본 지표이기 때문에 사용자가 웹 브라우저에서 특정 조작을 한 후 눈에 보이는 결과가 반환되기까지의 시간이다. 이것은 웹 서버의 응답뿐만 아니라 AP 서버나 DB 서버의 응답도 포함한다는 것에 주의하자.

실제 시스템에서는 단일 사용자 응답 시간만으로는 부족하기 때문에 여러 사용자의 평균값을 이용한다. 이때 통계학에서 사용되는 '퍼센타일(Percentile)[2]' 개념을 이용한다. 극단적으로 응답 시간이 긴 사용자는 다른 문제를 내포하고 있을 수 있기 때문에 오차

---

2 퍼센타일은 값 분포를 고려해서 그룹화한 것을 기준으로 평균 등을 구하는 계산 방식이다. 이것을 이용하면, 예를 들어 '100명 중 90명이 본 응답 시간이 1초이고 나머지 10명은 5초였다'와 같이 사용자 관점에 가까운 평균값을 구할 수 있다.

라고 생각하고 평균값에 포함하지 않는다. 10%의 사용자 값을 버리고 나머지 90% 사용자의 평균 응답 시간을 이용하는 형태다.

해당 부분

처리량은 1분당 최대 10,000HTTP 요청

AP 서버, DB 서버도 처리량이나 응답 계산에 포함된다

브라우저

웹 서버에 요청을 던져서 AP 서버나 DB 서버를 거쳐서 응답이 돌아오기까지가 응답 시간

그림 8.2 **3계층형 시스템 관점의 처리량과 응답**

COLUMN **가장 중요한 응답 시간은?**

시스템 관점에서는 개별 사용자 응답보다는 앞서 설명한 퍼센타일 값을 중시한다. 예를 들어, 5명만 높은 응답 시간을 유지하고 나머지 사용자는 응답에 만족하지 못하는 상황이라면 의미가 없기 때문이다. 반대로, 응답 속도 저하를 느끼고 있는 것이 극히 일부 사용자라면 시스템이라기보다는 사용자 PC에 문제가 있을 가능성이 높다.

프로젝트의 성능 테스트 단계에서는 이것으로 충분하지만, 대부분의 현장에서는 '회사의 높은 사람이 실제로 시스템을 사용해 보는' 경우가 발생하기도 한다. 성능 테스트에서 결과가 좋더라도 회사의 높은 사람이 봤을 때 느린 시스템은 결국 사용자에게 배포될 수 없다. 게다가 회사의 높은 사람이 보는 것은 대부분 응답 시간 측면이고 처리량은 무시되기 때문에 주의가 필요하다.

또한, 이런 분들은 가끔 '모든 화면이 3초 이내에 표시되도록 해!'라고 선언하기도 한다. 이것은 데이터 양이나 서버 성능을 무시한 지시다. 이럴 때는 다음과 같은 예로 대응해야 한다. '현재 구성은 쿼리 단위로 총 10억 건의 명세서를 사용해서 집계하고 있습니다. 해당 목표치를 달성하는 것은 비현실적이기 때문에 표시 내용을 확 줄여서 요약 형태로 만들어야 합니다. 그렇게 할까요?'라고 하면 상대방도 '흠, 그럼 어쩔 수 없겠군'이라며 이해할 것이다.

이런 문제도 모든 것을 메모리에 저장하는 시대가 오면 해결될 거라고 말하는 사람도 있지만, 나는 시스템 성능 진화와 데이터 양 증가는 같은 속도로 진행되기 때문에 아무리 시간이 지나도 성능 문제는 사라지지 않을 것이라고 생각한다.

8.1.2 응답 문제

그림 8.3에서는 응답 시간에 포함되는 시간을 도식화하고 있다. 사용자 체감 시간에는 각 계층의 처리 시간이 포함되므로 응답 문제가 발생하는 위치는 로그나 실제 장비 시험 등을 통해서 구체적으로 어떤 계층에서 응답 지연이 발생하고 있는지 파악해야 한다. 시스템에 문제가 있다는 사용자 불만을 접수해서 확인해 보면, 사용자가 이용하던 웹 브라우저의 처리 속도(렌더링 속도)가 느려서 문제가 발생하는 경우가 있다. 농담처럼 들리지만 실제로 자주 있는 일이다.

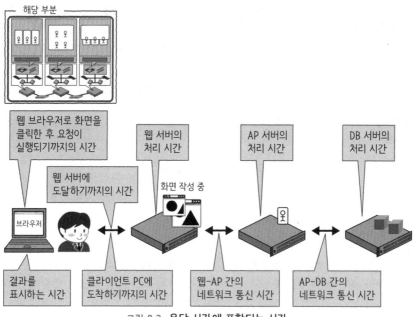

그림 8.3 응답 시간에 포함되는 시간

각 서버의 응답 시간에 대해서는 로그 등을 보면 어느 정도 문제 파악이 가능하다. 그러면 네트워크 문제는 어떨까?

응답의 중요한 요소로 시스템에 도달하기까지의 시간과 돌아오기까지의 시간이 있다. 전기 회선을 통과하기 때문에 이 시간이 빛의 속도와 같다고 생각할 수도 있다. 그렇다면 1초에 지구를 7바퀴 반 돌 수 있는 것일까? 아니다. 예를 들어, 웹 브라우저가 액세스하는 경우를 생각해 보자. 요청이 다양한 스위치나 라우터를 경유해서 최종 시스템에 도달하게 된다. 개별 스위치를 통과하는 데 걸리는 시간은 제로가 아니다. 경로가 복잡할수록 지연이 커진다. 이것은 정보 교환이 단방향이 아니라서 반드시 어떠한 형태든 응답을 해 가면서 진행을 해야 하기 때문이다.

그림 8.4에서 보듯이 인터넷 경유이든 사내 시스템이든 정도의 차이는 있지만 비슷한 지연이 발생한다. 기회가 있으면 꼭 데이터 센터에서 직접 시스템에 접속해 보자. 속도가 다르다는 것을 체감할 수 있을 것이다.

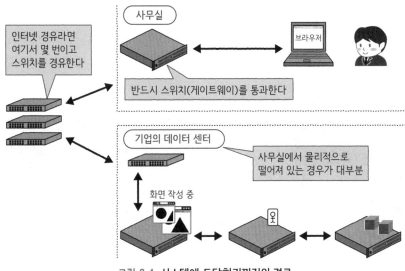

그림 8.4 **시스템에 도달하기까지의 경로**

다시 이번 장 서두에서 했던 질문으로 돌아가 보자. '시스템이 느려', '클릭해도 화면이 표시되지 않아'와 같은 문제는 응답 시간에 문제가 있을 가능성이 높기 때문에 먼저 이 관점으로 조사해야 한다.

앞서 빛이 1초당 지구를 7바퀴 반 돈다는 얘기를 했었지만, 모든 응답 시간에는 반드시 물리적 제약이 존재한다. 데이터라는 정보가 물리적으로 이동하는 이상은 어쩔 수 없는 제약이다. 이것을 개선하기 위한 구조로 4장에서 소개한 데이터 구조나 탐색 알고리즘 등을 적용하기도 하지만, 이것도 역시 한계가 있다.

응답 시간 개선에 한계가 보일 때는 다음에 소개할 처리량 개선을 통해서 시스템 전체 사용률을 개선하는 것이 일반적이다.

8.1.3 처리량 문제

그러면 처리량은 어떨까? 2장에서 언급한 물리 구성으로 생각해 보자. 대량의 데이터를 교환하고 싶은데 영역이 부족한 경우에 처리량 문제가 발생한다. 2차선 도로에서는 불법 주행을 하지 않는 한, 세 대가 동시에 통과하는 것은 힘들다. 물리적으로 데이터를 통과시킬 수 없을 때 처리량 관점의 병목 현상이 발생하게 된다.

그림 8.5에 2장의 버스 그림을 다시 그려 보았다. 이 그림에서도 알 수 있듯이, 예를 들어 CPU나 메모리 주변 처리량이 높지만 디스크나 네트워크 통신 대역은 낮아서 병목 현상이 발생하기 쉽다. 일반적으로 CPU에서 멀수록 처리량이 낮아진다.

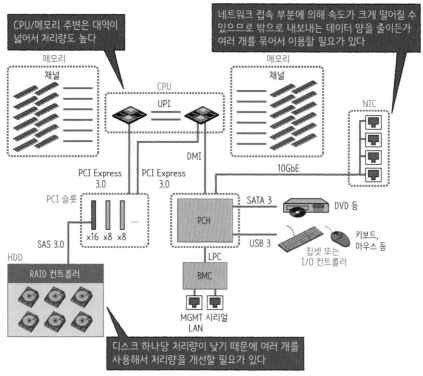

그림 8.5 병목 현상 발생 지점

소프트웨어 관점에서는 예를 들면 CPU가 처리를 감당하지 못하는 처리가 올 때 '대기 행렬'이 발생해서 처리량 한계를 초과할 수도 있다[3]. 즉, 처리량이란 다수의 요청이 동시에 발생하면 막히기가 쉽다. 예를 들어, '일괄 처리 시간이 느리다'라는 문제는 해당 시간대에 시스템이 다수의 요청을 처리하기 때문에 발생할 가능성이 높다.

여기서 주의가 필요한 것은 응답과 처리량이 밀접한 관계가 있다는 것이다. 예를 들어, 응답이 매우 느린 시스템에서는 다수의 사용자 요청이 시스템 내에 누적되므로 전체 처리량도 낮아진다. 또한, 처리량이 포화 상태가 되면 리소스가 부족해져서 응답도 함께 악화된다. 성능 병목 현상을 개선하려면 반드시 양쪽을 고려해서 진행해야 한다.

8.2 병목 현상이란?

8.2.1 처리 속도의 제한 요소가 되는 병목 현상

지금까지 '병목 현상(Bottleneck)'이란 용어를 아무렇지 않게 사용하고 있었다. 일반적인 용어이기 때문에 어떤 의미인지는 알고 있으리라 생각하지만, 다시 한번 병목 현상이 무엇인지 생각해 보도록 하자. 인프라 기술자가 병목 현상을 이해하지 않고 성능을 개선할 수는 없다. 그만큼 매우 중요한 개념인 것이다.

인프라 아키텍처 용어로서 병목 현상이란, 처리량을 제한하고 있는 요인을 가리킨다. 명칭 그대로 '병(Bottle)'의 '목(Neck)' 부분을 생각하면 된다.

그림 8.6과 같이 병의 목 부분이 좁기 때문에 아무리 다른 부분이 넓더라도 흐르는 수량은 목의 두께에 의해 제한된다. 이때 목 부분이 병목 지점(병목 현상이 발생하는 위치)이 된다.

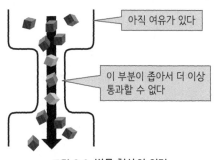

그림 8.6 **병목 현상의 의미**

---

3 이 대기 행렬 개념은 4장에서도 소개했지만, 병목 현상 분석에 있어 중요하므로 이번 장에서 다시 다루도록 한다.

시스템에서는 어떨까? 다시 3계층형 시스템 그림을 보자. 예를 들어, 그림 8.7과 같이 AP 서버에서 CPU 사용률이 높아져서 처리량이 한계에 다다르고 있다고 하자. 처리량이 포화 상태이기 때문에 AP 서버의 응답 시간도 악화된다. 사용자는 응답 시간이 전체적으로 지연되고 있는 것을 느끼게 된다. 이때 AP 서버가 병목 지점이 된다고 할 수 있다.

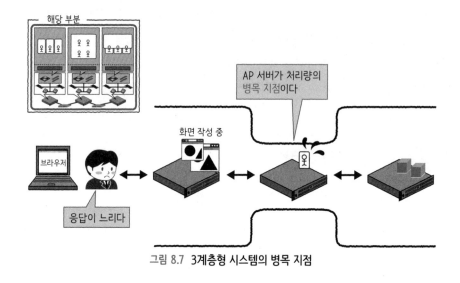

그림 8.7 3계층형 시스템의 병목 지점

8.2.2 병목 현상은 어떻게 해결하는가?

병목 현상이 있다는 것을 인지해도 사용자 관점에서 응답이 느려지는 형태로 나타나기에 어디가 원인인지 발견하기가 어렵다. '왠지 모르겠는데 느려'라는 이번 장 첫 부분의 고객 불만으로 돌아가게 만든다.

성능 분석의 시작은 먼저 이 병목 현상이 발생하고 있는 위치를 정확히 파악하는 것이다. 이를 위해서는 각 서버의 처리량이나 응답 상황 로그를 취득해서 어느 서버가 병목 지점이 되고 있는지 찾아내는 것부터 시작해야 한다. 작업을 할 때는 이 책에서 사용한 3계층 그림을 그려 가면서 진행하면 병목 지점을 찾을 수 있을 뿐만 아니라 다른 사람과의 정보 공유에도 도움이 된다. 특히 성능 문제가 발생하고 있는 현장에서는, 이른바 '공중전'이라고 하는 구두 논의가 만연하게 된다. 이때 냉정하게 화이트보드에 3계층 그림을 그려서 병목 지점이 될 수 있는 곳을 가리킬 수 있다면 여러분은 현장의 영웅이 될 것이다.

병목 현상 해결 방법

병목 지점을 찾았다면 이제 그것을 해결해야 한다. 이때 가능한 주요 접근법에는 두 가지가 있다. 첫 번째는 병목 위치를 파악해서 어떻게든 해결하는 것이다. 이것을 튜닝이라고 한다. 튜닝 시에는 병목 위치를 작은 단위로 '세분화'해서 병목 영역을 더 '집중적으로' 파헤치는 접근법이 유효하다. 서버 내에서는 여러 가지 하드웨어와 소프트웨어가 동작하고 있기 때문에 각 컴포넌트의 로그를 확인해 갈 필요가 있다.

다른 한 가지 방법은 시스템 이용자 수를 제한하는 것이다. '정말 그렇게 해도 되는 거야?'라고 생각할 수도 있지만, 이것은 유량 제어라는 이름이 붙어 있을 정도로 매우 직관적인 방법이다. 대부분의 병목 현상은 당초 예상했던 부하보다 많은 부하가 걸려서 발생하게 된다. 유량 제어는 적절한 계층에서 이용자 수를 제한하는 접근법이다. 예를 들어, 일반적인 웹 시스템 등에서도 '해당 사이트는 트래픽 초과로 차단되었습니다'라고 표시되는 것을 본 적이 있을 것이다. 이것은 웹 서버 계층에서 유량 제어를 하고 있는 것이다.

메시지가 아닌 실제 에러 코드가 표시되는 경우가 있다. 이것은 유량 제어가 실패해서 AP 서버나 DB 서버 계층의 어딘가에서 리소스가 최대치를 넘었기 때문에 에러라는 형태로 제어 결과를 표시하는 것이다.

단, 유량 제어에서는 사용자에게 에러를 반환하는 것이 전부라서 근본적인 해결책은 되지 못한다. 이때는 1장에서 소개한 '수평 분할(Sharding)'을 통해 서버를 증설함으로써 시스템 전체 허용량을 늘리는 접근법을 병용할 필요가 있다.

8.2.3 병목 지점은 반드시 존재한다

병목 현상에서 꼭 알고 있어야 할 중요한 한 가지가 있다. 그것은 바로 병목 지점은 시스템상에 '반드시' 존재한다는 것이다. 모든 서버, 소프트웨어, 물리 장비가 균등하게 처리량을 분배하는 것은 이론상 불가능하기 때문이다. 낮다면 조금이라도 특정 부분의 처리량이 그곳이 병목 지점이 되는 것이다. 이것은 무엇을 의미할까?

예를 들면, 그림 8.7에서 AP 서버가 병목 지점이 됐기 때문에 그림 8.8과 같이 AP 서버를 추가했다고 하자. 웹 서버는 두 대의 AP 서버에 대해 요청을 균등하게 분산한다. 한 대의 AP 서버가 받는 요청량이 반이 되기 때문에 병목 현상이 해결되고 처리량이 개선된다. DB 서버에는 두 대의 AP 서버에서 요청이 날아오지만, AP 계층의 처리량이 개선됐기 때문에 지금보다 많은 요청이 날아오게 된다. 이때 DB 서버가 새로운 병목 지점이 되는 것이다.

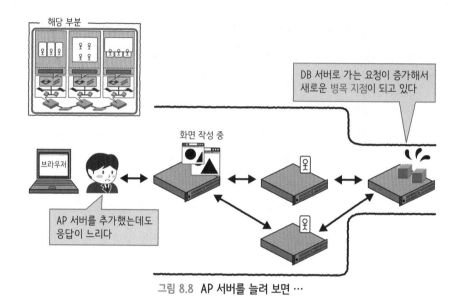

그림 8.8 **AP 서버를 늘려 보면 …**

이와 같이 하나의 계층에서 병목 현상이 해결되면 반드시 다른 위치에서 병목 현상이 발생한다. '보이는 병목 현상을 모두 해결하자'라는 성능 개선 접근법에는 끝이 없다. 성능 개선 시에는 반드시 '특정 응답을 몇 퍼센트 개선시킨다', '100명이 추가로 접속해도 문제가 없도록 처리량을 개선한다' 등 인프라뿐만 아니라 시스템 전체 관점에서 목표를 만드는 것이 매우 중요하다.

8.3 3계층형 시스템 그림을 통해 본 병목 현상

이론적, 개념적 내용만 계속 얘기하고 있어서 미안한 감이 있다. 성능 문제는 '배우기보다는 익숙해지는 것'으로, 아무리 '그렇게 해야 해'라는 이론을 읽는다고 해도 그 내용을 습득하기는 어렵다. 여기서는 3계층형 시스템 그림의 일부분에 착안해서 실제 해당 위치에서 발생할 수 있는 성능 문제를 다루도록 한다. 이를 위해 병목 현상을 다음 다섯 가지로 분류한다.

- CPU 병목 현상
- 메모리 병목 현상
- 디스크 I/O 병목 현상
- 네트워크 I/O 병목 현상
- 애플리케이션 병목 현상

8.3.1 CPU 병목 현상 예

여러분은 CPU가 언제 병목 지점이 된다고 판단하는가? CPU 사용률이 높을 때인가? 반드시 'CPU 사용률이 높다 = 나쁘다'가 성립하지는 않으며, 반대로 'CPU 사용률이 낮다 = 좋다'도 성립하지 않는다. 실은 CPU 사용률은 처리 효율성을 나타내는 것으로 병목 현상 유무와는 관계가 없다. 이것은 잘못 이해하기 쉬운 부분으로 주의하도록 하자.

그림 8.9를 보자. 이번 예는 햄버거 가게다. 보통 어떤 상황일 때 붐비고 있다고 판단하는가? 점원이 바쁘게 움직이고 있으면 붐비고 있다고 생각하는가? 줄이 순조롭게 줄어든다면 점원이 어느 정도 바쁘다고 해도 괜찮다고 생각할 것이다. 한눈 팔지 않고 월급을 주는 만큼 열심히 일한다면 주인으로부터 칭찬을 받을 것이다. 한편, 고객 관점에서는 햄버거만 빨리 받을 수 있다면 아무 불만이 없다.

그림 8.9 **햄버거 가게는 바쁘다?**

이것은 CPU 사용률도 마찬가지다. 프로세스가 효율적으로 처리를 진행하다 보면 CPU 사용률이 100%가 될 수 있다[4]. 이것은 시스템 관점에서 비효율적인 상태가 아니라 오히려 그 반대다. 그림 8.10에 있는 것처럼 이 상태는 다른 계층의 처리량이 매우 좋아서 최종적으로는 CPU에서 병목 현상이 발생한다는 것을 의미하기 때문이다. CPU 가 유용하게 활용되고 있어서 시스템 투자 효과가 높다고 CIO(최고 정보 책임자)로부터 칭찬을 받을 것이다. CPU 에서 병목 현상이 있다고 해도 사용자가 만족하고 있다면

---

4   이번 장에서는 모든 CPU 코어 사용률이 100%에 도달하는 것을 'CPU 사용률이 100%다'라고 정의한다

이 상태는 아무런 문제가 되지 않는다.

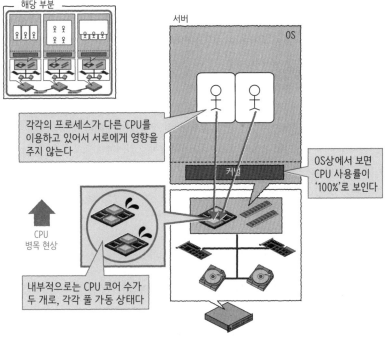

그림 8.10 CPU 사용률이 급증하고 있는 상태

이와 같이 CPU 사용률은 하나의 상태를 가리키는 지표일 뿐이다. CPU 사용률이 급증해서 문제가 있는지 없는지를 판단하려면 사용자 관점의 응답 속도나 시스템 전체 처리량을 확인해야 한다. 사용자가 만족하지 못한다면 CPU 사용률이 높은 상태 자체를 문제로 생각하지 말고 근본적인 원인을 조사하도록 하자.

CPU에 기인한 성능 문제는 주로 다음 두 가지 원인으로 분류할 수 있다. 뒤에서는 이두 가지에 대해 설명하겠다.

- CPU를 이용하는 처리가 많아서 대기 행렬(4장에서 소개한 큐)이 발생하고 있다
- CPU 응답이 느리다

'CPU 사용률이 100%라면 효율적이다'라고 설명했지만, 실제 현장에서는 '여유가 없는' 상태를 의미하기 때문에 주의해야 할 상태다. 시스템 사용자 수가 늘지 않고 데이터 양도 증가하지 않는 '건조한 시스템'이라면 문제가 없지만, 대부분의 시스템은 성장해 가기 때문에 어느 정도 여유가 없으면 확장이 어렵다.

또한, 가용성을 높이기 위해 서버를 분할할 때는 페일오버가 발생할 수 있다는 것도 염두에 두어야 한다. 예를 들어, 평상시에는 서버 두 대로 가동하는 시스템이 특정 시점에는 한 대만으로 동작해야 하는 상황이 발생할 수 있다. 이런 상황을 가정해서 시스템 측은 CPU 사용률 50% 정도에 해당하는 사용자 수를 사전에 파악하고 있어야 한다.

여기까지 하면 여유 있는 '노련한' 시스템이라고 할 수 있다. 커피 한잔 할 수 있는 여유도 덤으로 얻을 수 있다.

대기 행렬의 병목 현상

다시 햄버거 가게를 보자. 그림 8.11과 같이 점원이 100% 가동률로 일하고 있음에도 고객 행렬이 줄어들지 않는 상태라면, 점원이 대기 행렬의 병목 지점이 된다. 점원은 열심히 일하고 있으니 월급을 받을 수 있지만, 고객은 대기 시간이 길어져서 불만이 늘어나게 된다. 누구도 행복하지 않은 상황이다.

이것은 CPU 사용률도 마찬가지다. 4장의 대기 행렬 그림에서도 소개했지만, 그림 8.12에 있는 것처럼 CPU 사용률이 높고 OS상에서 가동하고 있는 프로세스 수가 많으면 대기 행렬에서 병목 현상이 발생한다. 그림 8.12의 커널 영역에는 OS에 CPU 대기 프로세스를 관리하는 큐가 있다. 이 큐는 OS 커널이 관리하므로 그림에서도 커널 부분에 기재하였다.

큐 대기 프로세스 수가 증가하면 vmstat 등의 유틸리티로 Run-Queue라는 값이 증가하는 것을 확인할 수 있다. 이것은 CPU 사용률만 보고 있으면 알기 어려운 사항으로 주의가 필요하다.

그림 8.11 너무 붐비고 있는 햄버거 가게

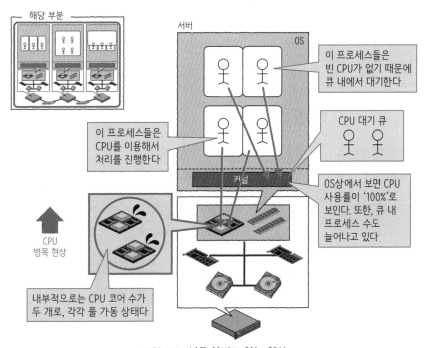

그림 8.12 너무 붐비고 있는 CPU

대기 행렬은 CPU가 순조롭게 처리를 진행하고 있다면 언젠가는 해결된다. 하지만 CPU 처리량보다 사용자 요청이 많다면, 이 대기 행렬이 점점 길어져서 가게 주인이 고객에게 사과를 해야 하는 상태에 이를 수도 있다. 아무리 재미있는 사이트라도 마우스 클릭 후 4시간을 기다려야 한다면 사용자가 다 떠날 것이다.

대기 행렬의 병목 현상은 처리량 측면의 문제를 의미한다. 햄버거 가게 예에서는 계산대를 늘리면 처리량이 높아진다. 또는 주문 시스템 자체를 개선해서(예를 들어, 세트 메뉴에 번호를 붙여 주문할 수 있게 하는 등) 고객 한 명당 처리 시간을 단축하는 것도 방법이 될 수 있다. 실제 가게에서도 줄이 길어지면 다른 계산대를 열어서 대응을 시작한다.

시스템에서는 그림 8.13에 있는 것처럼 CPU를 코어 수가 많은 것으로 변경하거나, 서브를 추가해서 병렬 처리하면 처리량이 증가한다. 또한, 처리 자체를 짧게 만드는 방법도 유효하다.

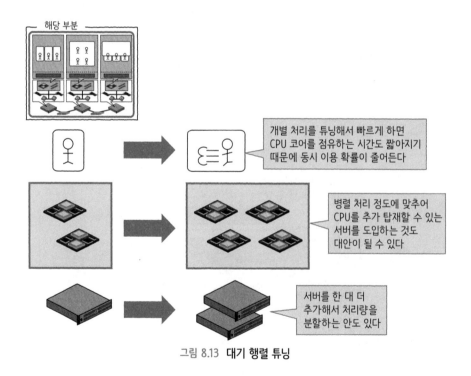

해당 부분

개별 처리를 튜닝해서 빠르게 하면 CPU 코어를 점유하는 시간도 짧아지기 때문에 동시 이용 확률이 줄어든다

병렬 처리 정도에 맞추어 CPU를 추가 탑재할 수 있는 서버를 도입하는 것도 대안이 될 수 있다

서버를 한 대 더 추가해서 처리량을 분할하는 안도 있다

그림 8.13 대기 행렬 튜닝

이 방법들 중 하드웨어의 CPU 코어 수를 늘리거나 수평 분할에 따른 서버 수를 늘리거나 하는 튜닝을 '스케일 아웃'이라고 부른다. '스케일'이라는 말은 '규모'라는 의미가 있어, 스케일 아웃은 '규모를 크게 만든다'라는 의미로 사용된다.

기업형 시스템에서는 이용자 수 증감이 적다. 하지만 페이스북이나 트위터 등의 대규모 웹 서비스 시스템에서는 사용자 수가 폭발적으로 증가하고 있으며, 전 세계 사용자가 접속하기 때문에 사용자 증가에 맞추어 서버를 추가해서 스케일아웃하는 아키텍처를 도입하는 것이 필수다.

응답의 병목 현상

대기 행렬을 튜닝하면 처리량 문제는 해결된다. 하지만 처리량 문제를 해결해도 반드시 응답 문제가 해결되는 것은 아니다. 예를 들어, 햄버거 가게의 경우에서는 계산 담당자의 정산 처리나 햄버거를 만들어 내는 처리가 느리면 점원이 아무리 늘어난다고 해도 한 명의 고객이 기다리는 응답 시간에는 큰 차이가 없다. 이 응답 시간을 개선하는 방법이 몇 가지 설명하겠다.

처리 능력을 향상시킨다

먼저, 첫 번째는 처리 능력을 향상시키는 방법이다. 이것을 '스케일업(Scale-up)'이라고 한다. 햄버거 가게라면 특급 점원을 고용하는 것이 해결책이 될 수 있다. 처리 능력이 두 배인 점원으로 스케일업하면 처리에 필요한 시간이 반으로 줄어들기 때문에 응답 시간도 반이 되는 것을 기대할 수 있다.

CPU라면 '클럭 수'가 이 속도에 해당한다. CPU 클럭 수의 단위는 '헤르츠(Hz)'로, 이것은 1초당 명령 처리 수를 가리킨다. 최근에는 기가헤르츠(GHz) 단위가 일반적이다. 그림 8.14에 있는 것처럼 CPU 클럭 수가 두 배가 되면 응답 시간이 반이 되는 것을 기대할 수 있다.

단, 스케일업으로 성능을 향상시키는 것은 한계가 있다. 햄버거 가게를 예로 들면, 고객 수가 늘어난 경우 높은 보수를 지급해서 전문가를 고용하는 것보다 계산대와 계산대 담당자를 늘리는 것이 쉽다. 또한, 아무리 특급 요원을 뽑았다고 해도 10배의 속도로 정산하는 것은 물리적으로 불가능하다. CPU도 마찬가지다. 최근의 CPU는 클럭 차이가 크지 않아서 이를 통한 극적인 개선 효과는 기대하기 어렵다.

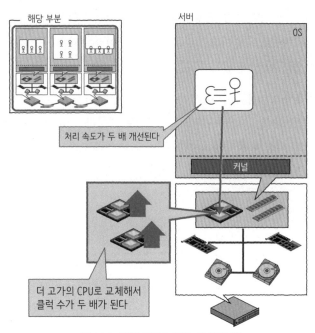

처리 속도가 두 배 개선된다

더 고가의 CPU로 교체해서
클럭 수가 두 배가 된다

그림 8.14 개별 처리 능력을 개선시킨다

병렬로 처리한다

두 번째는 처리를 분할해서 다수의 CPU 코어에게 동시 처리를 시키는 것이다. 다시 햄버거 가게를 예로 들겠다. 정산 담당, 햄버거 준비 담당, 음료 담당, 감자 튀김 담당이 나누어져 있는 것과 같다. 이것은 여러 명의 점원이 한 명의 고객에 대한 처리를 동시에 진행하는 것으로서 고객 한 명당 응답 시간을 향상시킬 수 있다.

그림 8.15에 있는 것처럼 시스템에서 처리를 '병렬화', '멀티 프로세스화', '멀티 스레드화' 해서 복수의 CPU 코어를 이용함으로써 전체적인 처리 응답 시간을 향상시킬 수 있다.

처리를 병렬화할 수 있는가가 중요 사항이 된다. 처리에 따라서는 병렬화하는 것이 매우 어려운 경우도 있으며, 병렬화가 안 되는 경우는 CPU 코어 수를 늘리거나 서버를 늘려서 스케일아웃한다고 해도 큰 효과를 보기 어렵다. 병렬화 검토는 인프라만으로 한계가 있기 때문에 애플리케이션 개발자의 협조가 필요하다.

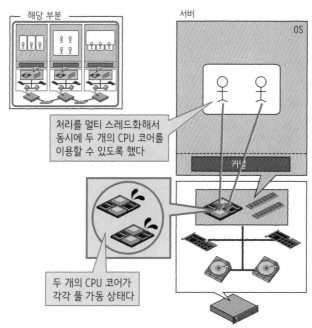

해당 부분

서버

OS

처리를 멀티 스레드화해서
동시에 두 개의 CPU 코어를
이용할 수 있도록 했다

커널

두 개의 CPU 코어가
각각 풀 가동 상태다

그림 8.15 **처리를 분할해서 병렬 처리한다**

CPU 사용률이 오르지 않는다

대부분의 애플리케이션에서는 CPU 사용률이 100%에 도달하는 경우가 거의 없다. 그
전에 디스크 I/O나 네트워크 I/O에서 막히는 경우가 많기 때문이다.

4장 4.2절 '동기/비동기'에서도 소개했지만, 동기 I/O는 시스템 콜로 커널에 명령이 가지
만, 이것이 완료되지 않으면 프로세스가 다음 처리를 진행하지 않는다. 이 상태의 프로
세스는 대기 상태가 되며, CPU를 이용할 수 없기 때문에 CPU 사용률은 올라가지 않
는다. 이런 경우는 그림 8.16처럼 CPU 사용률이 낮아도 I/O 대기 큐에서 대기하는 프
로세스 수가 증가한다[5].

---

5   4장에서도 소개한 것처럼 커널에는 몇 가지 큐가 있으며, 이것은 OS에 따라 다르다.

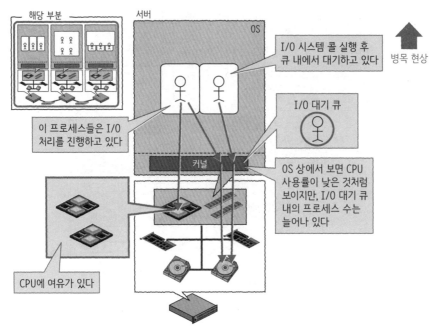

해당 부분

서버

OS

I/O 시스템 콜 실행 후 큐 내에서 대기하고 있다

병목 현상

이 프로세스들은 I/O 처리를 진행하고 있다

I/O 대기 큐

커널

OS 상에서 보면 CPU 사용률이 낮은 것처럼 보이지만, I/O 대기 큐 내의 프로세스 수는 늘어나 있다

CPU에 여유가 있다

그림 8.16 **CPU 사용률이 낮지만 대기 행렬이 발생하고 있는 예**

이 상태는 CPU 병목 현상일까? 대답하자면 I/O 병목 현상에 가깝다. 하지만 'I/O 병목 현상'이라고 선언하는 순간 디스크 장치 담당자가 "디스크 측 응답은 문제가 없습니다." 라고 말할 것이다. 이는 실제로 문제가 없기 때문이다. 디스크 측에는 부하가 오지 않아 서다. 정확하게 말하자면, 애플리케이션이 CPU, 메모리, I/O 등의 하드웨어 리소스를 제대로 활용하지 못하는 것이 주된 문제다. 이 상태를 설명할 적절한 용어는 없지만, 애플리케이션 병목 현상이라고 부르면 이번에는 애플리케이션 담당자가 한 소리를 할지 도 모르겠다. '병렬도(Parallelism) 병목 현상'이 그나마 나을 수 있다.

CPU를 이용하는 처리와 디스크 I/O 처리를 비교하면 후자가 완료까지 시간이 오래 걸 리기 때문에 이런 상황에 이르는 경우가 있다. 특히, 데이터베이스는 I/O가 많아서 발 생 빈도가 높다. 이런 상태를 개선할 수 있는 방법이 몇 가지 있다.

처리 다중화

첫 번째는 그림 8.17과 같이 처리를 다중화해서 CPU를 적절하게 활용하는 것이다. 앞의 응답 개선 방법에서도 소개한 처리 병렬화와 기본적으로 같은 개념이다. 예를 들어, 스레드를 여러 개 가동해서 동기 I/O 명령을 스레드 단위로 병행해서 실행하면 CPU 사용률도, I/O 부하도 증가한다. 이를 통해 서버 전체의 리소스 사용 상태를 개선할 수 있다.

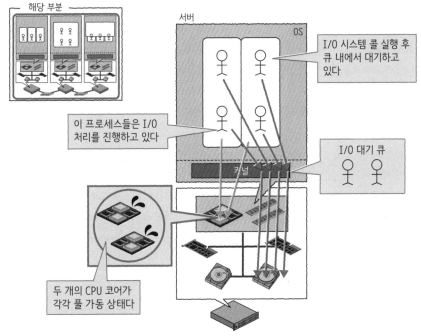

그림 8.17 **처리 다중화에 의한 I/O 부하 증가**

I/O 비동기화

다른 한 가지는 I/O를 비동기화하는 것이다. 비동기 I/O를 이용하면 프로세스는 I/O 처리 완료를 기다리지 않고 다음으로 넘어갈 수 있다. CPU 처리와 I/O 처리를 동시에 진행할 수 있기 때문에 리소스 사용 상태가 개선된다. 이에 대해서는 4장 4.2절의 동기/비동기에 상세히 설명했으므로 이를 참고하도록 하자.

'자바는 느리니까 C 언어로 일괄(Batch) 처리를 개발한다'는 경우가 있다. 하지만 이것이 항상 옳은 것은 아니다. 예를 들어, 이것은 좋은 방법이 아니다. 예를 들어 SQL을 사용해서 데이터베이스 측 처리 시간이 길어지면, 프로그래밍 언어보다는 적절한 스키마 설계나 효율적인 SQL을 기술하는 것이 중요하다.

프로그래머 세계에서는 예전부터 '추측하지 말고 설계하라'라는 격언이 전해져 내려오고 있지만, 어떤 처리에서 시간이 걸리고 있고 어떤 부분을 개선할지 정확히 파악하는 것이 중요하다. 프로그래밍 언어든 소프트웨어 제품이든 장단점을 이해해서 제대로 사용하는 것이 중요하다고 나는 생각한다. C 언어를 이용해서 비효율적으로 코드를 작성하면 자바보다 느린 프로그램을 개발할 수 있다. 또한, 어떤 프로그래밍 언어를 사용해도 컴파일러나 인터프리터가 기계어로 해석한 후 실행되기 때문에 어느 쪽이 효율적인 기계어가 되느냐의 문제가 된다. 성능을 끌어 올리려면 하드웨어나 OS 같은 낮은 계층에 대한 지식을 어느 정도 가지고 있어야 한다.

결과적으로는 하드 디스크와 같이 물리적으로 동작하는 구조나 전기 신호로 실행되는 구조이기 때문에 성능은 물리 법칙과의 싸움이라고 할 수 있다. 즉, 메모리 액세스, 디스크 I/O, CPU 명령 등이 얼마나 하드웨어 성능을 최대한으로 끌어낼 수 있는가가 성능에 직결된다. 그러므로 프로그램이 실행될 때 하드웨어 동작을 이해하는 것이 중요하다고 본다.

8.3.2 메모리 병목 현상 예

메모리 영역의 병목 현상은 크게 두 가지로 나눌 수 있다.

- 영역 부족
- 동일 영역의 경합

영역 부족에 의한 병목 현상

프로세스가 가동해서 어떤 처리를 하려면 반드시 전용 메모리 영역이 필요하다. 하지만 서버상의 메모리 영역은 유한하다. 있다. 64비트 장비에서는 2의 64승 비트 영역까지 이용할 수 있는데, 이것은 16엑사바이트(EB) 또는 172억 기가바이트(GB)에 해당한다. 매우 큰 영역이지만 역시 유한하다.

이 유한한 메모리 영역이 부족하지 않도록 OS 커널 측에서 '페이징(Paging)' 또는 '스와핑(Swapping)'이라는 처리를 해서 빈 메모리를 확보하는 구조가 있다. 즉, 부족한 부분은 디스크 영역으로 보완해서 가상적인 큰 메모리가 있다는 것을 보여 주는 기술이다. 이를 가상 메모리(Virtual Memory)라고 한다. 자신이 가진 영역이 큰 것처럼 허세를 부리는 것과 같다. 허세이기 때문에 당연히 실제로는 제한이 있다. 메모리가 가득 차게 되면 넘친 정보는 디스크에 저장되며, 해당 프로세스가 다시 이 영역을 이용할 때 메모리로 되돌리는 형태다. 2장에서도 설명했지만, 메모리와 디스크에는 압도적인 성능 차이가 있으므로 조금이라도 디스크에 저장하거나 메모리로 되돌리는 처리가 발생하면 성능 저하가 발생한다. 이것은 허세를 부린 것에 대한 벌이라고 할 수 있다.

이 문제는 웹/AP/DB 서버나 클라이언트 PC 등 어디에서도 발생할 수 있는 문제이지만, 특히 DB 서버에서는 이런 메모리 특성을 제대로 이해하지 못해서 큰 문제가 되는 경우가 제법 있다.

그림 8.18은 오라클 DB 예로, 오라클의 공유 메모리(SGA라고 한다)는 사전에 지정한 크기만큼 확보되며 그 이상 확장되지 않는다. 즉, 오라클이 이용하는 캐시 영역 등이 부족해져도 그것이 OS 수준에서의 과도한 페이징을 일으키지 않는다. 반면, 오라클의 개별 프로세스가 이용하는 메모리 영역(PGA)은 자동적으로 확장되는 영역이다. PGA는 프로세스 수가 늘어난 경우나 개별 프로세스가 필요로 하는 메모리 영역이 늘어난 경우에 확장된다. 이것은 OS 전체 메모리 영역을 압박해서 페이징이 다발하고 큰 폭의 성능 악화를 초래할 수 있다.

이와 같이 오라클 DB를 이용할 때는 공유 메모리뿐만 아니라 프로세스별로 메모리 페이징을 하는 것도 중요하다. 오라클이 아니더라도 동일하게 적용되는 내용이니 주의하도록 하자.

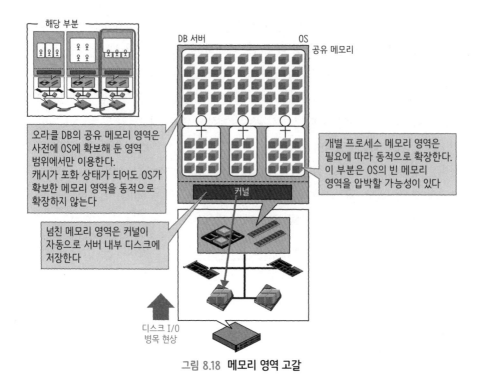

해당 부분

DB 서버   OS
공유 메모리

오라클 DB의 공유 메모리 영역은
사전에 OS에 확보해 둔 영역
범위에서만 이용한다.
캐시가 포화 상태가 되어도 OS가
확보한 메모리 영역을 동적으로
확장하지 않는다

개별 프로세스 메모리 영역은
필요에 따라 동적으로 확장한다.
이 부분은 OS의 빈 메모리
영역을 압박할 가능성이 있다

커널

넘친 메모리 영역은 커널이
자동으로 서버 내부 디스크에
저장한다

디스크 I/O
병목 현상

그림 8.18 **메모리 영역 고갈**

동일 데이터에 대한 병목 현상

5장에서 소개한 캐시라는 개념이 계속 언급되고 있다. 디스크 I/O 시간을 단축하기 위해서는 메모리에 캐시로 데이터를 배치해 두는 것도 일례가 될 수 있다. 캐시가 이 책에서 계속 등장하고 있어서 만능 기술처럼 느껴질 수도 있다. '전부 캐시하면 문제를 해결할 수 있는 것 아닌가?'라고 생각하는 독자도 있을 것이다.

하지만 그림 8.19와 같이 메모리에 데이터를 캐시해도 메모리에서 경합이 발생하는 경우도 있다. 메모리 영역에 액세스하는 것은 매우 빠르다. OS의 프로세스나 스레드가 액세스하는 경우, 나노초(나노는 밀리의 100만분의 1이다) 단위의 액세스가 된다. 예를 들어, 1000프로세스가 동시에 액세스한다고 해도 충분히 감당할 수 있을 것처럼 보인다. 이렇게 빠른데 왜 막히는 걸까?

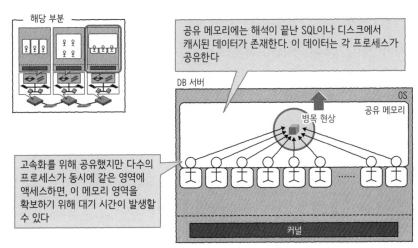

그림 8.19 특정 메모리 영역에 액세스가 집중

특정 영역을 복수의 프로세스가 공유하는 경우, 메모리 영역을 참조 또는 갱신할 때 누군가가 그 영역을 관리할 필요가 생긴다. 이 구조를 그림으로 표현한 것이 그림 8.20이다.

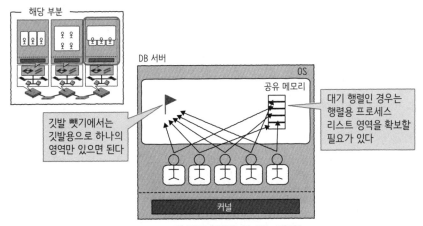

그림 8.20 왜 대기 행렬은 안 되는 걸까?

이 관리 구조는 꽤 간이적인 구조를 이용한다. 예를 들어, 오라클 DB에서는 4장에서 소개한 래치(Latch) 구조를 이용한다. 래치에서는 참조나 갱신을 하고 싶은 프로세스가 서로 경합해서 빠른 쪽이 그 영역을 독점한다. 독점돼 있기 때문에 자신 외의 프로세스가 같은 영역을 갱신하는 일은 없다. 예능 프로그램 등에서 자주 볼 수 있는 '깃발 뺏기 시합'과 비슷하다.

빠른 쪽이 이기는 방식은 각각의 프로세스나 스레드가 경합하는 만큼 CPU 리소스를 불필요하게 소비하므로 비효율적이다. 이것을 '대기 행렬'로 하면 모두가 사이 좋게 줄을 서 있으면 되는데 왜 그렇게 하지 않을까? 예를 들어, 1바이트의 메모리 영역을 관리하기 위해 대기 행렬을 작성했다고 가정해 보자. 해당 영역은 배열(4장 참조)로 관리되어 1바이트 이상의 행렬 영역을 필요로 할 수 있다. 즉, 관리 영역이 데이터보다 커지는 것이다.

참고로, 오라클 DB에서는 이 대기 행렬 구조를 엔큐(Enqueue)라고 부르며, 행 단위로 배타적 잠금을 한다. 대기 행렬 등의 락(Lock) 관리에는 5장에서 소개한 마스터-워커 개념도 중요하니 참고하도록 하자.

이런 문제를 해결하려면 애초에 경합이 발생하지 않도록 복수의 프로세스나 스레드가 같은 메모리 영역을 참조하지 않도록 만들면 된다. 예를 들어, 오라클 DB에서는 특정 데이터베이스 락에 경합이 발생한 경우 경합하는 데이터를 개별 파티션에 저장하며, 필연적으로 데이터가 별도 메모리 영역에 저장돼서 경합을 방지할 수 있게 된다.

8.3.3 디스크 I/O 병목 현상 예

I/O 병목 현상은 하드 디스크 등의 저장 장치에 대한 I/O 병목이다. 2장에서도 소개했지만, 메모리와 비교해서 디스크 I/O는 매우 느리다. SSD 등의 고속 디스크가 있어도 한계가 있다.

I/O가 병목 지점이 될 때는 CPU 수를 늘리거나 클럭 주파수를 높여도 효과가 없다. I/O 효율을 높이든가 I/O를 줄이는 방법을 고민해야 한다.

외부 저장소

많은 기업형 환경에서는 데이터베이스의 저장 위치로 외부 저장소를 사용한다. Storage Area Network(SAN)을 경유하는 SAN 저장소나 네트워크를 경유하는 Network Attached Storage(NAS) 저장소 등이 그 예다.

그림 8.21은 DB 서버가 SAN 저장소에 접속하는 것을 나타낸다. 물리적으로는 HBA 인터페이스와 SAN 스위치를 통해서 저장 장치와 연결된다. 논리적으로는 시스템 콜을 통해서 I/O 명령을 하고, 이것이 내부적으로 SCSI 프로토콜로 전파된다. NAS 저장소도 그림이 거의 비슷하다. HBA가 NIC가 되고 SAN 스위치가 네트워크 스위치로 바뀌는 점이 물리적 변경 사항이다. 논리적으로는 프로토콜이 NFS 등으로 변경된다.

어떤 경로를 통과하든지 애플리케이션 관점에서는 디스크 I/O의 시스템 콜이 발행되고, OS 커널 측에서 필요한 프로토콜로 요청을 변경해서 디스크나 저장소 측에 요청을 전달한다. 기록 위치가 로컬인지 외부 저장소인지를 의식할 필요가 없다. 하지만 인프라 기술자는 이 차이를 알고 있어야 한다.

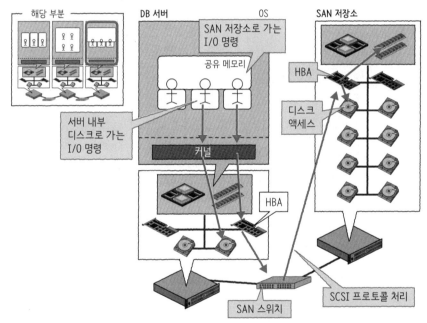

그림 8.21 **로컬 디스크와 SAN 저장소**

그림 8.22를 보자. 예를 들어, 성능이라는 관점에서는 대부분의 로컬 디스크는 서너 대의 디스크로 RAID를 구성하고, 캐시로는 서버의 OS 메모리를 이용한다. 이에 비해 외부 저장소는 수십 대에서 수백 대 단위의 디스크를 배치하고, 거기에 캐시 전용 메모리

영역까지 갖추고 있다. 디스크 수에 따라 처리량이 증가하므로 처리량 관점에서는 외부 저장소가 압도적으로 유리하다.

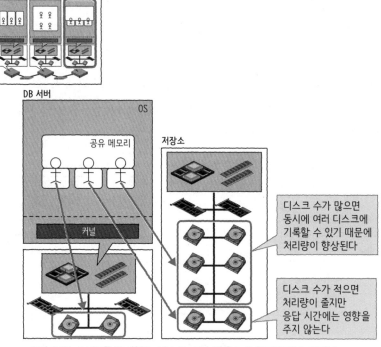

그림 8.22 **RAID를 구성하는 디스크 수가 많을수록 처리량이 높아진다**

처리량은 동일 영역을 이용하고 있는 사용자가 많을수록 저하된다. 하나의 RAID 그룹을 독점할 수 있으면 좋지만, 다른 애플리케이션과 영역을 공유하고 있는 경우도 있다. 이것은 OS 및 저장소 설정에 의존하므로 애플리케이션 측면에서 조정이 어려워 주의가 필요하다.

응답 속도는 어떻게 될까? '가까우면 빠르다'라는 규칙은 2장에서도 소개했지만, 단일 응답은 로컬 디스크가 가장 빠르다. 이 차이를 따라잡기 위해 외부 저장소는 자신이 가진 메모리 영역(또는 SSD 등의 플래시 메모리)을 잘 활용해서 데이터 캐시를 효율적으로 작성함으로써 응답 속도를 개선하는 노력을 하고 있다.

왜 로컬 디스크를 더 활용하지 못하나? 최근에는 용량도 충분하고 무엇보다 서버 내부에 있어서 고속화가 가능하다.

이 질문에 대한 대답은 다음과 같다. 일반적으로 로컬 디스크에는 OS의 바이너리 파일이나 OS 메모리 페이징, 스왑 영역 등도 저장되기 때문이다. 데이터베이스 등의 사용자 측 데이터도 부하가 높아지면 OS 자체의 동작이 불안정해진다. 이런 이유로 대량의 부하를 거는 것은 권장하지 않는다. 예를 들어, 여러분의 자식이 밖에 있는 공원에서 마음껏 뛰어 노는 것은 좋지만, 집에서 그러면 무언가 부서지는 것은 아닌지 조마조마할 것이다. 같은 이치다.

순차 I/O와 랜덤 I/O

실제 장비 검증을 위해 PoC(Proof of Concept, 개념 증명)나 벤치마크를 실시하는 사람도 많을 것이다. 이때는 I/O 특성을 이해해 둬야 한다.

디스크 I/O에는 순차(Sequential) 액세스와 랜덤(Random) 액세스가 있다. 순차는 순서를 따른다는 의미로, 선두부터 차례대로 액세스(읽기/쓰기)하는 방식이다. 반면, 랜덤 액세스는 헤드가 움직이면서 해당 위치로 바로 건너뛰는 액세스(읽기/쓰기) 방식이다. 이 두 가지는 장기로 말하자면 차(車)와 졸(卒)과 같다.

그림 8.23과 같이 CD나 DVD를 예로 들면, 순차 액세스는 최고속으로 빠르게 회전하고 있는 형태이고, 랜덤 액세스는 항상 해당 부분을 찾고 있는 형태다. 해당 위치를 찾는 것은 대상 위치를 찾아서 바늘(정확히는 actuator)을 움직여야 하기 때문에 시간이 걸린다.

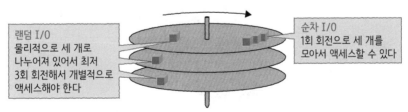

랜덤 I/O
물리적으로 세 개로 나누어져 있어서 최저 3회 회전해서 개별적으로 액세스해야 한다

순차 I/O
1회 회전으로 세 개를 모아서 액세스할 수 있다

그림 8.23 **디스크 단위로 본 순차 I/O와 랜덤 I/O**

단일 디스크가 기록 위치인 경우는 순차 방식이 빠르고 랜덤은 느리다. 예를 들어, 오라클 DB에서는 큰 파일을 처리(REDO 로그(트랜잭션 로그) 압축 처리나 RMAN 백업 처리 등)하

는 경우는 순차 I/O를 해서 효율이 좋다. 5장에서 소개한 저널링 로그가 여기에 속한다.

반대로, 보통의 데이터베이스 파일에 기록하는 처리는 오라클에서는 랜덤 특성을 가지기 때문에 비효율적이다. 랜덤 특성에 의해 발생하는 속도 저하를 해결하기 위해 데이터 파일에 기록을 담당하는 DBWR 프로세스를 다중화해서 병렬 처리함으로써 효율성을 높이고 있다.

기업 시스템에서 이용하는 저장소는 내부에 다수의 디스크를 가지고 있는데, 이런 I/O 특성을 어떻게 활용하는 것일까? 그림 8.24를 보자. 저장 장치 측에서는 큰 파일에 대한 일괄 읽기 처리가 발생하면 다수의 디스크에 대해 동시에 순차 액세스를 한다. 이를 통해 순차 및 병렬로 액세스할 수 있어서 대용량 데이터라도 고속으로 처리할 수 있다.

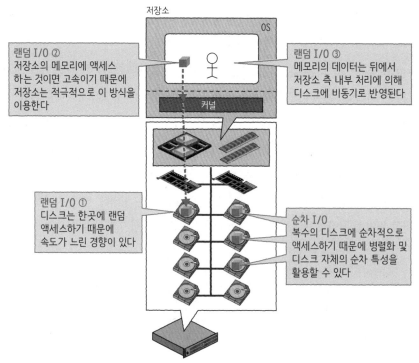

저장소

랜덤 I/O ②
저장소의 메모리에 액세스
하는 것이면 고속이기 때문에
저장소는 적극적으로 이 방식을
이용한다

OS

랜덤 I/O ③
메모리의 데이터는 뒤에서
저장소 측 내부 처리에 의해
디스크에 비동기로 반영된다

커널

랜덤 I/O ①
디스크는 한곳에 랜덤
액세스하기 때문에
속도가 느린 경향이 있다

순차 I/O
복수의 디스크에 순차적으로
액세스하기 때문에 병렬화 및
디스크 자체의 순차 특성을
활용할 수 있다

그림 8.24 저장소 계층에서 본 순차 I/O와 랜덤 I/O

하지만 작은 파일에 액세스하는 경우에는 단일 디스크에 랜덤 I/O를 하기 때문에 그다지 빠르지 않다. 때문에 저장 장치 측에서는 앞서 언급한 메모리나 SSD 등 랜덤 I/O에 강한 기억 영역을 이용하여 디스크의 내용을 캐시하는 구조를 적용해서 효율화를 도모하고 있다.

참고로, 순차/랜덤 특성은 파일 크기에 의존하지 않는다. 예를 들어, 같은 크기의 데이터에 액세스하는 경우라도 데이터가 여기저기 분산돼서 몇 번이고 위치를 찾아야 한다면 느려진다. 사용하는 PC에서 '조각 모음'을 한 적이 있을 것이다. 이것은 하드 디스크에서 여기저기 분산된 데이터를 한곳에 모으는 처리를 한다. 하나의 파일이라도 데이터가 한곳에 있지 않고 분산돼 배치될 때가 있다. 이런 경우는 랜덤으로 액세스하면 파일을 열 때마다 몇 번이고 해당 위치를 찾아가면서 데이터를 읽기 때문에 느리지만, 한곳에 모아져 있으면 위치를 찾는 처리는 한번이면 되기에 속도가 빨라진다. 조각 모음은 랜덤 액세스를 가능한 줄이기 위한 처리다. 4장의 4.6절 '가변 길이/고정 길이'도 참고하도록 하자.

COLUMN ORDER(N) - 일인분 나왔습니다

'오더 표기(Order Notation)'나 'O 기법(Big-O Notation)'이라 불리는 것으로, 알고리즘의 계산량을 나타낼 때 편리한 기법이 있다. 예를 들어, 텍스트 파일을 검색할 때 파일의 처음부터 끝까지를 모두 검색한다면, 검색 속도는 파일 크기가 커짐에 따라 느려진다. 1만 건의 데이터가 있다면 1만 번 탐색한다. N건의 데이터에 대해 N회 탐색이 필요하기 때문에 O(n)(오더 n) 알고리즘이라고 한다. 또한, 이와 같은 탐색 방식을 선형 탐색(Linear Search)이라고도 한다.

해시 테이블은 O(1)으로 데이터 건수에 관계없이 항상 일정한 계산량으로 탐색할 수 있다. 완전히 일치하는 값을 탐색하는 경우 가장 빠른 방법 중 하나다. 이진 트리는 $O(\log_2 n)$, B-Tree와 같은 다분기 트리는 $O(\log_m n)$이 된다.

프로그래밍이나 데이터베이스 설계 시에는 선택하는 데이터 구조나 인덱스 종류의 오더 표기를 산정해서 데이터 양이 증가한 경우의 계산량이 어떻게 변화할지를 고려하는 것이 좋다. 예를 들어, 대량의 데이터 내에서 필요한 데이터를 고속으로 취득해야 하는 대규모 웹 서비스에서는 O(1) 알고리즘을 사용하는 KVS(Key-Value Store)를 채택하는 경우가 많다. O(n) 알고리즘인 선형 탐색은 데이터 양이 적은 경우는 빠르지만, 데이터 양이 늘어남에 비례해서 계산량이 커지기 때문에 이후 데이터 양이 큰 폭으로 증가하는 시스템에서는 적합하지 않다[6].

---

6 [옮긴이] ORDER가 주문이란 뜻이 있기 때문에 농담 형식으로 제목을 붙인 것이다. 별로 재미는 없지만 이해하기 바란다.

8.3.4 네트워크 I/O 병목 현상

네트워크를 경유한 I/O는 CPU 버스나 메모리 간 I/O보다도 응답 시간 오버헤드가 크다. 이 때문에 응답을 근본적으로 개선하는 것은 어려우며, 처리량을 개선하는 접근법이나 네트워크 I/O 자체가 발생하지 않도록 하는 방법이 효과가 있다.

통신 프로세스의 병목 현상

앞에서 외부 저장 장치의 대역 문제에 대해 언급했었다. 네트워크 회선에서는 특히 대역이 중시되는 경향이 있다. '대역이 크다 = 고속 통신'이라고 착각하기 쉬운데, 어떤 통신을 해도 일정한 처리량을 얻을 수 있는 것일까?

응답과 처리량 설명에서도 언급했지만, 그림 8.25처럼 하나의 프로세스로 처리하는 경우 높은 처리량을 실현하는 것이 매우 어렵다. 이유는 통신에는 반드시 '데이터 전송', '통신 결과 확인' 같은 처리가 포함되므로 항상 풀 파워로 송수신이 이루어지지 않기 때문이다. 또한, 통신이 고속화되면 CPU에서 병목 현상이 발생할 수도 있다.

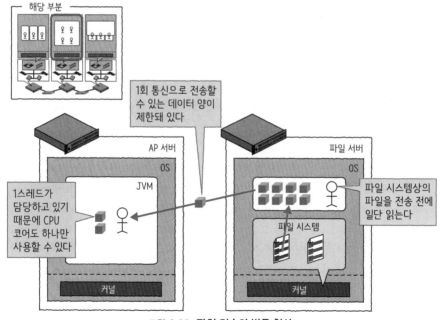

그림 8.25 **파일 전송의 병목 현상**

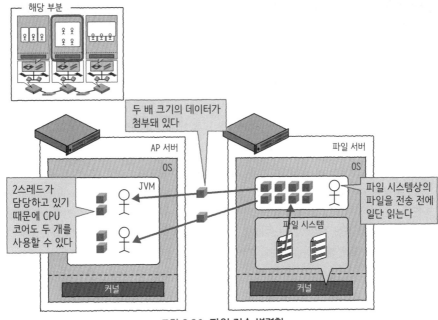

그림 8.26 파일 전송 병렬화

통신에서 대역을 모두 사용하려면 그림 8.26과 같이 처리를 다중화해서 병렬화할 필요가 있다. 다중화할수록 통신량이 많아지므로 대역폭이 최대치에 가까운 처리량을 실현할 수 있다. OS나 소프트웨어에 따라서는 이 다중화를 자동으로 구현하고 있는 것도 있다. 이런 기능을 가지고 있는지 확인하도록 하자.

CPU 병목 현상 예에서도 언급했지만, 병렬화라는 개념은 대역을 최대로 사용한다는 관점에서 매우 유용한 접근법이다. 특히, CPU의 멀티 코어화가 진행되고 있어서 처리 병렬화의 유용성이 높아지고 있다. 그러므로 병렬화를 항상 염두에 두고 튜닝하도록 하자.

또한, 5장에서 소개한 '압축'을 이용해서 전송량을 줄이는 것도 한 가지 접근 방법이 될 수 있다. 단, 이 접근법은 압축 및 해제 시 발생하는 CPU 오버헤드를 감안해야 한다.

저장소 얘기로 다시 돌아가 보자. SAN 저장소와 NAS 중 어느 것이 빠를까? 대역이라는 관점에서의 예로 NAS에서는 10Gbp, 25Gbps, 100Gbps 등의 대역이 있다. 이 값들도 매일 커지고 있어서 수년 후에는 더 빨라질 것이다. 게다가 여러 회선을 묶어서 동시에 이용할 수도 있다. 그러면 대역이 넓을수록 빠른 것일까?

물론, 이런 식으로 질문하는 경우는 대부분 답이 '예'가 아니다. 그렇다고 '아니오'라고 대답하기도 애매하다. 이 경우는 '아마도' 정도라고 할 수 있겠다.

네트워크 처리 병렬화에서 설명한 것처럼 대역을 최대한으로 사용하려면 하나의 프로세스만으로는 부족하다. 처리 병렬화가 가능한 경우는 대역폭이 넓은 것이 유리하다. 하지만 저장소에서는 한 가지 더 신경 써야 할 것이 있다. 그 상위에서 사용되는 프로토콜도 확인해야 한다는 점이다. 예를 들어, 단일 사용자 이용을 전제로 한 파일 시스템과 비교해서 네트워크 공유를 전제로 한 NFS는 파일 공유를 위한 오버헤드만큼 속도가 떨어질 가능성이 있다.

저장소 장치를 비교할 때는 '대역폭', '이용 프로토콜', '저장소 측 캐시 구조', '저장소 측 디스크 수' 등을 종합적으로 고려해서 실제 검증을 실시하는 것이 좋다.

네트워크 경로의 병목 현상

네트워크에서는 눈에 보이지 않는 부분이 병목 지점이 되기 쉽다. 여기서는 그중 한 가지 예를 소개하겠다.

현재 분석 시스템이 오래돼서 최신 분석 시스템으로 교체하기로 했다. 분석 시스템이기 때문에 데이터베이스 I/O가 높을 것이고, 1회 보고서 출력을 위해 무거운 SQL이 실행될 것이 틀림없다. 따라서 디스크에 가장 많은 비용을 투입했고, 분석 시스템의 AP 서버는 병렬로 확장할 수 있도록 구성했다.

프로젝트는 순조롭게 진행돼서 성능 테스트도 완료했고 최종적으로 시스템을 배포했지만, 예상한 것보다 응답 속도가 느렸다. 부하를 보니 DB 서버에는 여유가 있고 AP 서버가 비교적 리소스를 많이 사용하고 있었다. AP 서버에 병목 현상이 발생하고 있는 것이 틀림없다고 생각하고 AP 서버를 증설했지만, 성능에는 전혀 변화가 없다. 도대체 무엇이 문제일까?

그림 8.27에 있는 것처럼 원인은 기본 게이트웨이였다. AP 서버에서 클라이언트PC로, DB 서버에서 AP 서버로 가는 큰 트랜잭션들이 모두 게이트웨이인 특정 라우터를 경유하는 바람에 라우터가 처리 한계에 다다랐던 것이다. 또한, 사내 여러 시스템과 클라이언트 사이의 게이트웨이 역할을 하고 있었던 것도 원인이었다.

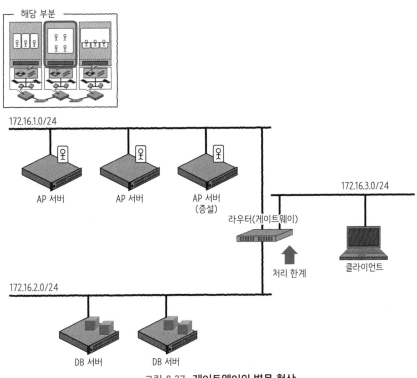

그림 8.27 **게이트웨이의 병목 현상**

그림 8.28과 같이 AP 서버와 DB 서버용으로 전용 네트워크를 증설해서 트래픽을 분할했다. 그 결과, AP 서버에서 클라이언트로 가는 통신 분량만큼 응답 문제가 개선됐다.

라우터 중에는 방화벽 기능을 갖추고 있는 것이나, 세션 감시를 해서 장시간 지연되고 있는 세션을 강제적으로 끊어 버리는 기능 등 고기능을 갖춘 것도 있다. 시스템을 신규 구축할 때는 IP 주소 수가 부족한지만 확인하는 것이 아니라 경로와 트래픽 증감에 대해서도 검토하도록 하자.

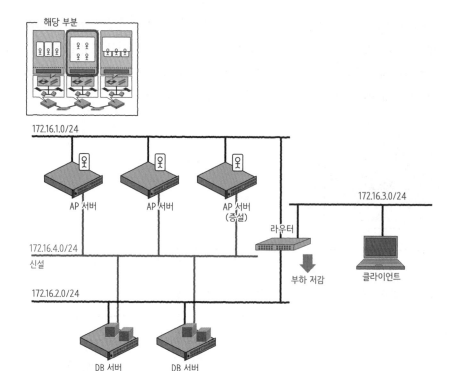

 중 아래 라벨들:

해당 부분

172.16.1.0/24

AP 서버   AP 서버   AP 서버
                   (증설)

172.16.3.0/24

라우터

172.16.4.0/24
신설

부하 저감   클라이언트

172.16.2.0/24

DB 서버   DB 서버

그림 8.28 게이트웨이의 병목 현상 개선

8.3.5 애플리케이션 병목 현상 예

애플리케이션 병목 현상이란 어떤 것을 가리키는 것일까?

인프라 측은 지금까지 언급했던 '스케일업', '스케일아웃' 등의 개념을 통해 개선이 가능하다. 하지만 애플리케이션 측도 같은 방식으로 확장되지 않으면 애플리케이션 자체가 병목 지점이 되는 경우가 있다.

알고리즘의 문제라면 인프라 측 리소스를 아무리 늘려도 애플리케이션 처리량이 높아지지 않거나 응답 속도를 개선할 수 없다.

데이터 갱신의 병목 현상

데이터베이스를 이용한 시스템에서 자주 발생하는 것이 특정 데이터에 의존하는 처리가 병목 지점이 되는 것이다.

예를 들어, 판매 개수를 기록해야 하는데 '반드시 재고 개수에서 1을 뺀다'라는 처리가 있다면, 일반적으로는 테이블의 특정 레코드 값을 변경하도록 구현된다. 이것은 그림 8.29와 같이 특정 레코드에 대한 병목 지점이 된다.

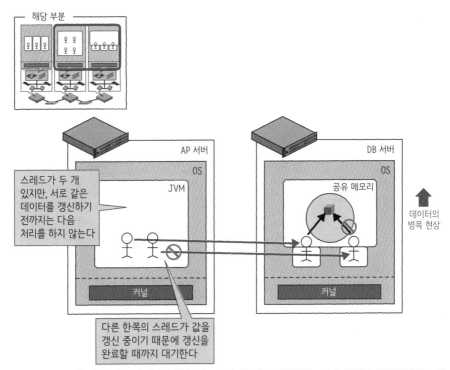

그림 8.29 모든 처리가 같은 테이블의 같은 레코드를 갱신하기 전까지는 다음 처리를 진행하지 않는다

이 특성에 대해서는 4장의 4.3절 '큐'나 4.4절 '배타적 제어'를 참고하도록 하자. 재고 확인을 실시간으로 해야 하고 엄격하게 해야 하는 경우에는 이 형태가 필수이지만, 개선할 수 있는 방법도 있다. 다음 두 가지 개선안을 보자.

값의 캐시화

첫 번째는 그림 8.30과 같이 값을 캐시화하는 방법이다. 앞서 언급했던 여러 방법들과
마찬가지로 별도 서버에 질의를 던지는 것이 병목 지점이 된다면, 더 가까운 장소에 캐
시화하는 것이 일반적인 방법이다. 단, 네트워크를 경유하는 질의가 없어지므로 처리
효율이 개선될 수 있지만, 병목 지점이라는 것에는 변함이 없어서 근본적인 해결책은
되지 못한다.

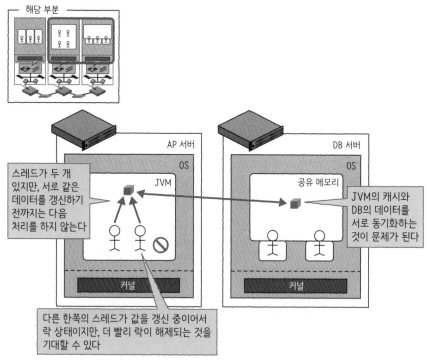

그림 8.30 값을 캐시화한다

병목 지점의 분할

다른 한 가지는 그림 8.31과 같이 재고 확인을 엄밀하게 처리하지 않고 레코드를 두 개
로 나누는 형태다. 예를 들어, 재고가 200개가 있다고 하면 100개씩 레코드를 분할한
다. 이 경우 한번에 두 개의 처리를 진행할 수 있어서 처리 다중화가 가능하다. 결과적
으로는 재고가 몇 개 있는지 확인하는 데이터 일치성 문제와 한쪽이 먼저 고갈된 경우

데이터 최신성 문제가 새롭게 발생한다. 최신성에 대해서는 5장에서 등장한 복제 등도 고려해야 한다.

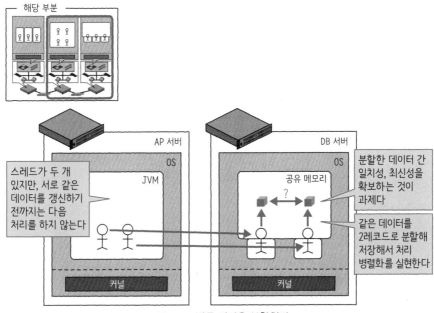

그림 8.31 **병목 지점을 분할하자**

참고로, 오라클 DB에서는 레코드를 분할해도 같은 데이터베이스 블록 내부에 저장될 가능성이 있으므로 병목 현상이 해결되지 않을 수도 있다. 이런 경우에는 테이블 자체를 나누든가, 메모리 병목 현상 예에서 설명한 것처럼 파티션 기능을 이용해서 각각의 레코드를 다른 파티션에 저장하는 접근법이 유용하다.

이런 튜닝은 인프라 담당자 혼자서는 실시할 수 없다. 애플리케이션 자체가 병목 지점인 경우는 애플리케이션 담당자와 인프라 담당자가 협력해서 진행해야 한다. 안타깝게도 현장에서는 '모두 인프라 측에서 대응해!'라고 하는 경우가 적지 않게 있긴 하다.

외부 질의의 병목 현상

시스템 하나로 완성되는 시스템은 거의 없다. 대부분의 시스템은 다른 시스템과 데이터 연계 등을 통해 협력할 필요가 있다. 이 부분이 병목 지점이 되는 경우도 많다.

예를 들어, 기반 시스템의 사용자 관리를 일원화하려는 프로젝트가 있었다. 사용자 정보는 LDAP와 Active Directory를 연계했고, 윈도우즈 및 리눅스/유닉스의 사용자 계정을 모두 통합해서 기존 시스템과 교체했다. 그런데 교체 후 업무용 일괄 처리에서 큰 폭의 처리 지연이 발생해서 처리가 예정 시간 내에 끝나지 않게 됐다. 원인은 무엇일까?

이 업무의 일괄 처리는 1트랜잭션을 실행 시마다 사용자 정보를 확인하는 처리였다. 그 전까지는 로컬 시스템 내에 사용자 정보가 저장돼 있어서 질의 시 시간이 걸리지 않았지만, 그림 8.32와 같이 매번 LDAP를 통해 인증을 하므로 이 처리에 병목 현상이 발생하고 있었다. 5장에서 소개한 I/O 크기와 연관된 예다.

1회 질의로 1 일괄 처리 내의 사용자 정보를 취득하고, 애플리케이션 측에서 일차 파일을 캐시로 저장해서 차이만 확인하는 방법으로 변경했더니 이 현상은 사라졌다.

이처럼 착실한 접근법을 통해 처리를 확인하는 것이 좋다. 처리를 작성할 때는 항상 확장 가능성을 염두에 두도록 하자.

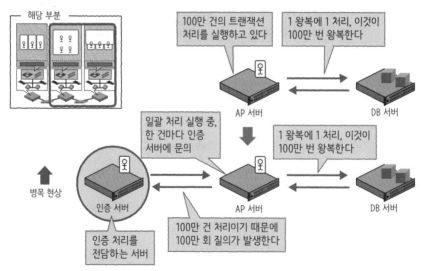

그림 8.32 인증 서버에 대한 질의가 증가

8.4 정리

이번 장에서는 응답과 처리량의 차이와 병목 현상 개념을 소개했다. 3계층형 시스템의 병목 현상 사례와 그것을 해결하기 위한 접근법을 함께 익혀서 깊이 있는 지식을 얻을 수 있었기를 바란다.

성능이 나빠져도 시스템은 동작하겠지만 사용자가 외면할 수도 있다. 항상 성능을 고려해서 만족도 높은 시스템을 만들도록 하자.

COLUMN **오버커밋은 영업 담당만 하는 것이 아니다**

'걱정마세요! 요건을 모두 만족하는 시스템을 만들겠습니다!', '우리 회사는 그 프로젝트를 3개월 만에 끝낼 수 있습니다!'. 영업 담당자가 고객에게 흔히 하는 말이다. 이렇게 능력 이상의 일을 할당하려는 것을 오버커밋(Over-commit)이라고 한다 .

오버커밋은 다른 의미로도 사용된다. 가상 환경에서 물리 리소스가 가진 능력 이상으로 가상 서버를 구성하는 것을 오버커밋이라고 한다. 가상 서버는 할당된 리소스를 100% 사용하지 않으므로 물리 리소스 이상으로 할당해도 아무런 문제없이 동작하기도 한다.

이런 가상 서버의 물리 리소스 사용 비율을 통합률이라고 하며, 가상화에 의한 비용 절감 정도를 나타내는 척도가 된다. 업무상의 SLA(요구 서비스 수준)가 낮은 서버는 가능한 물리 리소스를 많이 활용하는 것이 이득이다.

안전하게 통합률을 높이려면 물리 리소스와의 경합이나 성능 감시를 강화해야 한다. 즉, 운영자의 실력을 보여줄 수 있는 부분이기도 하지만, 운영자의 임무는 어디까지나 안정적 가동이므로 오버커밋을 원하는 사업(영업)부의 요구와는 상반된다.

어느 한쪽만 중시하는 것보다, 오버커밋 같은 기술이 있다는 것을 파악해 두었다가 적재적소에 사용하는 것이 중요하다.

찾아보기